KB150493

근로계약 근로시간 임금관리 휴일휴가

노무관리 4대 핵심실무

한 정 봉

KO FE 코페하우스

머 리 말

이 책은 저자가 공인노무사로서 기업현장에서 자문과 컨설팅, 사건 수행, 강의 등을 하면서 겪은 경험을 바탕으로 인사노무 담당자가 가장 어려워하고 분쟁 발생 사례가 많은 「노무관리 4대 핵심사항과 징계 및 퇴직관리」의 실무지침서로 사용할 수 있도록 저술하였다.

인사노무관리는 합법성이라는 토대 위에 합리성과 효율성이라는 기둥을 세우고 짓는 집이라고 할 수 있다.

기업의 인사노무관리는 사용자에게는 효율적이야 하고, 근로자에게는 합리적이어야 하는데, 더 많은 경영성과 달성을 위한 효율성과 정당한 보상과 처우를 위한 합리성은 어느 한쪽이 기울어지면 집이 무너질 수밖에 없는 균형 관계라고 생각된다.

그런데 효율성과 합리성이라는 기둥이 아무리 균형을 이루고 있더라도 합법성이라는 단단한 토대 위에 세워져 있지 않다면 온전한 집을 지을 수 없을 것이며, 합법성이 전제되지 않은 효율성이나 합리성은 아무리 그럴듯한 이유가 있더라도 그저 불법에 불과할 뿐이다. 따라서 합법성이라는 토대가 먼저 구축되어야 하고, 합법성을 위해서는 노동법에 대한 이해와 실무 적용 방법에 대한 이해가 반드시 필요 할 것이다.

그러나 인사노무 담당자들은 노동법에 대한 이해는 물론이고 이해한 것을 실무에 어떻게 적용하여 문제를 해결해야 할지 몰라 많은 어려움을 겪고 있고, 훌륭한 노동법 이론서는 많지만, 실제 실무 적용방법을 상세하게 설명하는 실무서는 많지 않은 것으로 보인다.

이에 노동법에 대한 해설과 함께 저자가 실제 현장에서 적용하였던 문제 해결 방법에 대하여 저술하였다.

이 책은 현장에서 인사노무 담당자들이 가장 어려워하고 분쟁 발생 사례도 많은 「근로계약서 작성, 근로시간 관리, 최저임금과 임금관리, 휴일·휴가관리」의 4대 핵심실무와 「징계 및 퇴직관리」에 대하여 그 실무 해결방법을 중심으로 설명하되, 혼란의 원인이 되거나 반드시 먼저 이해해야 다른 부분을 이해할 수 있는 이론에 관해서는 「법률 규정, 판례, 행정해석」 등을 상세히 분석하여 설명하였고, 최신 개정 법령과 큰 쟁점이 되었던 '최근 판례'에 대한 분석도 최대한 반영하였다.

'근로계약서 작성방법'은 노무관리의 출발점임에도 불구하고 노동법의 전반적인 내용을 이해하고 나서야 제대로 이해할 수 있는 내용이므로 이 책을 다 읽고 난 후 다시 돌아와 읽어 보길 권한다.

그리고 '노동법 쉽게 이해하기'는 계약자유의 원칙에 대한 예외법이라는 노동법의 특성을 이해함으로써 노동법의 해석과 실무 적용의 기준을 정립할 수 있도록 하는 내용이므로 꼭 숙지하기 바란다.

이 책이 인사노무 담당자에게 조금이나마 실무적인 도움이 되길 바라며, 그동안 저자에게 현장의 노무관리 문제에 대해 많은 질문과 자문을 의뢰한 관련 기업의 대표와 인사노무 담당자에게 감사의 인사를 드린다.

아울러 이처럼 책으로 나올 수 있게 저술을 독려하고 도움을 준 코페하우스 출판사 관계자에게 감사드린다.

2022년 3월 일

공인노무사 한 정 봉

차 례

PART 04   효율적인 최저임금과 임금의 관리방법

PART 05   휴일과 연차휴가의 관리방법

PART 06   적법한 징계와 퇴직관리

PART 01

근로계약서의 기재사항과 주요쟁점

CHAPTER 1

근로계약서 작성과 주요 내용

1 근로계약의 개요

① 계약관계에서 분쟁이 발생하는 경우 가장 먼저 확인하는 것이 바로 계약서이고, 계약서는 계약내용에 대한 매우 중요한 증거자료가 된다.

② 노무 분쟁에서도 역시 마찬가지이며, 근로계약서를 작성하지 않는 경우 벌금이나 과태료의 제재 처분까지 받을 수 있으므로 근로계약서 작성은 필수적이고 매우 중요한 사항이다.

③ '근로계약'은 근로자가 사용자에게 근로를 제공하고 사용자는 이에 대하여 임금을 지급하는 것을 목적으로 체결된 계약을 말한다(근기법 제2조제1항제4호).

④ 따라서 근로계약의 주요 내용은 다음의 사항을 정하는 것이라고 할 수 있다.

1. 얼마만큼의 기간
2. 어느 장소에서
3. 어떤 일을
4. 몇 시간씩 근로하고
5. 그에 대한 임금은 얼마를 받으며
6. 언제 어떻게 쉬는지

② 근로계약의 주요 내용

근로계약의 주요 내용은 아래와 같이 노동법 전반에 대한 법률적 쟁점의 집약이므로 근로계약서를 적법하게 작성하려면 노동법 전반을 정확히 이해해야 한다.

주요 내용	법률적 쟁점
얼마만큼의 기간	• 근로계약기간 설정 문제: 정규직, 계약직, 일용직 등 • 계약직 사용기간 제한과 예외 • 계약직 갱신기대권 문제
어느 장소에서 어떤 일을	• 취업 장소·종사 업무: 전환배치의 정당성 문제
몇 시간씩 근로하고	• 법정근로시간, 소정근로시간, 연장·야간·휴일근로시간 • 주52시간 제한(연장근로 주12시간 제한) 문제
그에 대한 임금은 얼마를 받으며	• 임금구성항목·계산방법·지급방법 • 최저임금 문제 • 통상임금 문제 - 연장·야간·휴일수당 산정 • 평균임금 문제
언제 어떻게 쉬는지	• 휴게시간 • 주휴일과 근로자의 날, 법정 휴일, 약정 휴일 • 연차휴가 및 연차수당

CHAPTER 2

근로계약서의 법정기재사항

1 법정기재사항의 명시의무

근로기준법(제17조)과 기간제법(제17조)에서 근로계약서에 필수적으로 기재하여야 할 법정기재사항에 대해 다음과 같이 규정하고 있다. 특히, 단시간근로자의 경우 '근로일 및 근로일별 근로시간'을 반드시 명시한다는 점을 유의해야 한다.

◉ 일반근로자의 법정기재사항

1. 임금의 구성항목
2. 임금의 계산방법
3. 임금의 지급방법
4. 소정근로시간
5. 휴일, 연차휴가

◉ 기간제근로자의 법정기재사항

1. 근로계약기간에 관한 사항
2. 근로시간·휴게에 관한 사항
3. 임금의 구성항목·계산방법 및 지불방법에 관한 사항
4. 휴일·휴가에 관한 사항
5. 취업의 장소와 종사하여야 할 업무에 관한 사항

◉ 단시간근로자의 법정기재사항

1. 근로계약기간에 관한 사항

2. 근로시간·휴게에 관한 사항

3. 임금의 구성항목·계산방법 및 지불방법에 관한 사항

4. 휴일·휴가에 관한 사항

5. 취업의 장소와 종사하여야 할 업무에 관한 사항

6. 근로일 및 근로일별 근로시간

⏺ 관련 법규

〈 근로기준법 〉

제17조(근로조건의 명시) ① 사용자는 근로계약을 체결할 때에 근로자에게 다음 각 호의 사항을 명시하여야 한다. 근로계약 체결 후 다음 각 호의 사항을 변경하는 경우에도 또한 같다.

  1. 임금
  2. 소정근로시간
  3. 제55조에 따른 휴일
  4. 제60조에 따른 연차 유급휴가
  5. 그 밖에 대통령령으로 정하는 근로조건

② 사용자는 제1항제1호와 관련한 임금의 구성항목·계산방법·지급방법 및 제2호부터 제4호까지의 사항이 명시된 서면을 근로자에게 교부하여야 한다. 다만, 본문에 따른 사항이 단체협약 또는 취업규칙의 변경 등 대통령령으로 정하는 사유로 인하여 변경되는 경우에는 근로자의 요구가 있으면 그 근로자에게 교부하여야 한다.

〈 기간제법 〉

제17조(근로조건의 서면명시) 사용자는 기간제근로자 또는 단시간근로자와 근로계약을 체결하는 때에는 다음 각 호의 모든 사항을 서면으로 명시하여야 한다. 다만, 제6호는 단시간근로자에 한한다.

  1. 근로계약기간에 관한 사항
  2. 근로시간·휴게에 관한 사항
  3. 임금의 구성항목·계산방법 및 지불방법에 관한 사항
  4. 휴일·휴가에 관한 사항
  5. 취업의 장소와 종사하여야 할 업무에 관한 사항
  6. 근로일 및 근로일별 근로시간

② 근로계약서의 교부의무

① 법정기재사항을 명시한 근로계약서를 작성하는 것만으로 모든 문제가 해결되는 것이 아니라 근로계약서를 근로자에게 반드시 교부하여야 한다(근기법 제17조제2항).

② 근로계약서를 재작성하거나 근로계약의 내용을 변경하는 경우에도 근로계약서를 반드시 교부해야 하며, 단체협약이나 취업규칙 변경으로 근로계약의 내용이 변경되는 경우에는 근로자의 요구가 있으면 이를 교부해야 한다.

③ 법률상 법정기재사항을 서면으로 명시하고 그 서면을 교부하도록 규정하고 있으므로 반드시 근로계약서가 아니라도 위 법정기재사항을 기재한 서면을 교부하는 것도 가능하다. 그러나 위 법정기재사항은 결국 근로계약서의 주요 내용이 되므로 근로계약서를 작성하여 교부하는 것이 더 현실적이고 간편한 방법이 될 것이다.

● 근로계약서 교부의무 이행 시 문제점

문제는 근로계약서를 교부했음에도 불구하고 근로자가 근로계약서 미교부를 주장하며 노동청에 진정을 제기하는 경우가 자주 발생하고, 이때 근로계약서를 교부하였는지에 대한 증명이 어려워 곤란을 겪는 일이 생긴다는 점이다.

● 근로계약서 교부 대장과 서명 방법

따라서, 이런 경우를 대비하여 '근로계약서 교부 대장'을 만들어 수령 확인 서명을 받거나 더 간편한 방법으로 회사 보관용 근로계약서 하단에 "본 근로계약서 1부를 수령 함."이라는 문구를 기재하고 서명을 하도록 하면 분쟁 발생 가능성을 줄이고, 분쟁이 발생하더라도 쉽게 대응할 수 있을 것이다.

③ 위반 시 제재

① 근로계약서에 법정기재사항을 명시히지 않으면 일반근로자(정규식)의 경우 500만원 이하의 벌금(근기법 제114조), 기간제 근로자나 단시간 근로자의 경우 500만원 이하의 과태료(기간제법 제24조제2항제2호) 처분을 받게 된다.

② '벌금'은 형사처벌이고 '과태료'는 형사처벌이 아닌 행정질서벌이라는 측면에서 '과태료'가 더 가벼운 처분이라고 할 것이나, 실제로 금전적인 부담의 측면에서는 '과태료'가 사업주에게는 더 부담된다.

③ 위반 시 실무상 벌금은 50만원~100만원 정도가 부과되는 것이 보통이지만 과태료는 100만원 이상이 부과되는 경우가 많기 때문이다. 이와 같은 일이 발생하는 이유는 아래의 과태료 부과기준 때문이다.

〈 과태료 부과 기준(기간제법 시행령 별표3) 〉

(단위 : 만원)

위반사항	1차 위반	2차 위반	3차 위반
근로계약기간	50	100	200
임금의 구성항목, 계산방법, 지불방법	50	100	200
근로일 및 근로일별 근로시간 (단시간근로자)	(50)	(100)	(200)
근로시간·휴게	30	60	120
휴일·휴가	30	60	120
취업 장소·종사 업무	30	60	120
합 계 (단위: 만원)	190~(210)	380~(420)	760~(840)

☞ 2차, 3차 위반은 과태료 부과 후 2년 이내 동일 위반행위 발생 시 적용

④ 과태료 부과기준을 보면 법정기재사항을 명시하지 않은 경우 한 항목당 30만원 또는 50만원씩, 최대 190만원~210만원까지 과태료가 부과될 수 있으며, 고용노동부는 실무적으로 이를 1인당 부과 금액으로 보고 처분을 내리고 있다.

⑤ 예를 들어, 단시간근로자(아르바이트) 근로계약서에 '근로일 및 근로일별 근로시간'을 명시하지 않았고 해당 인원이 4명이라면 1인당 50만 원씩, 합계 200만원의 과태료를 부과하는 것이다. 따라서, 일반근로자(정규직)보다 기간제 근로자나 단시간근로자(아르바이트, 일용직 등)의 경우에 더 큰 부담이 된다는 점을 유의해야 한다.

참고 저자의 판단

위 과태료 부과기준이 1인당 부과 금액이라는 법률상 근거가 없으며, 3차 위반시 760만원~840만원까지 과태료를 부과할 수 있는데 이것이 1인당 부과 금액이라면 기간제법 제24조가 정한 '500만원 이하의 과태료'라는 기준을 초과하는 것이라서 기간제법시행령이 모법을 위반하는 것이 되기 때문에 과도한 과태료를 부과받는 경우에는 과태료 재판을 통해 다투어 볼 필요가 있을 것이다.

CHAPTER 3

표준근로계약서의 문제점

1 개요

고용노동부에서 배포한 표준근로계약서를 사용하면 위반사항 없이 문제가 모두 해결되고 아무런 문제가 없을까? 꼭 그렇지는 않다.

기재항목

물론, 고용노동부의 표준근로계약서는 앞에서 설명한 법정기재사항이 누락되지 않았다는 측면에서 법정기재사항 명시의무 위반의 문제는 해결될 수 있으나, 그 내용이 너무 간략히 기재되어 있어서 실질적인 근로계약의 내용을 제대로 담지 못하는 문제점이 있다.

표준근로계약서의 기재항목은 다음과 같다.

1. 근로계약기간
2. 근무장소 및 업무내용
3. 근로시간 및 휴게
4. 근로일 및 휴일
5. 휴가
6. 임금
7. 기타

문제점

근로계약서는 노동법 전반에 대한 법률적 쟁점의 집약이며, 분쟁 발생 시 가장 중요한 증거자료가 된다는 점에서 고용노동부의 표준근로계약서만으로는 너무 부족한 점이 많다. 심지어 부적절하거나 잘못된 내용까지 있으니 이를 '표준'이라고 부르기에는 무리가 있다.

고용노동부의 표준근로계약서 유형 몇 가지를 살펴보자.

② 표준근로계약서(유형1)와 문제점

1) 표준근로계약서(유형1)

> ### 표준근로계약서(유형1)

주식회사○○(이하 "갑"이라 함)과 근로자 ○○○(이하 "을"이라 함)은 다음과 같이 근로계약을 체결하고 이를 성실히 이행할 것을 약정한다.

1. 근로계약기간

○○○○년 ○○ 월 ○○ 일부터 기한의 정함이 없는 근로계약을 체결한 것으로 한다.

2. 근무장소 및 업무내용

○ 근무장소(부서) :

○ 업무 내용 :

○ "갑"은 필요하다고 인정할 때는 "을"의 의견을 들어 근무장소 또는 업무를 변경할 수 있다.

3. 근로시간 및 휴게

○ 근로시간 : 09시 00분부터 18시 00분까지 (휴게시간 : 12시 00분부터 13시 00분까지)

○ "갑"은 필요한 경우에는 "을"과 합의하여 1주 12시간을 한도로 근로시간을 연장할 수 있다.

4. 근로일 및 휴일

○ 근로일 : 매주 월요일부터 금요일까지로 한다. 다만 토요일(무급휴무일)과 휴일은 근로일에서 제외한다.

○ 휴일 : 주휴일은 매주 일요일로 하고, 「근로자의 날 제정에 관한

법률」에 따른 근로자의 날(5월 1일)은 유급휴일로 한다.

5. 휴가

○ 연차유급휴가 및 생리휴가는 근로기준법에서 정히는 바에 따른다.

6. 임금

○ 임금은 기본급, 법정수당(연장근로수당, 야간근로수당, 휴일근로수당 등) 등으로 구성하며, 그 구체적인 내용은 취업규칙에 따른다.

○ 임금은 매월 ○○일(초일부터 말일까지 산정) "을"에게 직접 지급(현금 또는 "을" 명의 예금계좌)한다.

7. 기타

이 계약서에서 정하지 아니한 사항은 근로기준법 등 노동관계법령, 취업규칙에서 정하는 바에 따른다.

년   월   일

(사업주) 사업체명 :   (전화 :   )

　　　　주　　소 :

　　　　대 표 자 :   (서명)

(근로자) 주　　소 :

　　　　연 락 처 :

　　　　성　　명 :   (서명)

2) 표준근로계약서(유형1)의 문제점

❖ 「임금」의 기재사항

① (유형1)에서 임금의 기재사항을 다음과 같이 명시하고 있는데,

> 6. 임금 : 임금은 기본급, 법정수당(연장근로수당, 야간근로수당, 휴일근로수당 등) 등으로 구성하며, 그 구체적인 내용은 취업규칙에 따른다.

취업규칙에 개인별 기본급이 명시되어 있지는 않을 것이므로, 이는 호봉표가 취업규칙에 명시되어 있음을 전제로 한 것으로 보인다.

② 그러나 근로계약서에 해당 근로자의 호봉이 기재되어 있지 않아 이 계약서만으로는 본인의 임금이 얼마인지 확인할 수 없다는 문제점이 있다.

③ 따라서, 호봉을 명시하려면 아래와 같이 적용 호봉과 금액, 호봉 승급 기간 등을 명시해야 할 것이다.

> **예시** 제○○조(임금)
> ① 임금은 기본급, 법정수당(연장근로수당, 야간근로수당, 휴일근로수당 등)으로 구성한다.
> ② 기본급은 취업규칙의 호봉표에 따르며, (   )호봉(원)으로 적용하되 취업규칙 제00조에 따라 1년에 1호봉씩 승급한다. 단, 호봉의 승급 및 유급 등의 기준에 대해서는 취업규칙에 따른다.

❖ 「연차유급휴가」의 기재사항

① (유형1)에서 연차유급휴가의 기재사항을 다음과 같이 명시하고 있는데,

> 5. 연차유급휴가 : 연차유급휴가는 근로기준법에서 정하는 바에 따른다.

② 이렇게 명시해도 된다면 "본 근로계약서에 명시할 법정기재사항에 대해서는 근로기준법에서 정하는 바에 따른다."라고 한 줄만 기재하는

것과 무슨 차이가 있을지 의문이다.

③ 근로기준법에서 법정기재사항 명시의무와 교부의무를 규정한 취지는 근로계약의 주요 내용을 명확하게 기재하여 근로자에게 교부함으로써 상호 계약내용을 명확하게 하여 분쟁을 예방하려는 데 있다.

④ 따라서 연차유급휴가의 명시는 다음과 같이 연차유급휴가의 발생요건과 사용방법 등을 명시하여야 한다.

> **예시** 제○○조(연차유급휴가)
> ① 1년간 8할 이상 출근한 경우 15일의 유급휴가를 주고, 최초 1년을 초과하는 계속 근무연수 2년마다 1일을 가산하되 총 25일을 초과할 수 없다.
> ② 계속 근무연수가 1년 미만이면 또는 1년간 8할 미만 출근한 경우에는 1개월간 개근 시 1일의 유급휴가를 준다.
> ③ 연차휴가의 사용은 사용일 3일 전까지 회사에 신청하여 승인을 받아야 한다.

❖ 「근로일 및 휴일」의 기재사항

① (유형1)에서 근로일 및 휴일의 기재사항을 다음과 같이 명시하고 있는데

> 4. 근로일 및 휴일
> ○ 근로일 : 매주 월요일부터 금요일까지로 한다. 다만 토요일(무급휴무일)과 휴일은 근로일에서 제외한다.
> ○ 휴일 : 주휴일은 매주 일요일로 하고, 「근로자의 날 제정에 관한 법률」에 따른 근로자의 날(5월 1일)은 유급휴일로 한다.

② 근로일을 월요일부터 금요일까지라고 하면서 토요일을 무급휴무일이라고 표현하고 소정근로일에서 제외하고 있다.

③ 토요일의 성격을 휴일이 아닌 휴무일이라고 하면서도 근로일에서 제외하고 있다는 점에서 그 자체로 모순이며, 중대한 오류이고, 휴일과 휴무일의 구별에 엄청난 혼란을 주고 있는 내용이다.

❖ 토요일을 휴무일로 정하는 방법

① 그렇다면 어떻게 해야 이와 같은 문제가 없이 토요일을 명확하게 휴무일로 정할 수 있을까?

② 취업규칙이나 근로계약서에 '토요일을 소정근로일에 포함한다는 사실'과 '일정한 경우 근로제공의무가 면제된다는 사실'을 명확하게 다음과 같이 기재하여야 한다.

> **예시** 제○○조(근로일)
> 근로일은 매주 월요일부터 토요일까지로 한다. 다만, 월요일부터 금요일까지 주40시간(또는 주간 소정근로시간) 근무를 한 경우에는 무급휴무일로 부여한다.

3) 휴일과 휴무일의 구별과 토요일의 성격

정확한 이해를 위해 휴일과 휴무일의 구별과 토요일의 성격에 대해 살펴보자.

⬡ 휴일

휴일은 처음부터 소정근로일에서 제외된 날, 즉 근로하기로 정한 날이 아닌 날을 말한다. 예를 들어, 주휴일, 근로자의 날 등의 법정휴일과 약정휴일 같은 날을 말하는 것이다.

⬡ 휴무일

① 휴무일은 소정근로일 중에서 어떤 사정으로 근로제공의무가 면제된 날을 말한다. 원래 근로일이지만 어떤 사정 때문에 근로를 면제시켜주는 날이라는 것이다.

② 예를 들어, 월요일부터 금요일까지 근무하기로 정해진 회사에서 월요일부터 목요일까지 전 직원이 늦게까지 바쁘게 일하여 급한 업무를 마감하고 금요일에 근무하지 않게 되었다면 원래 소정근로일이었던 금

요일에 근로제공의무가 면제된 것이므로 휴무일이다.

◈ 휴일과 휴무일 구별의 포인트

① 휴일과 휴무일의 구별은 그 날이 처음부터 소정근로일에서 제외된 날인지 아니면 소정근로일이었는지에 따라 판단하여야 한다.

② 휴일과 휴무일은 그 날이 '유급'인지 '무급'인지에 따라 구별하는 것이 아니다.

◈ 토요일은 휴일인가 휴무일인가?

① 그렇다면 주40시간제 근무로 토요일에 근무하지 않는 회사의 토요일은 휴일일까 휴무일일까? 결론은 노사가 정하기 나름이다.

② 주40시간제 적용 시 반드시 주5일제로 운영해야 할 의무는 없고 월~금 1일 7시간, 토 5시간(합계 40시간)으로 운영할 수도 있다.

③ 하지만, 대부분 기업은 월~금 1일 8시간(합계 40시간)으로 운영하여, 토요일에 근무하지 않게 되므로 토요일의 성격을 어떻게 정할 것인지가 문제가 된다.

④ 근로기준법상 유급주휴일은 주 1일만 부여하면 되므로 토요일을 반드시 유급휴일로 정할 의무가 없다. 따라서 노사 당사자의 합의로 유급휴일, 무급휴일, 유급휴무일, 무급휴무일로 각각 정할 수 있으며, 별도로 정하지 않았다면 무급휴무일로 간주하는 것이 고용노동부의 입장이다(근로조건지도과-3560, 2008.09.03.).

⑤ 문제는 앞의 설명처럼 고용노동부가 토요일을 휴무일로 규정하는 방식에는 중대한 오류가 있다는 점이다. 근로일을 '월요일부터 금요일까지'라고 정하는 순간 나머지 토요일, 일요일은 소정근로일에서 제외되는 것이므로 논리적으로 토요일, 일요일은 당연히 휴일이 되기 때문이다(고용노동부 예시는 '토요일을 소정근로일에서 제외한다.'라고 명시적으로 표현하기까지 하는 오류를 범함).

이러한 문제점은 토요일이 휴일인 경우와 휴무일인 경우의 임금계산 차이를 보면 그 중대성을 알 수 있다.

◉ 토요일이 휴일인 경우와 휴무일의 경우 임금계산의 차이

① 월요일부터 금요일까지 40시간을 근무하고 토요일에 10시간을 근무한 경우 토요일이 휴무일이라면 토요일 근무는 연장근로에 해당하므로 "시급×10시간×1.5"로 임금을 계산하여 지급하면 된다.

② 그런데, 토요일이 휴일이라면 10시간 중 8시간까지는 휴일근로에 대해 가산을 하여 "시급×8시간×1.5"로 계산하고, 나머지 2시간은 휴일의 연장근로에 해당하므로 휴일근로가산과 연장근로가산을 합하여 "시급×2시간×2.0"으로 임금을 계산하여 지급해야 한다.

③ 이같이 임금계산에서 매우 큰 차이가 발생하므로 토요일이 휴일인지 휴무일인지 명확히 하지 않으면 임금체불이 발생할 수도 있다.

───────────────────────

참고 2004년 7월부터 상시 1,000인 이상 민간기업과 관공서에 주40시간제가 적용되면서 관공서의 주5일 근무제가 시작되었다.

• 그런데 관공서의 공휴일은 대통령령인 '관공서의 공휴일에 관한 규정'에 의해 정해지는데 이 규정에 토요일이 공휴일로 정해지지 않았기 때문에 관공서는 토요일이 공휴일이 아님에도 불구하고 근무를 하지 않으니 휴무일이라고 보는 것이 타당하다.

• 그러나, 민간기업의 휴일은 법정휴일인 주휴일과 근로자의 날을 제외하고는 노사 당사자 사이의 약정으로 정할 수 있으므로 취업규칙이나 근로계약에서 근로일을 정하는 순간 나머지 날들은 약정휴일이 될 수밖에 없다.

• 고용노동부의 오류는 이같이 휴일이 법령에 따라서만 정해지는 관공서와 당사자 사이의 약정으로도 정해지는 민간기업의 차이를 고려하지 못한 데서 기인한 것으로 보인다.

③ 표준근로계약서(유형2)와 문제점

1) 표준근로계약서(유형2)

표준근로계약서(유형2)

_____(이하 "갑"이라 함)과(와) _____(이하 "을"이라 함)은 다음과 같이 근로계약을 체결한다.

1. 근로계약기간

    ○____년 월 일부터 ____년 월 일까지

    ※ 근로계약기간을 정하지 않는 경우에는 "근로개시일"만 기재

2. 근 무 장 소 :

3. 업무의 내용 :

4. 소정근로시간 :

    ○___시 분부터____시 분까지 (휴게시간 : ___시 분~ ___시 분)

5. 근무일/휴일

    ○매주____일(또는 매일단위)근무, 주휴일 매주____요일

6. 임금

    ○ 월(일, 시간)급 :   원,

    ○ 상여금 : 있음 ( )   원, 없음 ( )

    ○기타급여(제수당 등) : 있음 ( ), 없음 ( )

    1._____원   2._____원

    3._____원   4._____원

    ○임금지급일 : 매월(매주 또는 매일) ____일(휴일의 경우는 전일 지급)

○ 지급방법 : 을에게 직접지급( ), 예금통장에 입금( )

7. 연차유급휴가

○ 연차유급휴가는 근로기준법에서 정하는 바에 따라 부여함

8. 사회보험 적용여부(해당란에 체크)

☐ 고용보험 ☐ 산재보험 ☐ 국민연금 ☐ 건강보험

9. 기 타

○ 이 계약에 정함이 없는 사항은 근로기준법령에 의함

10. 근로계약서 교부

○ "갑"은 근로계약을 체결함과 동시에 본 계약서를 사본하여 "을"의 교
부요구와 관계없이 "을"에게 교부함(근기법 제17조 이행)

년   월   일

(사업주) 사업체명 :   (전화 :   )
　　　　주　　소 :
　　　　대 표 자 :   (서명)
(근로자) 주　　소 :
　　　　연 락 처 :
　　　　성　　명 :   (서명)

2) 표준근로계약서(유형2)의 문제점

◈ 「임금」 기재사항의 문제점

(유형2)에서 임금의 기재사항을 다음과 같이 명시하고 있는데,

---

6. 임금
   ○ 월(일, 시간)급 :   원
   ○ 상여금 : 있음 ( )   원, 없음 ( )
   ○기타급여(제수당 등) : 있음 ( ), 없음 ( )
   1._____원   2._____원
   3._____원   4._____원

---

① 각종 수당의 지급조건을 명시하지 않고 위와 같이 금액만을 명시하는 경우 모든 수당이 통상임금으로 인정될 위험성이 있다.

② 취업규칙에 각종 수당의 지급조건이 통상임금에 해당하지 않도록 명시되어 있다고 하더라도 근로계약에서 위와 같이 아무런 조건 없이 금액만을 명시하는 경우 근로계약과 취업규칙의 적용 관계상 유리한 조건 우선 적용의 원칙에 의해 모두 통상임금으로 인정될 위험성이 있다.

◈ 「임금」 기재사항의 예시

상여금이나 각종 수당이 통상임금에 해당하지 않는 지급조건이 설정되어 있다면 다음과 같이 근로계약서에 그 내용을 구체적으로 명시해야 한다.

제○○조(임금) 임금의 구성항목과 지급목적, 계산방법 및 지급기준은 아래와 같다.

구성항목	지급목적	계산방법 및 지급기준
장려수당	3대 중점수칙 (안전, 보안, 청정) 준수를 장려하기 위한 수당	○ 기준금액 : _____ 원/월 - 1월간 중점수칙 위반 없음 : 기준금액 100% 지급 - 1월간 중점수칙 위반 3회 미만 : 기준금액 50% 지급 - 1월간 중점수칙 위반 3회 이상 : 없음
상여금	사원의 근로를 치하하고 근무 의욕을 고취하기 위해 지급	○ 지급기준 : 매월 출근율에 따라 차등 지급 - 출근율 90% 이상 : 월 기본급의 50% 지급 - 출근율 80~90% 미만 : 월 기본급의 45% 지급 - 출근율 70~80% 미만 : 월 기본급의 40% 지급 - 출근율 70% 미만 : 없음 ※ 근속 3개월 미만 : 위 지급률의 각 25% 지급

CHAPTER 4

근로계약과 취업규칙·단체협약·법령과의 적용 관계

1 규범의 우선순위

① 법령·단체협약·취업규칙과 근로계약에서 정한 근로조건이 서로 상충하는 경우 어떤 규범에 따를 것인지 문제가 될 수 있는데 다음의 순서로 규범 간 우선순위가 정해진다.

1. 법령
2. 단체협약
3. 취업규칙
4. 근로계약

② 따라서, 하위 규범에서 정한 근로조건이 상위 규범에서 정한 기준에 미달하는 경우 그 부분은 무효가 되고, 상위 규범에서 정한 기준이 적용된다.

2 유리한 조건 우선 적용의 원칙

① 위와 같은 규범 간 우선순위는 하위 규범에서 정한 근로조건이 상위 규범에서 정한 기준에 미달하는 경우에만 적용되는 것이며, 그 반대의 경우 즉 하위 규범에서 정한 근로조건이 상위 규범에서 정한 기준보다 유리한 경우에는 유리한 조건 우선 적용의 원칙에 따라 하위 규범에서 정한 근로조건이 적용된다.

② 이러한 유리한 조건 우선 적용의 원칙은 별도의 법률 규정이 있는 것이 아니라 계약자유의 원칙에 대한 제한으로써 최저기준을 정한 노동법의 특성을 달리 표현한 개념이라고 볼 수 있다.

❸ 최근 이슈 판례에 대한 분석

최근 취업규칙과 근로계약의 적용 관계와 관련하여 쟁점(issue)이 되었던 판결이 있었다.

① 대법원은 임금피크제 도입과 관련하여 "근로자에게 불리한 내용으로 변경된 취업규칙은 집단적 동의를 받았다고 하더라도 그보다 유리한 근로조건을 정한 기존의 개별 근로계약 부분에 우선하는 효력을 갖는다고 할 수 없다."라고 판결하였다(대법원 2019.11.14.선고, 2018다200709).

② 이 판결의 의미를 "근로자 과반수 동의로 취업규칙 불이익변경을 하였더라도 변경된 근로조건을 적용하려면 개별 근로자의 동의까지 받아야 하는 것"이라고 오해하는 경우가 많은데, 이 판결은 모든 경우의 취업규칙 불이익변경에 적용되는 것이 아니라 근로계약의 내용이 취업규칙과는 별개의 계약인 경우에만 적용되는 것이다.

✦ 대법원 판결의 사실관계

위 판결(대법원 2019.11.14.선고, 2018다200709)의 사실관계를 살펴보면, A회사에서 2003.3.경부터 근무한 B는 2014.3.경 기본연봉을 70,900,000원으로 정한 연봉계약을 체결하였는데, A회사는 2014.6.25. 과반수 노동조합의 동의를 받아 임금피크제 규정을 제정·공고하고, B에게 임금피크제 적용을 고지하였으나 B는 임금피크제 적용에 동의하지 아니한다는 의사를 표시하였고, A회사는 2014.10.1.부터 임금피크제를 적용한 임금을 지급하였던 것으로 파악된다.

✦ 대법원의 판단

이러한 사실관계에 대해 대법원은, 취업규칙에 최저기준으로서의 강행적·보충적 효력을 부여한 근로기준법 제97조의 내용과 입법 취지를 고려한 반대 해석상 취업규칙에서 정한 기준보다 유리한 근로조건을 정한 개별 근로계약 부분은 유효하고 취업규칙에서 정한 기준에 우선하여 적용되며, 근로기준법 제94조에 따라 집단적 동의를 받아 취업규칙이 근로자에게 불리하게 변경된 경우에도 근로기준법 제4조가 정하는 근로조건 자유 결정의 원칙은 여전히 지켜져야 하므로 임금피크제 규정의 제정으로 유리한 기존 연봉계약의 내용을 변경할 수는 없다고 판단했다.

⚙ 대법원 판결의 의미

위 판결의 의미는 ❶근로계약의 내용이 취업규칙의 내용을 확인하는 의미인 경우와 ❷근로계약의 내용이 취업규칙과는 별개의 계약인 경우로 구분하여 분석해야 한다.

❶ 근로계약의 내용이 취업규칙의 내용을 확인하는 의미인 경우

① 예를 들어, 취업규칙에 정해진 호봉표에 따라 근로계약에서 적용 호봉을 명시하고 해당 임금액을 표시한 경우에는 근로계약의 내용은 취업규칙에 정해진 호봉표의 내용을 확인하는 의미이므로 근로자 과반수의 동의로 호봉표가 불리하게 변경(각 호봉에 해당하는 임금액이 감소)되는 경우에는 개별 근로자의 동의가 필요하지 않다고 할 것이다.

② 왜냐하면, 이 경우 근로계약의 내용은 취업규칙의 확인, 즉 취업규칙에서 정한 정형적인 근로조건으로서 집단적으로 규율되는 사항을 확인하는 의미에 불과할 뿐 취업규칙보다 유리한 개별 계약을 체결한 것이 아니기 때문이다.

❷ 근로계약의 내용이 취업규칙과는 별개의 계약인 경우

① 예를 들어, 취업규칙에 '임금수준 등 임금에 관한 구체적인 사항은 개별 근로계약으로 정한다.'라고 규정하고 근로계약에서 임금항목과 임금액 등을 정한 경우에는 근로계약이 취업규칙의 내용을 확인하는 의미가 아니라, 즉 취업규칙에 따라 집단적으로 규율되는 근로조건을 확인하는 것이 아니라 취업규칙과 별개로 개별적인 근로조건을 정한 것이므로 취업규칙의 변경으로 유리한 근로계약의 내용을 변경할 수 없다

(2017.12.13. 선고, 2017다261387 판결도 같은 취지).

② 위 판결(대법원 2019.11.14.선고, 2018다200709)의 사례를 다시 살펴보면, B의 연봉계약은 취업규칙의 내용을 확인하는 의미에 불과한 것이 아니라 취업규칙과는 별개로 연봉계약을 체결한 것으로 보이며, B 는 2014.3.경에 연봉계약을 체결하였으므로 해당 연봉계약기간은 2015.2.(적어도 2014.12.). 까지 일 것으로 보인다.

③ 그런데 연봉계약기간 중간인 2014.6.25.에 과반수 노조의 동의를 받아 임금피크제를 도입하여 연봉을 감액하였고, 연봉계약기간의 중간에 취업규칙으로 규율되지 않는 연봉계약의 내용을 취업규칙 변경으로 불리하게 변경할 수는 없으므로 위 판결은 ❷의 경우를 재확인하는 의미의 판결이라고 판단된다.

③ 따라서, 모든 경우의 취업규칙 불이익변경 시 개별 동의까지 받아야 한다고 위 판결을 일반화하여 적용할 수는 없고 ❷의 경우에만 한정하여 적용해야 한다.

⬤ 대법원 판결(2017.12.13. 선고, 2017다261387)로부터 파생되는 쟁점사항

❖ 연봉계약기간 만료 시 변경된 취업규칙 적용

① 연봉계약이 취업규칙과는 별개의 계약이면 취업규칙 불이익변경으로 유리한 연봉계약의 내용을 변경할 수는 없지만, 연봉계약기간이 만료되고 변경된 취업규칙과 다른 새로운 연봉계약을 체결하지 않았다면 변경된 취업규칙이 적용된다.

② 이 판결이 B의 연봉계약기간(2014.3.~2015.2. 또는 2014.12.)이 만료되기 전에 취업규칙 불이익변경(임금피크제 도입)으로 연봉계약을 변경하여 임금을 감액할 수 없다고 판결한 것은 명확하나, B의 위 연봉계약기간이 만료된 이후에도 임금피크제가 적용되지 않는다는 것인지에 대해서는 판단하지 않았다.

③ 즉, B는 위 연봉계약기간 만료 후 새로운 연봉계약을 체결하지 않은 것으로 보이는데, 이 경우 B의 연봉은 직전 연봉계약이 계속 적용되는 것인지 아니면 변경된 취업규칙(임금피크제)에 따라서 감액된 연봉이 적용되어야 하는지는 판단하지 않았기 때문에 이에 대한 분석이 필요하다.

④ 일반적으로 기간을 정한 계약의 경우 계약기간이 만료되면 해당 계약의 효력은 상실되는 것이 원칙이므로, 연봉계약의 경우에도 기간을 정하여 연봉계약을 체결하였다면 그 기간의 만료로 해당 연봉계약은 효력이 상실되는 것이 당연하다. 문제는 종전 연봉계약기간 만료 후 당사자 사이에 의사의 불일치로 새로운 연봉계약을 체결하지 못한 경우인데, 이 경우 묵시적 갱신 또는 근로조건의 저하 금지를 근거로 종전 연봉을 적용해야 한다고 주장할 수 있다.

⑤ 그러나, 이러한 주장은 타당하지 않다고 보인다. 묵시적 갱신은 계약 당사자 쌍방이 계약기간 만료 후 상당 기간 아무런 이의를 제기하지 않은 경우에나 적용될 수 있으므로 명시적으로 기존 계약과 다른 조건을 제시한 경우에는 적용될 여지가 없으며, 기존 근로조건의 저하 금지라는 것은 근로기준법 기타 어느 법령에도 근거가 없을 뿐만 아니라, 이것은 기존 근로조건이 유효한 상태에서 이를 임의로 낮출 수 없다는 의미이지 이미 효력 기간이 만료되어 새로운 계약을 체결할 때에도 적용되어야 하는 것은 전혀 아니기 때문이다.

⑥ 연봉계약기간이 만료되어 기존 연봉계약의 효력이 상실된 상태라면 근로자와 사용자 사이에 연봉에 대해서는 정한 것이 없는 상태가 되는데, 이 경우 개별 계약이 공백 상태이므로 이를 보충할 다른 정함이 없다면 집단적·일률적 규범인 취업규칙이 이를 보충하게 된다고 보아야 한다.

⑦ 근로기준법 제97조가 "취업규칙에서 정한 기준에 미달하는 근로조

건을 정한 근로계약은 그 부분에 관하여는 무효로 한다. 이 경우 무효로 된 부분은 취업규칙에 정한 기준에 따른다.”라고 정하고 있는데, 이러한 취업규칙의 강행적·보충적 효력은 근로계약에서 취업규칙에 미달하는 근로조건을 정하여 그 부분이 무효가 되는 경우뿐만 아니라 근로계약으로 정하지 아니한 부분에도 당연히 적용되어야 하며, 이렇게 해석하지 않으면 개별 근로계약의 공백을 규율할 아무런 기준도 존재하지 않게 된다는 문제가 있고, 집단적·일률적인 규율의 필요성에서 인정되는 취업규칙이라는 제도의 존재 의미도 없어지기 때문이다.

⬤ 대법원 판결에 따른 취업규칙과 근로계약서 정비의 필요성

대법원 판결의 사례와 유사한 경우가 발생할 수 있다는 점에서 취업규칙과 근로(연봉)계약서의 내용을 정비하여 두는 것이 문제의 발생 소지를 줄이는 방법이 될 것이다.

❖ 취업규칙

취업규칙에 임금(연봉)에 관한 규정을 포괄적(예: ‘연봉에 관한 구체적인 내용은 연봉계약서에 따른다.’ 등)으로 정하기보다는 임금항목과 임금의 결정방법 등에 대해 더욱 구체적으로 명시하여야 한다.

❖ 연봉계약서

연봉계약서에도 ‘본 연봉계약의 내용은 취업규칙 제○○조~제○○조의 규정에 따라 작성되는 것이며, 취업규칙이 변경되는 경우 본 연봉계약도 취업규칙에 따라 변경됨에 동의한다.’라는 내용을 명시하고 취업규칙 내용을 확인하는 의미임을 명확히 하는 것이 바람직할 것이다.

❖ 근로계약서

또한, 근로계약서의 내용 중 임금 또는 임금 이외의 부분이 취업규칙에 정함이 없거나 취업규칙과 다른 경우에 해당 부분에 대해 취업규칙이 근로계약보다 불리하게 제정되거나 변경될 수 있다면 근로계약서에

'본 계약에서 정한 내용에 대해 취업규칙(제정 및 변경) 또는 집단적 의사결정으로 달리 정하는 경우에는 그에 따라 본 계약의 내용이 변경되는 것에 동의한다.'라는 문구를 명시하여 집단적 의사결정에 따라 근로계약의 내용이 변경됨에 동의한다는 것을 명확히 해야 한다.

CHAPTER 5

근로계약서 관련 분쟁 사례

근로계약서는 노동법 전반에 관한 법률적 쟁점의 집약이기 때문에 근로계약서에 기재하는 내용의 의미를 정확하게 이해하지 못하면 큰 실수를 할 수 있다. 몇 가지 사례를 소개한다.

❶ 「근로계약에서 정하지 않은 사항은 근로기준법에 따른다」라고 특약을 한 경우

⦿ (사례) 근로계약서에 기재되는 문구의 법률적 의미를 이해하지 못하고 불필요한 내용을 기재하여 부당해고 판결을 받은 사건

상시 4인 이하의 사업장에서 '근로계약에서 정하지 않은 사항은 근로기준법에 따른다'라는 특약을 하였다면, 근로자에 대한 해고는 근로기준법에 정한 해고제한 규정을 따라야 한다(울산지법 2017.10.19. 선고, 2017가합298).

판례 비록 피고가 상시 4인 이하의 근로자를 사용하는 사업자에 해당하지만,

- 근로계약에 해고 등에 관하여는 근로기준법에 따르기로 하는 특약을 한 이상 피고는 원고를 해고하려면 근로기준법에서 정한 내용을 따라야 하고 이를 위반한 경우 해고는 무효에 해당하는데,
- 피고의 원고에 대한 해고는 정당한 이유가 없고 해고사유와 해고시기를 서면으로 통지하지 않는 등 근로기준법 제23조, 제26조, 제27조에 위반되므로 무효이고, 따라서 피고는 원고에게 해고일 다음 날부터 복직일까지 급여 상당액을 지급할 의무가 있다(울산지법 2017.10.19. 선고, 2017가합298).

🔵 사례해설

① 이 사례의 회사는 상시 5인 미만 기업이어서 해고의 제한에 관한 근로기준법 규정이 적용되지 않는 기업임에도 불구하고 근로계약서를 작성하면서 "제5조(기타) 이 계약에 정함이 없는 사항은 근로기준법에 의함"이라는 문구가 기재된 근로계약서를 사용하였고, 이후 해당 근로자를 해고하면서 해고의 사유와 시기를 서면으로 통지하지 않았다.

② 법원은 해당 기업이 상시 5인 미만이지만 근로계약에서 정하지 않은 사항은 근로기준법에 따른다는 특약을 하였기 때문에 근로기준법에 정한 해고제한 규정을 적용받아야 한다고 판단하였고, 근로기준법의 해고제한 규정을 적용하여 해고의 정당한 이유가 없고 해고사유와 시기를 서면으로 통지하지 않았기 때문에 부당해고라고 판단하였다.

③ 이러한 판단은 앞에서 본 것처럼 근로계약에서 근로기준법보다 근로자에게 더 유리한 내용을 정하였기 때문에 유리한 조건 우선 적용의 원칙이 적용된 것이라고 할 수 있다.

② 건설일용직 근로계약서에 근무일을 잘못 기재한 경우

● (사례) 건설일용직(일당) 근로계약서에 근무일을 잘못 기재하여 우천으로 일하지 않은 날에 대해 휴업수당 미지급 신고를 당한 사건

이 사례의 건설회사는 현장에서 건설일용직(사실상 공사 기간 근무하는 계약직) 근로자를 사용하였는데, 건설현장의 특성상 우천 등 기상상태로 인해 공사가 불가능한 날에는 근로자들이 근무하지 않았고, 임금도 근무한 날에 한해 일당×출역일수로 산정하여 월 단위로 지급하였으며, 건설현장에서는 이러한 것이 관행상 당연한 것으로 여겨졌다.

● 문제의 원인이 된 근로계약서 기재 내용

① 그런데 일부 근로자들이 퇴사하면서 노동청에 휴업수당 지급을 요구하는 진정을 제기하였는데, 문제의 발단은 근로계약서에 근무일에 대해 다음과 같이 기재한 것이 원인이었다.

> 제5조(근무일 및 근로시간) ① 근무일은 월요일~금요일로 하며, 1일 8시간, 1주 40시간을 원칙으로 한다.
> ② 전항의 근로시간 이외에 현장 업무 상황에 따라 1주 12시간 이내의 연장근로를 할 수 있다.

② 휴업수당은 사용자의 귀책사유로 근무하지 못하는 경우 사용자는 근로자에게 평균임금의 70% 이상을 지급해야 하는 것을 말하는데(근기법 제46조), 근무일이 월요일~금요일로 정해져 있으므로, 그사이에 근무하지 못한 날에 대해서 휴업수당을 지급해야 한다는 주장이었다.

③ 물론, 결론적으로는 '우천 등 기상상태'가 사업주의 귀책사유는 아니므로 휴업수당을 지급하지 않아도 되었지만, 근로계약서에 위와 같은 건설일용직(일당제)의 특성을 명확하게 명시하지 않은 탓에 사건을 해결하는 데 어려움을 겪었다.

🔘 문제 해결을 위한 근로계약서 기재 방법

그렇다면 이런 특성을 반영하여 근로계약서를 작성하려면 어떻게 기재해야 할까?

다음과 같이 근로계약서에 우천 등 기상상태에 따라 작업을 할 수 없는 날은 소정근로일에서 제외되고 근로기준법상 휴업에 해당하지 않음을 명시하면 된다(근기68207-1840, 2001-06-07).

[예시]

제○○조(근무일 및 근로시간) ① 근무일은 ( )요일~( )요일로 하되, 현장 업무 상황에 따라 근무일을 변경할 수 있으며, 현장 공사의 특성상 우천 등 기상 상황 등에 따라 작업할 수 없는 날은 근로제공의무가 없는 날로서 근로기준법상의 휴업으로 보지 아니한다.
② 근로시간은 ○○:○○~○○:○○으로 한다(휴게시간 ○○:○○~○○:○○).

PART
02

유형별 근로계약서
작성방법

CHAPTER 1

계약기간 유형별 근로계약서 작성방법

① 정규직의 계약기간 작성방법

정규직은 정년이 보장되는 근로자라고 보는 것이 일반적이다. 따라서 근로계약서에 명시하는 계약기간은 '취업규칙의 정년까지' 또는 '만 60세까지'라고 명시하는 것이 바람직하다.

⊛ 적절한 기재예시

(예시1)

> 제○○조(계약기간) 20 년 월 일부터 취업규칙의 정년까지로 한다.

(예시2)

> 제○○조(계약기간) 20 년 월 일부터 만 60세까지로 한다.

⊛ 부적절한 사례

(사례1)

> 제○○조(계약기간) ○○○○년 ○○월 ○○일부터 퇴직 시까지로 한다.

(사례2)

> 제○○조(계약기간) ○○○○년 ○○월 ○○일부터 기간의 정함이 없는 근로계약으로 한다.

🔅 부적절한 사례의 문제점

① 부적절한 사례와 같이 명시하는 경우를 자주 볼 수 있는데, 이처럼 명시하면 문언상 '종신 계약'으로 해석되어 문제가 발생할 수 있다.

② 예를 들어, 취업규칙에는 정년이 만 60세로 규정되어 있으나 근로계약을 "기간의 정함이 없는 근로계약"으로 체결한 근로자가 있다고 할 때, 해당 근로자가 앞서 본 '근로계약과 취업규칙의 적용 관계'상의 '유리한 조건 우선 적용의 원칙'을 주장하며 자신은 취업규칙보다 유리한 근로계약을 체결하였기 때문에 정년퇴직할 수 없다고 주장하더라도 그 주장에 논리적으로는 틀린 점이 없다는 것이다.

③ 물론, 근로기준법 제16조나 기간제법 제4조 제2항에서 '기간의 정함이 없는 근로계약'이라는 표현을 사용하고 있고, 이 규정의 의미를 '정년(만 60세)까지'라는 의미로 생각하는 것이 일반적이나, 이 규정은 문언 그대로 '기간의 정함이 없는' 근로계약을 의미하는 것이지 '정년(만 60세)까지'라는 의미로 해석해야 할 당위성이 없다. 정년이 60세 이상인 경우도 있고 정년이 없는 회사도 있기 때문이다.

❷ 일반 계약직의 계약기간 작성방법

1) 기재예시 및 사례

일반적인 계약직 근로자라면 근로계약기간은 다음과 같이 간단명료하게 명시하는 것이 좋다. 아래 부적절한 사례에서 보는 것처럼 다른 내용이 추가되면 이에 따라 여러 가지 문제가 발생할 수 있기 때문이다.

⚙ 적절한 기재예시

(예시)

> 제○○조(계약기간) 　년　월　일부터　　년　월　일까지로 한다.

⚙ 부적절한 기재사례

(사례1)

> 제○○조(계약기간) ○○○○년 ○○월 ○○일부터 ○○○○년 ○○월 ○○일까지로 한다. 단, 계약만료 1개월 전까지 이의가 없으면 자동갱신되는 것으로 한다.

(사례1)의 경우 자동갱신조항을 추가하였기 때문에 자칫 실수로 계약만료 1개월 전까지 재계약 거부 의사를 통지하지 않으면 계약이 자동갱신되어 인력 운용계획에 큰 차질이 발생할 수 있으므로 특별한 경우가 아니면 이런 문구는 기재하지 않는 것이 좋다.

(사례2)

> 제○○조(계약기간) ○○○○년 ○○월 ○○일부터 ○○○○년 ○○월 ○○일까지로 한다. 단, 재계약 여부는 평가결과에 따라 정한다.

① (사례2)의 경우는 평가결과에 따라 재계약 여부를 정하도록 규정하고 있다는 점에서 '갱신기대권'의 문제를 발생시킬 수 있는 사례이다.

대법원은 계약직 근로자에게 일정한 경우 갱신기대권을 인정하고 있는데(대법원 2011.4.14.선고 2007두1729판결 등),

② 갱신기대권이 인정되면 재계약 거절 시 갱신거절의 합리적인 이유가 필요하므로 갱신거절의 합리적인 이유가 없으면 부당해고와 동일하게 판단된다.

③ 대법원은 이러한 갱신기대권이 기간제법 제4조에 따른 계약직 사용기간 2년에 한정하여 인정되는 것이 아니라 2년의 사용기간만료 시 정규직으로의 전환 계약에 대한 기대권까지도 인정된다고 보고 있다는 점에서 매우 중요한 문제이다(대법원 2016.11.10.선고, 2014두45765 판결).

2) 계약직 근로자의 갱신기대권에 대한 이해

⚙ 당연퇴직의 원칙

기간을 정하여 근로계약을 체결한 경우 그 기간이 만료됨으로써 근로관계는 당연히 종료되고 근로계약을 갱신하지 않으면 갱신거절의 의사표시가 없어도 당연퇴직하는 것이 원칙이다.

⚙ 갱신기대권이 인정되는 경우

그러나 대법원은 일정한 경우 갱신기대권을 인정하고 있는데, "일정한 요건이 충족되면 근로계약이 갱신된다는 규정을 두고 있거나" "규정이 없더라도 여러 사정을 종합하여 볼 때 일정한 요건이 충족되면 근로계약이 갱신된다는 신뢰 관계가 형성되어 있는 경우"이다(대법원 2011.4.14.선고 2007두1729).

① 대법원은 다음의 요건을 충족하는 경우 갱신기대권을 인정하고 있다.

1. 근로계약, 취업규칙, 단체협약 등에서 기간만료에도 불구하고 일정

한 요건이 충족되면 당해 근로계약이 갱신된다는 취지의 규정을 두고 있는 경우

2. 그러한 규정이 없더라도 근로계약의 내용과 근로계약이 이루어지게 된 동기와 경위, 계약갱신의 기준 등 갱신에 관한 요건이나 절차의 설정 여부 및 그 실태, 근로자가 수행하는 업무의 내용 등 당해 근로관계를 둘러싼 여러 사정을 종합하여 볼 때 근로계약 당사자 사이에 일정한 요건이 충족되면 근로계약이 갱신된다는 신뢰관계가 형성되어 있어 근로자에게 근로계약이 갱신될 수 있으리라는 정당한 기대권이 인정되는 경우

② 사용자가 이를 위반하여 부당하게 근로계약의 갱신을 거절하는 것은 부당해고와 마찬가지로 아무런 효력이 없고, 이 경우 기간만료 후의 근로관계는 종전의 근로계약이 갱신된 것과 동일하다.

● 갱신기대권이 인정되지 않는 경우

① 반면, 계약갱신에 관한 요건이나 절차에 관한 아무런 규율 없이 오로지 사용자의 재량적 판단에 따라 근로계약의 갱신 여부를 결정한다면 갱신기대권이 인정될 수 없다고 보고 있으므로 취업규칙, 근로계약서 작성 시 이 점을 참고해야 할 것이다.

② 근로계약, 취업규칙, 단체협약 등에서 기간만료에도 불구하고 일정한 요건이 충족되면 당해 근로계약이 갱신된다는 취지의 규정을 둔 바 없고, 근로계약의 내용과 근로계약이 이루어지게 된 동기 및 경위, 근로자가 수행하는 업무의 내용, 그동안의 계약갱신 또는 갱신거절의 실태를 보더라도 계약갱신에 관한 요건이나 절차에 관한 아무런 규율 없이 오로지 사용자인 자신들의 인력 수요 및 근로자의 근무태도에 관한 재량적 판단에 따라 근로계약의 갱신 여부를 결정하였다면 근로계약의 갱신에 관한 기대권이 인정된다고 보기는 어렵다(대법원 2011.9.8.선고, 2009두9765 판결).

✱ 갱신기대권의 정리

① 갱신기대권이 인정되지 않는 경우에는 재계약을 하지 않아도 부당해고에 해당하지 않는다.

② 그러나 갱신기대권이 인정되는 경우에는 재계약을 하지 않으려면 갱신거절의 합리적인 이유가 있어야, 갱신거절이 부당해고로 판단되지 않는다. 갱신거절의 합리적인 이유에 관한 판단기준은 일반 근로자의 해고 정당성 판단기준보다는 덜 엄격하다고 할 수 있다.

❸ 계약직의 계약기간 예외적용

기간제법은 계약직(기간제) 근로자 사용기간을 2년으로 제한하면서 다음과 같이 2년을 초과하여 사용할 수 있는 예외규정을 두고 있다. 이 중에 실무적으로 많이 적용될 수 있는 몇 가지 경우를 설명한다.

✱ 관련 법규

〈 기간제법 〉

제4조(기간제근로자의 사용) ①사용자는 2년을 초과하지 아니하는 범위 안에서 (기간제 근로계약의 반복갱신 등의 경우에는 그 계속근로한 총기간이 2년을 초과하지 아니하는 범위 안에서) 기간제근로자를 사용할 수 있다. 다만, 다음 각 호의 어느 하나에 해당하는 경우에는 2년을 초과하여 기간제근로자로 사용할 수 있다.

1. 사업의 완료 또는 특정한 업무의 완성에 필요한 기간을 정한 경우
2. 휴직·파견 등으로 결원이 발생하여 당해 근로자가 복귀할 때까지 그 업무를 대신할 필요가 있는 경우
3. 근로자가 학업, 직업훈련 등을 이수함에 따라 그 이수에 필요한 기간을 정한 경우
4. 고령자고용촉진법 제2조제1호의 고령자와 근로계약을 체결하는 경우
5. 전문적 지식·기술의 활용이 필요한 경우와 정부의 복지정책·실업대책 등에 따라 일자리를 제공하는 경우로서 대통령령이 정하는 경우
6. 그 밖에 제1호 내지 제5호에 준하는 합리적인 사유가 있는 경우로서 대통령

령이 정하는 경우

②사용자가 제1항 단서의 사유가 없거나 소멸되었음에도 불구하고 2년을 초과하여 기간제근로자로 사용하는 경우에는 그 기간제근로자는 기간의 정함이 없는 근로계약을 체결한 근로자로 본다.

〈기간제법 시행령〉

제3조(기간제근로자 사용기간 제한의 예외) ③법 제4조제1항제6호에서 "대통령령이 정하는 경우"란 다음 각 호의 어느 하나에 해당하는 경우를 말한다.

5. 동세법 제22조에 따라 고시한 한국표준직업분류의 대분류 1과 대분류 2 직업에 종사하는 자의 소득세법 제20조제1항에 따른 근로소득(최근 2년간의 연평균근로소득을 말한다)이 고용노동부장관이 최근 조사한 고용형태별근로실태조사의 한국표준직업분류 대분류 2 직업에 종사하는 자의 근로소득 상위 100분의 25에 해당하는 경우

1) 프로젝트 계약직의 계약기간 작성방법

💠 프로젝트 계약직 개요

① 기간제법 제4조제1항제1호는 사업의 완료 또는 특정한 업무의 완성에 필요한 기간을 정한 경우에는 2년을 초과하여 계약직 근로자를 사용할 수 있도록 하고 있는데(일명 '프로젝트 계약직'),

② 이러한 예외가 인정되기 위해서는 해당 프로젝트를 특정하고, 해당 프로젝트를 위해 채용한다는 점 등 계약의 목적과 기간에 대해 다음과 같이 명확히 기재하여 일반 계약직과 구별이 되도록 해야 한다.

③ 이러한 형태의 계약은 위탁사업을 수행하는 경우에 주로 많이 이용될 수 있다.

● 근로계약서 작성예시

〈 프로젝트 계약직 근로계약서 〉

제○○조(목적) 본 계약의 목적은 기간제법 제4조제1항제1호(사업의 완료 또는 특정한 업무의 완성에 필요한 기간을 정한 경우)에 따라 "A프로젝트(구체적 명칭 기재)" 수행을 위해 필요한 근로자를 채용함에 있다.

제○○조(계약기간) 20 년 월 일부터 20 년 월 일까지로 한다. 단, 계약기간 만료 후 당사자의 합의에 의해 계약을 갱신할 수 있으나 A프로젝트 기간을 초과할 수 없고, 계약기간 중 A프로젝트가 종료되는 경우에는 그 종료일에 본 근로계약도 종료되는 것으로 한다.

● 관련 법규

〈 기간제법 〉

제4조(기간제근로자의 사용) ①사용자는 2년을 초과하지 아니하는 범위 안에서 (기간제 근로계약의 반복갱신 등의 경우에는 그 계속근로한 총기간이 2년을 초과하지 아니하는 범위 안에서) 기간제근로자를 사용할 수 있다. 다만, 다음 각 호의 어느 하나에 해당하는 경우에는 2년을 초과하여 기간제근로자로 사용할 수 있다.

1. 사업의 완료 또는 특정한 업무의 완성에 필요한 기간을 정한 경우

2) 고령자 계약직의 계약기간 작성방법

⚙ 고령자 계약직 개요

기간제법 제4조제1항제4호는 고령자고용촉신법에 따른 고령자(만 55세 이상)에 대해서는 2년을 초과하여 계약직으로 사용할 수 있도록 하고 있다.

⚙ 근로계약서 작성예시

이 경우에는 다음과 같이 이러한 취지를 명시하는 것이 바람직할 것이다.

> 〈 고령자 계약직 근로계약서 〉
> 제○○조(계약기간) 20 년 월 일부터 20 년 월 일까지로 한다. 단, 계약기간 만료 후 당사자의 합의에 의해 계약을 갱신할 수 있으며, 만55세 이상 자로서 기간제법 제4조제1항제4호에 따라 총 계약기간이 2년을 초과할 수 있다.

⚙ 관련 법규

〈 기간제법 〉

제4조(기간제근로자의 사용) ①사용자는 2년을 초과하지 아니하는 범위 안에서 (기간제 근로계약의 반복갱신 등의 경우에는 그 계속근로한 총기간이 2년을 초과하지 아니하는 범위 안에서) 기간제근로자를 사용할 수 있다. 다만, 다음 각호의 어느 하나에 해당하는 경우에는 2년을 초과하여 기간제근로자로 사용할 수 있다.

4. 고령자고용촉진법 제2조제1호의 고령자와 근로계약을 체결하는 경우

〈고령자고용촉진법 시행령〉

제2조(고령자 및 준고령자의 정의) ① 고용상 연령차별금지 및 고령자고용촉진에 관한 법률(이하 "법"이라 한다) 제2조제1호에 따른 고령자는 55세 이상인 사람으로 한다.

② 법 제2조제2호에 따른 준고령자는 50세 이상 55세 미만인 사람으로 한다.

3) 고연봉 관리자의 계약기간 작성방법

⊕ 고연봉 관리자 개요

① 기간제법 제4조제1항제6호 및 동법시행령 제3조제3항제5호에서는 한국표준직업분류 대분류1과 대분류2에 속하는 근로자의 경우에는 근로소득(최근 2년간 평균근로소득)이 일정 수준 이상이면 2년을 초과하여 계약직으로 사용할 수 있도록 규정하고 있다. 쉽게 말해 고연봉 관리자들이 이에 해당할 수 있다.

② 먼저, 한국표준직업분류 대분류1과 대분류2에 속하는 근로자가 어떤 근로자인지 살펴보면 아래와 같다. 아래 분류는 '대분류'이기 때문에 아래 대분류에 해당하면 '중분류', '소분류' 등 하위 분류에 속하는 직업은 모두 포함되는데, 구체적인 내용은 통계청 한국표준직업분류 사이트 (http://kssc.kostat.go.kr/ksscNew_web/link.do?gubun=002)에서 확인할 수 있다.

③ 예를 들어, '12 행정·경영지원 및 마케팅 관리직'의 하위분류를 찾아보면 '121 행정 및 경영지원 관리자 → 1212 경영지원 관리자 → 12122 기획관리자'를 찾을 수 있고 해당 직무의 내용을 확인할 수 있는데, 일반적으로 기업의 경영기획실장(팀장)이 이에 해당함을 알 수 있다.

〈 한국표준직업분류 대분류1,2 〉

대분류1 (관리자)	대분류2 (전문가 및 관련 종사자)
11 공공기관 및 기업 고위직 12 행정·경영지원 및 마케팅 관리직 13 전문서비스 관리직 14 건설·전기및 생산 관련 관리직 15 판매 및 고객서비스 관리직	21 과학 전문가 및 관련직 22 정보통신 전문가 및 기술직 23 공학 전문가 및 기술직 24 보건·사회복지및 종교 관련직 25 교육 전문가 및 관련직 26 법률 및 행정 전문직 27 경영·금융전문가 및 관련직 28 문화·예술·스포츠전문가 및 관련직

④ 다음으로 소득 기준에 대해 살펴보면, 고용노동부에서 주기적으로 고용형태별 근로실태조사를 하는데, 여기서 한국표준직업분류 대분류 2(전문가 및 관련 종사자)의 직업에 종사하는 근로자의 근로소득 상위 100분의 25에 해당하는 금액을 공고하고 있다. 2021년에는 66,000,000원으로 공고되었고(고용노동부 공고 제2021-244호), 2022년에는 새로운 공고가 나오기 전까지 이 금액이 적용된다.

🔹 근로계약서 작성예시

따라서, 앞에서 살펴본 고연봉 근로자에 해당한다면 다음과 같이 근로계약서를 작성하여 2년 초과의 계약직으로 사용할 수 있으며, 이러한 계약은 근로자성이 인정되는 임원들의 경우에 실질적으로 필요성이 높을 것이다.

〈 고연봉 관리자 근로계약서 〉

제〇〇조(계약기간) 20 년   월 일부터 20 년   월 일까지로 한다. 단, 계약기간 만료 후 당사자의 합의에 의해 계약을 갱신할 수 있으며, 한국표준직업분류 대분류1(12122 기획관리자) 해당자로서 기간제법 제4조제1항제6호 및 동법시행령 제3조제3항제5호에 따라 총 계약기간이 2년을 초과할 수 있다.

제〇〇조(담당업무) 경영기획실장으로서 경영기획 전반에 관한 관리 및 통제 업무

🔹 관련 법규

〈 기간제법 〉

제4조(기간제근로자의 사용) ①사용자는 2년을 초과하지 아니하는 범위 안에서 (기간제 근로계약의 반복갱신 등의 경우에는 그 계속근로한 총기간이 2년을 초과하지 아니하는 범위 안에서) 기간제근로자를 사용할 수 있다. 다만, 다음 각 호의 어느 하나에 해당하는 경우에는 2년을 초과하여 기간제근로자로 사용할 수 있다.

6. 그 밖에 제1호 내지 제5호에 준하는 합리적인 사유가 있는 경우로서 대통령

령이 정하는 경우

〈기간제법 시행령〉

제3조(기간제근로자 사용기간 제한의 예외) ③법 제4조제1항제6호에서 "대통령령
이 정하는 경우"란 다음 각 호의 어느 하나에 해당하는 경우를 말한다.

5. 통계법 제22조에 따라 고시한 한국표준직업분류의 대분류 1과 대분류 2 직
   업에 종사하는 자의 소득세법 제20조제1항에 따른 근로소득(최근 2년간의 연
   평균근로소득을 말한다)이 고용노동부장관이 최근 조사한 고용형태별근로실
   태조사의 한국표준직업분류 대분류 2 직업에 종사하는 자의 근로소득 상위
   100분의 25에 해당하는 경우

❹ 일용직의 계약기간 작성방법

1) 일용직을 수일간 사용하는 경우

❖ 일용직의 계약개요

① 일용직은 당일 근로관계가 시작되어 당일 종료되는 형태의 근로계약이므로 당일의 근로관계가 종료되었다면 다음 날 다시 채용절차를 거쳐 채용을 결정하고 근로계약을 체결하는 것이 원칙이며, 이 경우 수일간 근로하더라도 1일 단위로 근로관계는 단절된다.

② 그러나 실무적으로는 이러한 신규 채용절차를 거치지 않고 당일 근로관계 종료 전에 다음 날도 근무하기로 서로 약정하는 경우가 대부분이고, 신규 채용절차를 거치더라도 이를 입증할 자료를 남기기 어려운 것이 현실이므로 수일간 일용직을 사용하는 경우 계속근로관계로 인정될 가능성이 크다고 볼 수 있다.

❖ 근로계약서 작성예시

어느 경우이든 일용직을 수일간 사용하는 경우 실무적으로 매일 근로계약서를 작성하는 것이 매우 불편하다는 점은 같으므로 일용직 근로계약의 계약기간을 다음과 같이 명시하면 매일 근로계약서를 작성해야 하는 불편을 해소할 수 있을 것이며, 계속근로로 인정될 가능성이 크다는 점을 고려하여 주휴일과 연차휴가에 대해서도 다음과 같이 명시하는 것이 좋다.

> **〈 일용직 근로계약서 〉**
>
> 제○○조(계약기간) 20　년　　월　　일부터 당일 근로관계가 종료되는 일용직으로 계약하되, 업무상 필요에 의해 갱신하게 되는 경우에는 별도의 근로계약서 작성없이 본 근로계약과 동일한 내용으로 갱신된 것으로 본다.
>
> 제○○조(근무일 및 근로시간) 근무일은 본 근로계약 당일(또는 갱신된 날)로 하며, 근로시간은 ○○:○○ ~ ○○:○○으로 한다(휴게시간 ○○:○○ ~ ○○:○○).
>
> 제○○조(임금) (뒤에서 설명)
>
> 제○○조(휴일) 본 근로계약이 계속 갱신되어 1주일을 초과하여 근무하게 되는 경우에는 유급주휴일(○요일, 단 현장업무 상황에 따라 변경 가능)을 부여하되, 1주간 소정근로일을 개근하고 1주 15시간 이상을 근무한 경우에 한한다.
>
> 제○○조(휴가) 본 근로계약이 계속 갱신되어 1개월 이상 계속 근무하는 경우 1개월간 개근 시 1일의 연차휴가를 부여하며(입사 1년 미만자에 한함), 1년간 계속 근무하여 출근율이 80% 이상이 되는 경우 15일의 연차휴가를 부여한다. 단, 1주 소정근로시간이 15시간 이상인 경우에 한한다.

2) 일용직: 사실상 계약직이지만 임금을 일당으로 지급하는 경우

● 단기계약 일용직 개요

　① 실무상 일용직이라고 부르지만, 임금을 일당으로 계산하여 지급하는 형태일 뿐 실질적으로는 단기 계약직의 형태인 경우가 많다.

　② 이런 경우 계약기간의 명시방법이 문제가 되는데 처음부터 계약기간을 명확히 확정할 수 있는 경우에는 그 기간을 명시하면 될 것이나,

　③ 현장의 업무 상황이 가변적이어서 계약기간을 미리 확정할 수 없

는 경우에는 다음과 같이 어느 정도 예측 가능한 계약기간을 명시하되 상황의 변화에 따라 계약기간의 만료일이 변경될 수 있다는 사실을 명시하는 방법을 취해야 할 것이다.

● 근로계약서 작성예시

〈 단기계약 일용직 근로계약서 〉

제○○조(계약기간) 20 년   월   일부터 20 년   월   일까지로 한다. 다만, 근로계약기간 중이라도 천재지변, 동절기 공사중단, 발주처 공사중단/설계변경 등 불가피한 사유로 공사를 계속할 수 없을 때와 "사원"이 수행하던 공종이 중단된 경우에는 그 때를 계약만료일로 하며, 근로계약이 갱신체결된 경우라도 최대기간은 "사원"이 수행하던 업무의 공종 종료일을 초과하지 못한다.

제○○조(근무일 및 근로시간) ① 근무일은 (   )요일~(   )요일로 하되, 현장 업무 상황에 따라 근무일을 변경할 수 있으며, 현장 공사의 특성상 우천 등 기상 상황 등에 따라 작업할 수 없는 날은 근로제공의무가 없는 날로서 근로기준법상의 휴업으로 보지 아니한다.
② 근로시간은 ○○:○○ ~ ○○:○○으로 한다(휴게시간 ○○:○○ ~ ○○:○○).

제○○조(임금) 별도로 설명

제○○조(휴일) 1주간 소정근로일(요일 ~   요일)을 개근한 경우 1일의 유급주휴일(○요일, 단 현장업무상황에 따라 변경 가능)을 부여한다. 단, 결근이 있는 경우에는 무급으로 한다.

제○○조(휴가) 1년간 80% 이상 출근한 경우 15일의 연차휴가를 부여하며, 1년 미만자 또는 1년간 80% 미만 출근한 근로자는 1개월간 개근 시 1일의 연차휴가를 부여한다.

❺ 촉탁직의 계약기간 작성방법

실무상 촉탁직이라는 용어가 여러 가지 의미로 사용되고 있으나, 계약직 근로계약이라는 점에서는 공통적인 것으로 보인다. 여기서는 그중에서 가장 일반적인 의미로 사용되고 있는 '정년퇴직 이후 재고용'의 경우를 전제로 설명한다.

◉ 정년퇴직 후 재고용 약정을 하는 경우

정년퇴직 당시에는 아무런 약정이 없이 퇴직하였지만, 퇴직 이후 필요에 의해 정년퇴직자를 계약직으로 재고용하는 경우라면 종전의 근로관계는 단절되고 새로운 근로관계가 시작되는 것이 명백하다.

◉ 정년퇴직 전 재고용 약정을 하는 경우

① 정년퇴직에 즈음하여 퇴직 후 계약직으로 재고용하기로 상호 약정이 이루어진 상태에서 정년퇴직 후 계약직으로 재고용되는 경우에는 신분만 정규직에서 계약직으로 변경될 뿐 종전 근로관계는 단절되지 않고 계속되는 결과가 될 수 있다.

② 근로관계가 단절되지 않는 점은 기업이 정년퇴직자 재고용을 기피하는 요인으로 작용할 수 있으므로 '고령자고용촉진법' 제21조제2항은 "사업주는 고령자인 정년퇴직자를 재고용할 때 당사자 간의 합의에 따라 근로기준법 제34조에 따른 퇴직금과 같은 법 제60조에 따른 연차유급 휴가일수 계산을 위한 계속근로기간을 산정할 때 종전의 근로기간을 제외할 수 있으며 임금의 결정을 종전과 달리할 수 있다."라고 규정하여 퇴직금과 연차휴가 산정 시 종전 근로기간을 제외할 수 있도록 하고 있다.

◉ 촉탁직 근로계약서 작성예시

문제는 이 규정이 자동으로 적용되는 것이 아니라 당사자 간의 합의가 있어야 한다는 점이다. 따라서, 정년퇴직 후 재고용하는 경우에는 다음과 같이 이러한 취지를 명확히 기재해야 한다.

〈 정년퇴직자 재고용 근로계약서 〉

제○○조(계약기간) ① 20 년 월 일부터 20 년 월 일까지로 한다. 단, 계약기간 만료 후 당사자의 합의에 의해 계약을 갱신할 수 있으며, 정년퇴직 이후 재고용자로서 기간제법 제4조 제1항 제4호에 따라 총 계약기간이 2년을 초과할 수 있다.

② 본 계약은 정년퇴직 이후 새로운 촉탁직 근로계약이므로 퇴직금, 연차휴가산정에서 근속기간은 본 계약 이후부터 기간을 계산하며, 본 계약 이전의 근속기간은 포함하지 아니한다.

CHAPTER 2

근로시간 유형별 근로계약서 작성방법

1 기본근로시간 및 고정연장근로시간의 작성방법

◉ (예시1) 기본근로시간

1일 8시간, 1주 40시간의 기본근로시간 형태의 근로계약서는 다음과 같이 근로시간을 기재하고, 1주 12시간의 연장근로의 가능성 정도만 기재하면 된다.

> 제○○조(근로시간) ① 근로시간은 09시~18시까지로 한다(휴게시간 12시~13시 제외).
> ② 전항의 근로시간 이외에 업무상 필요한 경우 당사자 합의에 의해 1주 12시간 이내의 연장근로를 할 수 있다.

◉ (예시2) 고정연장근로시간

1일 1시간의 고정연장근로가 포함된 유형의 근로계약이라면 다음과 같이 근로시간을 기재하고, 고정연장근로에 대한 동의를 명확히 하는 것이 바람직하다.

> 제○○조(근로시간) ① 근로시간은 08시~18시까지로 한다(휴게시간 12시~13시 제외).
> ② 전항의 근로시간으로 인해 1일 8시간, 1주 40시간을 초과하는 시간에 대해서는 연장근로의 합의가 있는 것으로 간주한다.
> 　　　　　　　　　　　이에 동의함. ＿＿＿＿＿＿＿＿(서명)
> ③ 업무상 필요 시 당사자 합의에 의해 전항의 연장근로 이외에 연장근로를 실시할 수 있다. 단, 1주간 총 연장근로시간은 12시간을 초과할 수 없다.

❷ 단시간근로자의 근로계약서 작성방법

💮 (예시1) 단시간

① 단시간근로자의 경우 기간제법 제17조에서 '근로일 및 근로일별 근로시간'을 명시하도록 하고 있는데, 현실적으로는 업무 상황이나 근무일정에 따라 근로일이 변동적인 경우가 많아서 이를 특정하여 명시하는 데 어려움이 있다.

② 이럴 때는 계약서 작성 당시에 예정된 근무일과 근무시간을 다음과 같이 명시(해당 요일에 표시하고 근무시간, 휴게시간을 기재)하고, 업무 상황이나 근무일정에 따라 변경될 수 있다는 사실을 명시하고 동의를 받으면 문제를 해결할 수 있다.

③ 또한, 단시간근로자의 경우 주휴일과 연차휴가를 부여할 때 일반근로자의 소정근로시간(1일 8시간, 1주 40시간)에 비례하여 유급처리가 된다는 사실을 다음과 같이 명시하는 것이 오해로 인해 발생할 수 있는 분쟁을 예방하는 방법이 될 것이다.

제○○조(근로시간) 근로시간은 다음과 같이 정한다. 단, 업무 상황 또는 근무스케줄에 따라 근무일 및 근로시간은 변경될 수 있다.

이에 동의함. _____ (서명)

근무일	월( )	화( )	수( )	목( )	금( )	토( )	일( )
근로시간							
휴게시간							

제○○조(휴일) 1주간 소정근로일을 개근한 경우 1일의 유급주휴일(○요일, 근무스케줄에 따라 해당 요일 변경 가능)을 부여하며, 유급처리되는 시간은 소정근로시간에 비례한다. 단, 결근이 있는 경우에는 무급으로 한다.

제○○조(휴가) 1년간 80% 이상 출근한 경우 15일의 연차휴가를 부여하며, 1년 미만자 또는 1년간 80% 미만 출근한 근로자는 1개월간 개근 시 1일의 연차휴가를 부여한다. 단, 유급처리되는 시간은 소정근로시간에 비례한다.

◉ (예시2) 초단시간 : 주 15시간 미만

　단시간근로자 중에서도 1주 소정근로시간이 15시간 미만인 근로자를 '초단시간 근로자'로 구분하며, 이러한 초단시간 근로자는 '주휴일, 연차휴가, 퇴직금'이 적용되지 않는다. 따라서, 이러한 내용을 다음과 같이 명시하는 것이 오해로 인한 분쟁을 예방하는 방법이 될 것이다.

제○○조(휴일) 1주 평균 소정근로시간이 주 15시간 미만이므로 근로기준법 제18조제3항에 따라 유급주휴일은 적용되지 아니한다.

제○○조(휴가) 1주 평균 소정근로시간이 주 15시간 미만이므로 근로기준법 제18조제3항에 따라 연차휴가는 적용되지 아니한다.

제○○조(퇴직금) 1주 평균 소정근로시간이 주 15시간 미만이므로 근로자퇴직급여보장법 제4조제1항단서에 따라 퇴직금은 적용되지 아니한다.

---

❸ 교대근로자의 근로계약서 작성방법

❋ (예시) 교대제

① 교대제 근로계약서 작성 시 문제가 되는 사항 중 하나는 교대근무와 일반근무의 상호 전환 부분이다. 교대근로를 일반근로로 또는 그 반대의 경우로 전환하는 것에 근로자가 동의하지 않아 곤란을 겪는 경우가 많으므로 다음과 같이 근무형태가 전환될 수 있음을 명시하고 미리 동의를 받아두는 것이 좋다.

② 다음으로 교대근무의 순환형태와 교대조별 근무시간의 기재가 문제가 되는데, 이 부분이 명확하게 명시되어야 소정근로시간이 몇 시간인지 그에 따른 임금계산이 어떻게 되는지 등을 확인할 수 있으므로 매우 중요한 사항이다. 따라서 아래와 같은 방법으로 명시해야 한다.

③ 마지막으로 주휴일에 대해 '주휴일은 비번일 중 하루'라고 명시하는 경우가 많은데, 이는 매우 부정확한 방법이다. 업무 상황에 따라 비번일에 근무하게 된 경우 사용자가 임의로 주휴일을 정해 '휴일 근로'가 아닌 '휴무일 근로'로 처리할 수도 있기 때문이다(휴일과 휴무일에 따라 임금계산이 달라진다).

④ 따라서 다음과 같이 비번일 중 어떤 날이 주휴일인지를 특정하여 명시하여야 한다.

제○○조(근로일 및 근로시간) ① 근무형태는 교대제로 하며, 업무 상황에 따라 일반 근무형태로 전환될 수 있다.

이에 동의함. _____ (서명)

② 교대근무는 4근 2휴(주간 4일, 2일 비번 → 야간 4일, 2일 비번 → 주간 4일, 2일 비번 : 순환) 근무로 하며, 근무조별 근로시간은 아래와 같다. 단, 업무 상황에 따라 교대근무스케쥴이 변경되는 경우에는 그에 따른다.

근무조	근로시간	휴게시간
주간	08시~19시	12시~13시
야간	20시~07시	24시~01시

제○○조(휴일) 1주간 소정근로일을 개근한 경우 1일의 유급주휴일(결근 시 무급)을 부여하되, 교대근무 특성상 해당 요일은 가변적이므로 2번째 비번일을 주휴일로 적용한다.

4 유연근로시간제 근로계약서 작성방법

① 근로기준법에서 규정하고 있는 유연근로시간제는 4가지 유형이 있다.

1. 탄력적 근로시간제
2. 선택적 근로시간제
3. 재량근로시간제
4. 간주근로시간제

② 이러한 유연근로시간제를 도입하기 위해서는 취업규칙 또는 근로자대표와의 서면 합의가 필요한데, 각 제도의 의미와 활용 및 도입방법에 대한 구체적인 내용은 해당 부분에서 설명하기로 하고, 여기서는 유연근로시간제를 도입한 경우 근로계약서를 어떻게 작성해야 하는지에 대하여 설명한다.

(예시1) 탄력적 근로시간제 : 2주 단위

① 2주 단위 탄력적 근로시간제는 취업규칙에 구체적인 내용을 정하게 되어 있으므로 근로일 및 근로시간에 대해서도 다음과 같이 취업규칙에서 정하는 바에 따르는 것으로 근로계약서에 명시하거나 취업규칙에 정한 근로시간을 그대로 근로계약서에 다시 명시하는 방법을 사용하면 된다.

② 그리고, 탄력적 근로시간제 적용 시 어떤 경우에 연장근로가 되는지 알 수 있도록 이에 관한 내용을 다음과 같이 근로계약서에 명시하는 것이 바람직하다.

❖ 취업규칙에 탄력적 근로시간제의 근로일 및 근로시간이 규정된 경우

제○○조(근로일 및 근로시간)

① 취업규칙 제00조에 따른 2주 단위 탄력적 근로시간제를 적용하며, 구체적 근로일 및 근로시간은 취업규칙에 따른다.

② 전항에 따른 근로시간이 단위기간 2주 평균 1주 40시간을 초과하지 아니하므로 단위기간 중 특정일에 8시간, 특정주에 40시간을 초과하는 시간은 연장근로로 보지 아니한다. 단, 사전에 정해진 전항의 근로시간을 초과하는 근로시간은 연장근로로 적용하며, 1주 12시간을 초과할 수 없다.

❖ 취업규칙에 탄력적 근로시간제의 근로일 및 근로시간이 규정되지 않은 경우

제○○조(근로일 및 근로시간)

① 취업규칙 제00조에 따른 2주 단위 탄력적 근로시간제를 적용하며, 첫 번째 주는 월~금 08시~18시(휴게시간 제외, 1일 9시간, 1주 45시간), 두 번째 주는 월~금 09시~17시(휴게시간 제외, 1일 7시간, 1주 35시간)으로 한다.

② 전항에 따른 근로시간이 단위기간 2주 평균 1주 40시간을 초과하지 아니하므로 단위기간 중 특정일에 8시간, 특정주에 40시간을 초과하는 시간은 연장근로로 보지 아니한다. 단, 사전에 정해진 전항의 근로시간을 초과하는 근로시간은 연장근로로 적용하며, 1주 12시간을 초과할 수 없다.

✸ (예시2) 탄력적 근로시간제 : 3개월 이내 단위

① 3개월 이내 단위 탄력적 근로시간제는 근로자대표와의 서면 합의로 구체적인 내용을 정하게 되어 있는데, 근무시간표가 매우 복잡하게 작성될 가능성이 크므로 이를 근로계약서에 기재하기에는 무리가 있을 것이다.

② 이런 경우에는 다음과 같이 노사합의서에 정한 바에 따르는 것으로 기재하되, 근무시간표를 근로자들에게 공지하거나 교부하는 방법을 취해야 한다.

제○○조(근로일 및 근로시간)
① 탄력적 근로시간제 노사합의서에 따른 3개월 단위 탄력적 근로시간제를 적용하며, 구체적 근로일 및 근로시간은 노사합의서에 따른다.
② 전항에 따른 근로시간이 단위기간 3개월 평균 1주 40시간을 초과하지 아니하므로 단위기간 중 특정일에 8시간, 특정주에 40시간을 초과하더라도 그 시간은 연장근로로 보지 아니한다. 단, 사전에 정해진 전항의 근로시간을 초과하는 근로시간은 연장근로로 적용하며, 1주 12시간을 초과할 수 없다.

● (예시3) 선택적 근로시간제

① 선택적 근로시간제를 도입하는 경우 의무적 근로시간대를 설정하는 '부분선택적 근로시간제'를 도입하는 경우가 많은데, 이 경우에는 다음과 같이 '의무적 근로시간대'와 '선택적 근로시간대'를 근로계약서에 명시해야 한다.

② 또한, 연장근로 해당 여부는 정산기간의 총 근로시간을 초과하였는지에 따라 사후적으로 결정된다는 사실과 주휴일 및 연차휴가 계산을 위한 1일 표준근로시간도 명시해야 한다.

제○○조(근로일 및 근로시간)
① 취업규칙 제○○조와 선택적 근로시간제 노사합의서에 따른 선택적 근로시간제를 적용하며, 아래의 선택적 근로시간대에서 근로일별 근로시간을 조절할 수 있다. 단, 의무적 근로시간대에는 반드시 근무해야 한다.

근로일	선택적 근로시간대	의무적 근로시간대
월~금	07:00~13:00 16:00~22:00	13:00~16:00

② 4주간의 총 근로시간은 노사합의서에 정한 바에 따라 160시간으로 하며, 정산기간의 총 근로시간 범위 내에는 특정한 날에 8시간, 특정한 주에 40시간을 초과하여 근로하더라도 연장근로로 보지 아니한다. 단, 총 근로시간을 초과하는 시간은 연장근로로 보며, 주 평균 12시간 이내로 한다.
③ 주휴일 및 연차휴가의 계산을 위한 1일 표준근로시간은 8시간으로 한다.

● (예시4) 재량근로시간제

① 재량근로시간제는 연구개발이나 디자인 등 법령에 정한 재량근로시간제 대상에 해당하는 업무를 근로계약서에 명시해야 하고, 업무의 수행 방법 및 시간 배분 등에 대한 구체적 지시를 하지 아니한다는 내용을 명시해야 한다.

② 또한, 근로시간은 노사합의로 정한 바에 따라 1일 또는 1주의 근로시간을 명시해야 하는데, 이때 1주 총 근로시간은 연장근로 주12시간 제한 때문에 52시간을 초과할 수 없다.

제○○조(업무 내용 및 수행 방법)
① 수행업무의 내용은 신제품 연구개발로 한다.
② 위 업무를 수행하는 동안은 업무수행의 방법 및 시간 배분의 결정을 근로자 본인에게 위임하며, 회사는 이에 대한 구체적인 지시를 하지 아니한다. 다만, 연구과제의 선택 등 종사할 업무의 결정 및 내용 등에 관한 지시, 직장 질서 및 시설 관리상의 지시는 할 수 있다.

제○○조(근로시간)
① 근로시간은 재량근로시간제 노사합의서에 따라 주50시간을 근로한 것으로 간주한다.
② 전항에 의하여 근로한 것으로 간주하는 시간 중 주10시간은 연장근로로서 연장근로수당을 지급한다.
③ 휴게시간은 근로시간 4시간당 30분, 8시간당 1시간을 부여하며, 근로자 스스로 시간을 정하여 사용하는 것으로 한다.

⚙ (예시5) 간주근로시간제

　외근 영업사원이나 배송기사들처럼 주로 회사 밖에서 업무를 수행하는 근로자에 대해서는 간주근로시간제를 적용할 필요성이 크며, 간주근로시간제 적용 시 노사합의로 정한 1일 또는 1주 근로시간을 다음과 같이 명시해야 한다.

제○○조(근로시간) ① 외근 영업업무의 특성상 사업장 밖 근무로 인하여 근로시간의 산정이 곤란하므로 간주근로시간제 노사합의서에 따라 1일 9시간, 1주 45시간을 근로한 것으로 간주한다.
② 전항에 의하여 근로한 것으로 간주하는 시간 중 1일 1시간, 1주 5시간은 연장근로로서 연장근로수당을 지급한다.
③ 휴게시간은 근로시간 4시간당 30분, 8시간당 1시간을 부여하며, 업무 상황에 따라 본인의 재량으로 사용하는 것으로 한다.

CHAPTER 3

임금유형별 근로계약서 작성방법

① 근로계약서와 임금(연봉)계약서의 분리

◈ 근로계약서와 임금(연봉)계약서 분리의 필요성

① 임금(연봉)계약은 근로계약의 여러 내용 중 한 부분이므로 근로계약기간과 임금(연봉)계약기간이 반드시 일치하지는 않을 수 있다.

② 계약직의 경우에는 근로계약기간과 임금(연봉)계약기간이 서로 일치할 경우가 많겠지만 정규직의 경우에는 근로계약의 내용 중 다른 부분은 같고 매년 임금(연봉)만 변경되는 것이 일반적이다.

③ 그런데 다음 사례처럼 정규직임에도 불구하고 근로계약기간과 임금(연봉)계약기간을 구별하지 않고 계약서를 작성하는 경우가 많고, 이로 인해 정규직인지 계약직인지 구분이 모호하여 상호 분쟁이 발생할 수 있다.

〈 연봉제 근로계약서 〉

제○○조(계약기간) 2020.1.1.~ 2020.12.31.(1년간)

제○○조(근무장소/담당업무) ……

제○○조(근무일 및 근무시간) ……

제○○조(연봉) ……

제○○조(휴일 및 휴가) ……

❖ 근로계약서와 임금(연봉)계약서 분리방법

　정규직 근로자는 근로계약서와 연봉계약서를 별도로 작성하는 것이 바람직하다. 근로계약서의 계약기간은 다음과 같이 입사일부터 정년까지로 기재하고 연봉에 대해서는 별도 연봉계약서에 따르는 것으로 한 후 연봉계약서에서는 해당 연봉의 적용 기간을 기재한다.

〈 근로계약서 〉

제○○조(계약기간) 2020.1.1.부터 취업규칙 상 정년까지로 한다.
제○○조(근무장소/담당업무) ……
제○○조(근무일 및 근무시간) ……
제○○조(연봉) 연봉에 관한 사항은 별도 연봉계약서에 따른다.
제○○조(휴일 및 휴가) ……

〈 연봉계약서 〉

제○○조(계약기간) 2020.1.1.~2020.12.31.(1년간)
제○○조(연봉) ① 연봉구성항목 및 금액, 계산방법
② 연봉지급방법 등 ……
제○○조(연봉의 조정) ……
제○○조(비밀유지의무) ……

❷ 포괄임금제(고정시간외수당 포함) 계약서 작성방법

① 많은 기업이 고정시간외수당이 포함된 이른바 포괄임금제 형태의 임금제도를 취하고 있는데, 최근 이러한 포괄임급제의 폐지 논의 등 유효성 여부에 대한 논란이 많다.

② 포괄임금제의 유형은

1. 초과근무시간이 얼마나 되는지와 관계없이 추가 임금을 지급할 필요가 없는 진정한 의미의 포괄임금제(이를 '진정 포쌀임금세'라 칭하기로 한다)와

2. 실제 초과근무시간에 따라 추가 임금을 지급할 필요가 있는 '부진정 포괄임금제'로 나눌 수 있는데,

③ '진정 포괄임금제'보다 '부진정 포괄임금제'에 해당하는 경우가 더 많으므로 '부진정 포괄임금제' 계약서 작성 시 유의할 사항에 대하여 설명한다.

● (예시) 포괄임금제(고정시간외수당 포함)

① 부진정 포괄임금제의 경우 월급(연봉)에 반영된 고정시간외근로를 초과하는 근무에 대해서는 추가적인 임금지급이 필요하고, 반영된 시간까지는 추가 임금을 지급할 필요가 없다.

② 따라서 몇 시간분의 고정시간외수당이 포함되어 있는지 명시하는 것이 중요하고, 이를 초과하는 시간에 대해서는 추가 임금을 지급한다는 내용을 명시하는 것이 바람직하다.

제○○조(임금) ① 임금은 월급제로 하며, 업무의 특성상 시간외근로의 발생이 불규칙한 점 등을 고려하여 월급에 기본급 이외에 고정시간외근로수당이 포함된 포괄임금으로 구성한다.

이에 동의함 :　　　　　　　　　(서명)

구성항목	금 액	비 고
기본급	원/월	월209시간분(주휴 포함)
시간외근로수당	원/월	월30시간분(기본급÷209×30×1.5)
합 계	원/월	

② 전항에 따라 월급에 포함된 고정시간외근로 시간을 초과하는 시간외근로에 대해서는 통상시급의 50%를 가산하여 지급하며, 연장, 야간, 휴일근로가 중복되는 경우 중복가산한다(휴일과 연장 중복의 경우에는 해당일 8시간 초과 시에만 중복기산함).

③ 임금은 매월 00일부터 00일까지 산정하여 매월 00일에 4대보험료 및 제세공과금을 공제하고 사원의 지정계좌로 입금한다.

문제점

① 한편, 이러한 포괄임금제를 적용하는 경우 월급에 반영된 고정시간외근로시간 범위 내에서는 초과근로를 하는 근로자와 정시 퇴근을 하는 근로자 사이에 임금의 차이가 없게 되어 초과근로를 하는 근로자들의 불만과 사기 저하가 나타나는 문제점이 있다.

② 이러한 문제점을 해결함과 동시에 월급에 반영된 시간을 초과하는 근로 발생 시 추가 임금지급의 문제까지 함께 해결할 방법이 있다. 이에 대해서는 뒤에서 설명하기로 한다.

❸ 월급제 계약서 작성방법

❖ (예시) 월급제 임금계약서 중 각종 수당 부분

① 월급제는 기본급 이외에 회사에서 정한 별도의 수당이나 상여금 등이 없다면 임금계약서에 기본급 금액과 연장·야간·휴일수당 등 법정수당의 계산방법만 명시하면 될 것이나, 별도의 수당이나 상여금이 있다면 각 수당과 상여금의 지급기준에 대해 상세히 명시해야 한다.

② 다음은 장려수당과 상여금의 지급목적과 지급기준을 명시한 예시인데, 통상임금에 해당하지 않는 조건으로 설정된 사례이다. 각종 수당과 상여금 등을 통상임금에 해당하지 않도록 설계하는 방법의 구체적인 내용은 뒤에서 설명하기로 한다.

제○○조(임금) 임금의 구성항목과 지급목적, 계산방법 및 지급기준은 다음과 같다.

구성 항목	지급목적	계산방법 및 지급기준
장려수당	3대 중점수칙 (안전, 보안, 청정) 준수를 장려하기 위한 수당	○ 기준금액 : _____ 원/월 • 1월간 중점수칙 위반 없음: 기준금액 100% 지급 • 1월간 중점수칙 위반 3회 미만: 기준금액 50% 지급 • 1월간 중점수칙 위반 3회 이상: 없음
상여금	사원의 근로를 치하하고 근무의욕을 고취하기 위해 지급	○ 지급기준 : 매월 출근율에 따라 차등 지급 • 출근율 90% 이상 : 월 기본급의 50% 지급 • 출근율 80~90% 미만: 월 기본급의 45% 지급 • 출근율 70~80% 미만: 월 기본급의 40% 지급 • 출근율 70% 미만: 없음 ※ 근속 3개월 미만: 위 지급률의 각 25% 지급

4 시급제 및 일당제 계약서 작성방법

(예시1) 시급제

① 시급제 근로자의 경우 다음과 같이 해당 시급과 임금의 계산방법, 지급방법을 명시하면 된다.

② 시급만 명시하는 경우를 많이 볼 수 있는데, 이는 근로계약서 법 정기재사항 중 임금의 계산방법과 지급방법을 명시하지 않은 것이 되어 제재를 받을 수 있으니 유의해야 하며,

③ 주휴수당을 지급하지 않아 문제가 발생하는 경우가 많으니 이 점 은 특히 유의해야 한다.

제○○조(임금) ① 임금은 시급제로 하며, 시급 (   )원으로 한다.

② 임금의 계산은 시급×근무시간으로 하며, 유급주휴일 부여 시 주휴수당 1 일분은 시급×1일 소정근로시간으로 산정하되, 단시간근로자의 경우 소정근 로시간에 비례하여 산정한다.

③ 연장, 야간, 휴일근로에 대해서는 전항의 시급에 50%를 가산하여 지급하 며, 연장, 야간, 휴일근로가 중복되는 경우 중복가산한다(휴일과 연장 중복 의 경우에는 해당일 8시간 초과 시에만 중복가산함).

④ 임금은 매월 ○○일부터 ○○일까지 산정하여 매월 ○○일에 4대보험료 및 제세공과금을 공제하고 사원의 지정계좌로 입금한다.

🌑 (예시2) 일당제

① 일당제의 경우 정해진 일당×근무일수로 임금을 계산하여 지급하는 것이 일반적인데, 이 경우 일당의 구성내역을 명시하지 않고 단순히 일당 금액만을 명시하여 주휴수당과 연장근로수당의 미지급 문제가 자주 발생하게 된다.

② 따라서 일당에 주휴수당과 연장근로수당이 포함된 경우라면 일당의 구성내역을 다음과 같이 기본일급, 주휴수당, 연장수당 등으로 상세하게 구분하여 명시해야 이러한 문제를 해결할 수 있다.

제○○조(임금) ① 임금은 일당 (120,000원)으로 하며, 일당×근로일수로 계산하여 근로관계 종료일의 익일 지급함을 원칙으로 한다. 단, 본 근로계약이 계속 갱신되어 20일 이상 근로하게 되는 경우에는 매월(   ) 일에 정산하여 지급한다.

② 위 일당은 근로형태상 고정적으로 발생하는 제반 법정수당이 포함된 것으로 그 세부내역은 다음과 같다.

구성내역	금액	계산방법
① 기본시급	10,127원	
② 기본일급	81,013원	기본시급×8시간
③ 주휴수당	16,202원	기본시급×8시간÷5일
④ 연장수당	22,785원	기본시급×1.5시간×1.5
⑤ 합계(②+③+④)	120,000원	

③ 18:00 이후 연장근로나 휴일근로를 하게 될 때는 시간당 위 기본 시급의 150%를 지급한다.

④ 임금지급 시 근로소득세 및 4대 보험료(해당자에 한함) 등 제세공과금을 원천징수한 후 "사원"의 은행 계좌로 지급한다.

※(참고) 위 예시는 근무시간이 07시 30분~18시 00분까지로 매일 연장근로 1.5시간이 발생하는 경우임.

CHAPTER 4

수습·시용기간의 근로계약서 작성방법

1 수습·시용계약의 필요성과 구별

수습·시용계약의 필요성

계속적 계약관계라는 근로계약의 특성과 해고가 엄격히 제한된 우리나라의 현실을 고려하면 기업은 근로자의 적격성 판단을 위한 수습 또는 시용기간을 설정할 필요성이 있다.

수습·시용의 구별

① 수습(修習)은 확정적 근로계약(1년 계약직이든 정규직이든 불문) 체결 후 근로자의 업무 능력이나 조직적응력 등을 향상하기 위해 설정하는 기간을 말하고,

② 시용(試用)은 확정적 근로계약 체결 전에 업무 능력, 조직적응력 등 적격성을 판단하여 본채용 여부를 결정하려고 시험적으로 사용하는 기간을 말한다.

③ 일반적으로는 수습과 시용을 구별하지 않고 양자를 모두 포함한 의미로 수습이라는 용어를 사용하는 경우가 많고, 다음과 같이 둘 다 해고제한의 법리가 적용되고 통상의 경우보다 정당한 이유의 인정 범위가 넓게 적용된다는 점에서 차이가 없으므로 실무상 구별의 실익은 크지 않다.

❷ 수습·시용기간의 설정

수습(시용)기간의 설정에 대해 채용공고나 근로계약서 등에 명시하지 않은 경우 수습(시용)기간 설정이 없는 근로계약으로 간주될 수 있다는 점을 유의해야 하며, 수습(시용)기간에 대해 법률상 제한은 없으나 3~6개월 이내의 기간으로 설정하는 것이 일반적이다.

❸ 수습·시용기간의 임금

① 수습(시용)기간에 임금을 적게 지급하더라도 최저임금의 90% 이상이 되어야 하며, 이처럼 최저임금의 90%를 적용할 수 있는 기간은 3개월까지만 가능하고, 1년 미만 근로계약의 경우에는 이러한 감액 지급이 불가능하다.

② 또한, 1년 이상의 근로계약이라고 하더라도 숙련이 필요 없는 단순 노무직종(예: 택배원, 음식 배달원, 청소·경비원, 패스트푸드원, 주유원, 주차관리원)도 감액 지급이 불가능하다(최저임금법 제5조제2항).

❹ 수습·시용기간과 해고

① 수습(시용)기간도 근로계약이 성립된 것이므로 근로기준법상 해고 제한의 법리가 적용된다. 따라서 정당한 이유가 있어야 해고할 수 있다. 다만, 통상의 경우보다 정당한 이유의 범위가 넓게 인정될 수 있다는 점이 다를 뿐이다.

② 이같이 수습(시용)을 종료하는 경우에도 정당한 이유가 필요하므로 근로자로서의 적격성을 판단하기 위해 평가를 실시해야 한다. 이러한 평가자료는 해고에 대한 법률적 분쟁 시 입증자료로서 중요한 역할을 하게 되므로, 업무 능력, 조직적응력, 근태 사항, 기타 적격성 판단기준에 미달하는 경우 채용의 취소 또는 본채용이 거부될 수 있다는 사실

을 다음과 같이 근로계약서에 명시해야 하고, 평가표를 작성하여 평가를 실시해야 한다(월단위 평가로 최소 3회 이상의 평가가 바람직함).

③ 또한, 특이사항(근태, 업무상 과오, 명령 불복종 등) 발생 시 확인서 등 반드시 증거자료를 남기는 것이 중요하다.

⚙ 작성예시

제○○조(수습) ① 입사일로부터 ( )개월 간을 수습기간으로 한다(수습 적용 여부 :).

② 전항의 기간 동안 업무 능력 및 적성, 책임감, 근면·성실성, 조직 구성원과의 협조 및 융화, 고객 대응 태도, 건강상태 등을 평가하여 회사가 정한 기준에 미달하는 경우에는 수습기간 종료 후 채용을 취소할 수 있으며, 기준에 미달함이 명백한 경우에는 수습기간 중이라도 채용을 취소할 수 있다.

근무장소와 업무내용
근로계약서 작성방법

❶ 근무장소 및 담당업무

① 근무장소와 담당업무의 변경(전환배치, 전보, 전직)은 원칙적으로 사용자의 인사재량권이므로 근로자의 동의 없이 가능하다.

② 그러나 이러한 인사재량권도 남용할 수는 없으므로 대법원은 정당성이 인정되기 위한 요건을 제시하고 있는데, 전환배치, 전보, 전직 등의 인사발령을 해야 할 업무상의 필요성과 그에 따른 근로자의 생활상의 불이익을 비교하여 생활상 불이익이 근로자가 통상 감수하여야 할 정도를 현저하게 벗어난 것이 아니라면 이는 정당한 인사권의 행사라고 판시하고 있다.

❂ 근무장소와 담당업무를 특정한 경우

① 그런데, 문제가 되는 것은 근로계약에서 근무장소와 담당업무를 특정한 경우이다. 이런 경우에는 원칙적으로 근로자의 동의가 있어야 인사발령이 가능하다는 것이 대법원의 입장이다(대법원 2013.2.28. 선고 2010다52041 판결).

② 다만, 사용자가 근로자 본인과 성실한 사전 협의 절차를 거쳤음에도 불구하고 근로자가 합리적인 이유도 없이 인사발령에 동의하지 않아 동의 없이 인사발령을 할 수밖에 없었고, 업무상의 필요성에 비해 근로자의 생활상의 불이익이 현저하게 크지 않다면 이는 인사권의 남용이라고 볼 수는 없을 것이다(서울고법 2015.3.13.선고, 2014누45538).

② 근무장소와 담당업무 작성예시

근로계약서에 근무장소와 담당업무를 어떻게 기재하는지에 따라 전보 등 인사발령의 정당성 판단에 논란이 발생할 수 있으므로 다음과 같이 근무장소와 담당업무를 변경할 수 있다는 사실에 대한 동의를 명확히 받아두어야 문제의 발생 소지를 없앨 수 있다.

〈예시〉

제○○조(근무장소 및 담당업무) ① 근무장소는 '회사'의 사업장으로 하며, 담당업무는 (인사노무관리) 업무로 한다.
② 업무상 필요에 따라 '사원'과 협의하여 전항의 근무장소와 담당업무를 변경할 수 있다.

이에 동의함._____(서명)

CHAPTER 6

징계사유 등 근로계약서 작성방법

1 징계사유 등의 작성 시 유의사항

근로계약서에 손해배상, 징계 및 해고사유 등을 기재하는 경우가 많은데, 징계 및 해고사유의 경우 취업규칙에 규정된 징계 및 해고사유와 서로 일치하는지 반드시 확인해야 한다.

2 근로계약서 기재내용의 효력

① 근로계약서에 기재된 징계 및 해고사유가 취업규칙에 규정된 내용보다 근로자에게 불리하다면 효력이 없고 유리하다면 취업규칙에 규정된 내용을 적용할 수 없게 된다.

② 따라서, 근로계약서에 이러한 내용을 기재할 때는 반드시 취업규칙에 규정된 내용을 확인하고 이와 일치하도록 해야 한다.

PART 03

주52시간제와 근로시간 관리방법

CHAPTER 1

근로시간과 휴게시간 등의 이해

① 근로시간의 정의

근로시간이란 근로자가 사용자의 지휘·감독하에 근로계약상의 근로를 제공하는 시간(대법원 2017.12.5.선고, 2014다74254)을 말한다. 즉, 사용자의 지시로 실제로 근로를 제공하는 시간을 의미하는 것이 원칙이다.

② 대기시간과 휴게시간의 구별

근로계약은 근로자는 근로를 제공하기로 하고 사용자는 이에 대한 대가로 임금을 지급하기로 하는 계약, 즉 상호 대가적 관계의 의무를 부담하는 쌍무계약이다. 그런데, 근로자가 근로를 제공하지 않은 시간임에도 불구하고 근로시간으로 인정되어 임금을 지급해야 하는 경우가 있고 그렇지 않은 경우가 있는데, 이것이 대기시간과 휴게시간의 구별 문제이다.

1) 대기시간이란?

① 대기시간은 실제 근로하는 시간이 아님에도 불구하고 근로시간으로 인정되는 시간을 말하는데, 근로자가 그의 노동력을 사용자가 처분 가능한 상태에 둔 시간이면 실제로 사용자가 그 시간에 근로자의 노동력을 사용하지 못하였어도 근로시간에 해당한다고 보는 것이다(근기법 제50조제3항 : 작업을 위하여 근로자가 사용자의 지휘·감독 아래에 있는 대기시간 등은 근로시간으로 본다).

② 대기시간은 사용자의 지시에 따라 근로제공을 정지하고 사용자의 근로제공 지시를 기다리는 시간을 의미하는 것이며, 대기시간은 본래 일시적인 기계의 고장, 정비 등으로 근로를 시킬 수 없는 상황에서 잠시 근로제공을 정지시키고 상황 해결 후 언제든지 곧바로 근로를 지시하기 위해 대기시키는 시간이다.

③ 즉, 근로자의 사정이 아닌 사용자의 사정과 사용자의 지시로 근로를 제공하지 못하고 대기한 것이므로 근로시간으로 인정하는 것이다. 따라서, 사용자의 지시 없이 본인이 임의로 근로제공을 정지한 시간(예: 근무시간 중 사내에서 커피, 담배, 웹서핑, 동료와의 잡담 등 사적 행위 시간)은 대기시간이 아니라 무단근무이탈시간이다.

2) 휴게시간이란

휴게시간은 근로자가 사용자의 지휘·감독에서 벗어나 자유롭게 이용이 보장된 시간이다. 따라서 자유로운 이용이 보장되지 않고 사용자의 지시가 있는 경우 그 시간에 근로를 세공해야 하는 시간이라면 휴게시간이 아닌 대기시간이다.

3) 대기시간 및 휴게시간 관련 사례

⊛ (사례1)

① 휴게시간은 근로시간 4시간의 경우 30분 이상 근로시간 중에 근로자가 자유로이 이용할 수 있어야 한다.

② 작업의 진행 상황에 따라 근로자가 미리 작업개시 전에 휴게시간을 명백히 구분할 수 있는 상황에 있고 그 시간 중에 사용자의 지휘 감독을 벗어나 자유로이 사용할 수 있다면 휴게시간으로 본다.

③ 사용자로부터 언제 취로 요구가 있을지 불명한 상태에서 대기하는

시간은 휴게시간으로 볼 수 없고 근로시간으로 본다(근기 01254-12495, 1987-08-05).

✲ (사례2)

국가시험 편집 및 인쇄를 담당하는 근로자의 근로시간 및 휴게시간 인정 등에 관하여, 국가시험 보안상 합숙출제 기간 중 일부 장소적 제약이 있는 경우에도 근로시간과 휴게시간이 명백히 구분되고 근로자가 독립적으로 휴게 또는 수면할 공간이 확보되어 이를 자유롭게 이용할 수 있는 시간의 경우에는 휴게시간으로 볼 수도 있을 것이다(근로기준 정책과-3713, 2015-08-12).

✲ (사례3)

① 근로자가 작업시간의 도중에 현실로 작업에 종사하지 않은 대기시간이나 휴식·수면시간 등이라 하더라도 그것이 휴게시간으로서 근로자에게 자유로운 이용이 보장된 것이 아니고 실질적으로 사용자의 지휘·감독 하에 놓여있는 시간이라면 이는 근로시간에 포함된다고 할 것이다.

② 일부 경비원들이 작성한 확인서들을 근거로 하여 점심 및 저녁식사를 위한 휴게시간 심야의 수면시간을 인정할 것이 아니라, 점심·저녁식사 및 심야시간의 근무실태에 대하여 구체적으로 심리해 본 후 사용자인 피고의 지휘명령으로부터 완전히 해방되어 원고들의 자유로운 이용이 보장된 식사시간 및 수면시간이 주어진 것으로 인정되는 경우에 한하여 그 시간만을 실제 근로시간에서 제외하였어야 할 것이다(대법 2006다41990, 2006-11-23).

✲ (사례4)

① 고소인(고시원 총무)들에게 휴게시간으로 사용할 수 있는 구체적 시간을 미리 정하여 주지 않은 점,

② 방문자나 새로운 세입자가 찾아오는 것은 정해진 시간이 있는 것이 아니므로 고시원을 벗어나지 않고 자리를 지키고 있어야 하는 점,

③ 피고인은 특별한 시간의 제약이 없이 그때그때 필요한 업무지시를 고소인들에게 하였고, 고소인들은 피고인의 돌발적인 업무지시를 이행하였던 점 등을 감안하면,

④ 고소인들이 특별한 업무가 없어 휴식을 취하거나 공부를 하는 등으로 시간을 보냈다고 하더라도, 그 시간은 피고인의 지휘명령으로부터 완전히 해방되고 자유로운 이용이 보장되는 휴게시간이 아니라 근로를 위한 대기시간에 해당한다고 봄이 타당하다(서울중앙지법 2017노922, 2017-06-23).

❸ 근로시간 여부의 판단기준

근로시간은 근로자가 사용자의 지휘·감독하에 근로계약상의 근로를 제공하는 시간이므로, 근로시간으로 인정되기 위해서는 첫째, 사용자의 지휘·감독하에 놓여있어야 하고, 둘째, 근로계약에 따른 근로를 제공하여야 한다.

⦿ 사용자의 지휘·감독하에 있는지 여부

① 일반적으로 시간적·장소적 구속을 받는 경우 사용자의 지휘·감독이 인정될 가능성이 크다. 그러나 시간적·장소적 제약이 있다는 사정만으로 사용자의 지휘·감독을 인정할 수는 없다.

② 대법원은 준설 선박에 탑승한 운전원, 갑판원, 기관원 등에 대해 하루 4시간 침실 등에서 쉬거나 잠자는 시간은 근로시간이 아닌 휴게시간으로 인정하였다(대법원 1992.7.28.선고 92다14007판결). 이들이 항해하는 동안 계속하여 시간적·장소적 구속을 받고 있으나 그러한 사정만으로 승선한 모든 시간이 근로시간으로 인정되는 것은 아니라는 것이다.

③ 즉, 시간적·장소적 구속이 있더라도 그 범위 내에서 자유로운 이용이 보장된 시간은 근로시간이 아닌 휴게시간이다.

⦿ 근로계약에 따른 근로의 제공을 하는지 여부

① 사용자의 지휘·감독하에 놓여있다고 하더라도 근로계약에 따른 본래의 근로제공이 아닌 부수적 의무 이행은 근로시간으로 인정되지 않는다.

② 예를 들어, 대법원은 당직의 경우 노동의 밀도가 낮고 감시·단속적 노동인 경우가 대부분이어서 이러한 업무는 관행적으로 정상적인 업무로 취급되지 않아 별도의 근로계약이 필요하지 아니하며 원래의 계약에 부수되는 의무로 이행돼야 하는 것으로서 정상근무에 준하는 임금을

지급할 필요가 없고, 야간·연장·휴일근로수당 등이 지급돼야 하는 것도 아니며, 관례적으로 실비변상적 금품이 지급되고 있다는 등의 특징이 있다고 판시하고 있다(대법원 1995.1.20.선고 93다46254판결).

③ 다만, 당직 업무의 내용이 본래의 업무가 연장된 경우이거나 그 내용과 질이 통상의 근로와 마찬가지로 평가되는 경우라면 근로계약에 따른 근로의 제공으로 인정된다(대법원 2019.10.17. 선고 2015다213568 판결).

④ 사례별 근로시간 해당 여부

1) 교육시간

① 사용자가 의무적으로 실시하게 되어 있는 각종 교육을 하는 경우 그 시간은 근로시간에 포함되지만, 개인적 차원의 교육 또는 이수가 권고되는 수준의 교육시간은 근로시간으로 보기 어렵다. 즉, 교육시간의 근로시간 해당 여부는 사용자의 필요 또는 의무에 의한 교육인지 아니면 근로자의 필요 또는 자기계발 목적을 위한 교육인지에 따라 판단될 수 있을 것이다.

② 그런데 직무수행능력 향상을 위한 교육의 경우에는 사용자의 필요와 근로자의 필요가 복합적으로 존재한다고 볼 수 있으므로 이를 근로시간으로 보아야 할지 문제가 된다. 이런 경우에는 근로자직업능력개발법이 정하는 바에 따라 당사자 간의 계약으로 정하는 것이 바람직할 것이다.

🌑 (사례 1)

사용자가 근로시간 중에 작업 안전, 작업능률 등 생산성 향상 즉 업무와 관련하여 실시하는 직무교육과 근로시간 종료 후 또는 휴일에 근로자에게 의무적으로 소집하여 실시하는 교육은 근로시간에 포함(근기 01254-14835, 1988-09-29).

🌑 (사례 2)

방문건강관리사업에 종사하는 전문인력은 반드시 이수하게 되어 있는 점, 교육참석이 사용자의 지시·명령에 따라 이루어진 점 등을 고려할 때, 동 교육시간은 근로시간에 포함됨(근로개선정책과-2570, 2012-05-09).

🌑 (사례 3)

직원들에게 교육 이수 의무가 없고, 사용자가 교육 불참을 이유로 근로자에게 어떠한 불이익도 주지 않는다면 이를 근로시간으로 볼 수는 없을 것이다. 아울러, 사용자가 동 교육에 근로자의 참석을 독려하는 차원에서 교육수당을 지급하였다고 하여 근로시간으로 인정되는 것은 아님(근로개선정책과-798, 2013-01-25).

2) 근로자직업능력개발법에 따른 훈련

근로자직업능력개발법에 따른 훈련은 근로자에게 직업에 필요한 직무수행능력을 습득·향상시키기 위하여 실시하는 훈련(동법 제2조제1호)을 말하며, 사용자의 업무상 필요와 근로자의 자기계발 목적이 혼재하는 경우라고 볼 수 있으므로 다음과 같이 근로시간 및 임금지급 여부를 당사자 간의 훈련계약으로 정할 수 있도록 하고 있다.

● 훈련계약 체결 시

근로시간 인정이나 임금지급 여부 등은 계약으로 정하는 바에 따른다(제9조제1항).

● 훈련계약 미체결 시

근로시간으로 간주된다(제9조제3항). 따라서 소정근로시간 내에 실시해야 하며, 당사자 간의 합의가 있는 경우 소정근로시간 외에 실시하는 것도 가능하나(제9조제4항), 이 경우 연장근로에 해당할 것이다.

● 소정근로시간 외의 훈련

훈련계약 체결 여부를 불문하고 소정근로시간 외에 실시하는 훈련은, 사업장 내에서 생산시설을 이용하거나 근무장소에서 실시하는 경우에는 연장근로 및 야간근로에 해당하는 것으로 보아 가산임금을 지급해야 하고, 사업장 밖에서 실시하는 경우에는 연장근로 및 야간근로에는 해당하지만 가산임금을 지급하지 않을 수 있다(제9조제5항).

〈근로자직업능력개발법〉

제9조(훈련계약과 권리·의무) ① 사업주와 직업능력개발훈련을 받으려는 근로자는 직업능력개발훈련에 따른 권리·의무 등에 관하여 훈련계약을 체결할 수 있다.

② 사업주는 제1항에 따른 훈련계약을 체결할 때에는 해당 직업능력개발훈련을 받는 사람이 직업능력개발훈련을 이수한 후에 사업주가 지정하는 업무에 일정 기간 종사하도록 할 수 있다. 이 경우 그 기간은 5년 이내로 하되, 직업능력개발훈련기간의 3배를 초과할 수 없다.

③ 제1항에 따른 훈련계약을 체결하지 아니한 경우에 고용근로자가 받은 직업능력개발훈련에 대하여는 그 근로자가 근로를 제공한 것으로 본다.

④ 제1항에 따른 훈련계약을 체결하지 아니한 사업주는 직업능력개발훈련을 「근로기준법」 제50조에 따른 근로시간(이하 "기준근로시간"이라 한다) 내에 실시하되, 해당 근로자와 합의한 경우에는 기준근로시간 외의 시간에 직업능력개발훈련을 실시할 수 있다.

⑤ 기준근로시간 외의 훈련시간에 대하여는 생산시설을 이용하거나 근무장소에서 하는 직업능력개발훈련의 경우를 제외하고는 연장근로와 야간근로에 해당하는 임금을 지급하지 아니할 수 있다.

3) 출장시간

① 출장과 관련하여서는 출장을 위한 이동시간이 근로시간에 해당하는지가 문제가 되는데, 출장을 위한 이동 중 수면, 휴식 등 개인적 용무를 보는 시간은 비록 시간적·장소적으로 제약이 있더라도 근로시간으로 볼 수 없다. 다만, 이동 중 사용자의 지시에 따른 업무를 수행하는 시간은 근로시간에 해당한다.

② 또 한 가지, 출장 중에는 근로시간 확인이 어려우므로 얼마만큼의 시간을 근로시간으로 인정해야 하는지가 문제가 된다. 이처럼 근로시간 확인이 어려운 경우를 대비하여 근로기준법은 다음과 같이 '간주근로시간제도'를 인정하고 있다.

③ 따라서, 국내 출장이나 해외 출장 등 지역이나 이동시간 등 유형별로 인정할 근로시간을 정하고 이를 근로자대표와 합의하는 것이 현실적으로 가장 적절하고 상호 근로시간과 관련한 분쟁을 방지하는 방법이 된다.

근로기준법 제58조(근로시간 계산의 특례) ① 근로자가 출장이나 그 밖의 사유로 근로시간의 전부 또는 일부를 사업장 밖에서 근로하여 근로시간을 산정하기 어려운 경우에는 소정근로시간을 근로한 것으로 본다. 다만, 그 업무를 수행하기 위하여 통상적으로 소정근로시간을 초과하여 근로할 필요가 있는 경우에는 그 업무의 수행에 통상 필요한 시간을 근로한 것으로 본다.
② 제1항 단서에도 불구하고 그 업무에 관하여 근로자대표와의 서면 합의를 한 경우에는 그 합의에서 정하는 시간을 그 업무의 수행에 통상 필요한 시간으로 본다.

🔅 (사례 1)

근로자가 출장목적을 수행하기 위해 이동하는 왕복시간이 서류, 귀중품 등을 운반하거나 물품 감시 등의 특수한 업무수행이 동반되어 자유로이 시간을 사용할 수 없는 상태라면 이 기간은 사용자의 지배 아래에 있다 할 것이므로 근로시간으로 보아야 할 것이나 출장업무를 위한 단순한 이동에 불과한 경우에는 단체협약이나 취업규칙 등에 특단의 규정이 없고 사용자의 특별한 지시가 없는 한 이를 근로로 인정하기는 곤란하며, 비록 휴일에 이동을 한다 하더라도 휴일근로가 행해졌다고 할 수 없음(1992-04-11, 근기 01254-546).

🔅 (사례 2)

출장에 있어 통상 필요한 시간을 산정할 경우 출장지로의 이동에 필요한 시간은 근로시간에 포함하는 것이 원칙이나 출퇴근에 갈음하여 출장지로 출근 또는 출장지에서 퇴근하는 경우는 제외할 수 있을 것이다. 다만, 장거리 출장의 경우 사업장이 소재하는 지역에서 출장지가 소재하는 지역까지의 이동시간은 근로시간에 포함시키는 것이 타당하다고 사료됨(근기 68207-1909, 2001-06-14).

● (사례 3)

사용자의 지시로 휴일에 출장업무를 수행한 것이 명백한 경우에는 이를 휴일근로로 볼 수 있으나, 단순히 휴일에 이동하는 경우라면 휴일근로를 한 것으로 보기는 어렵다(근기 68207-2675, 2002-08-09).

4) 접대

① 업무상 관련자를 접대하는 시간이 근로시간에 해당하는지가 문제가 될 수 있는데, 이는 접대하는 시간이 업무시간 중인지 업무시간 외인지를 불문하고 사용자의 지시 또는 승인이 있어야 근로시간으로 인정될 수 있다. 또한, 사용자의 지시나 승인이 있다고 무조건 근로시간이 되는 것은 아니다.

② 근로시간으로 인정되기 위해서는 근로계약에 따른 근로를 제공하여야 할 것인데, 접대의 경우 그것이 근로계약에 따른 근로를 제공하는 행위로 보기 어렵기 때문이다. 접대는 당직과 같이 원래의 계약에 부수되는 의무로 볼 수도 있을 것이고, 사용자의 지휘·감독을 인정하기 어려운 경우에 해당할 수도 있을 것이다.

● (사례)

휴일 골프의 라운딩 대상자들, 라운딩 장소, 시간 등을 피고 회사가 아닌 원고의 상사인 상무 또는 원고 등이 임의로 선정한 점, 또한 이 사건 휴일 골프 관련하여 원고 또는 상무 등 그 누구도 피고에게 별도로 출장 복무서와 같은 형식으로 보고하지 않은 점, 원고의 이 사건 휴일골프 참여 당시의 지위가 부서장으로서 원고 자신의 직무를 원활히 수행하고 좋은 대내외의 평가 등을 위하여도 자발적으로 이에 참여할 동기가 있었던 것으로 보이는 점 등에 비추어 보면,

원고의 이 사건 휴일골프와 관련하여 피고가 그 업무 관련성 등을 인정하여 비용 등을 계산하였고, 이 사건 휴일골프 중 상당수는 원고의 상사인 상무의 명시적·묵시적 지시로 참여한 사정만으로는 이 사건 휴일골프가 사용자의 구체적인 지휘·감독하에 이루어진 것으로 볼 수 없고 결국 근로기준법상 "근로시간"에 해당한다고 단정할 수는 없다(서울중앙지법 2018.04.04.선고 2017가단5217727판결).

5) 워크숍, 세미나

① 회사에서 실시하는 워크숍이나 세미나 시간이 근로시간에 해당하는지는 그 실시 목적에 따라 판단해야 한다. 사용자의 지휘·감독하에서 효과적인 업무수행 등을 위한 집중 논의 목적의 워크숍이나 세미나 시간은 근로시간으로 인정되지만,

② 워크숍 프로그램 중 직원 간 친목 도모의 시간은 근로시간으로 볼 수 없다. 워크숍이나 세미나 등의 목적이 직원 간 단합 차원에서 실시하는 것이라면 그 전체가 근로시간에 해당하지 않을 것이다.

6) 회식, 체육대회 등

회식이나 체육대회 등은 근로자의 기본적인 근로제공과는 관련 없이 사업장 내 구성원의 사기 진작, 조직의 결속 및 친목 등을 강화하기 위한 차원임을 고려할 때 근로시간으로 인정하기는 어려울 것이며, 사용자가 참석을 강제하였다고 하더라도 회식, 체육대회 등을 근로계약상의 근로제공을 하는 것으로 보기 어려우므로 근로시간이 아니라고 할 것이다.

❺ 산재인정기준과 근로시간의 구별

① 회식, 체육대회, 워크숍 등 회사의 공식적인 행사와 관련하여 일어난 사고에 대해 법원이 산재로 인정하고 있으니 이러한 시간이 당연히 근로시간으로 인정되는 것이라고 오해하는 경우가 많다.

② 그러나, 산재의 인정 기준은 '업무 관련성'이 있는지, 즉 업무와 관련이 있는 행위 또는 상황이었는지를 기준으로 판단하는 것이지 업무 관련성이 있다고 그것이 반드시 근로시간이라는 의미는 아니다.

③ 예를 들어, 통근버스를 타고 출근하던 중 사고가 발생하였다면 산재가 인정되는 것은 당연하지만 출근 시간이 근로시간에 해당하는 것이 아니라는 점은 명확하다.

④ 또한, 2018.1.1. 이후부터 인정되는 출퇴근 산재를 보더라도 이를 알 수 있는데, 출퇴근 산재를 인정한 것은 업무 관련성의 범위를 넓힌 것일 뿐 그것이 근로시간에 해당하는지의 문제와는 별개인 것이다(출근길에 자녀를 어린이집에 데려다주다가 사고 발생: 산재 인정 그러나, 근로시간 아님).

CHAPTER 2

근로시간과 임금산정시간 등의 이해

〈 근로시간 관련 개념 정리 〉

법정근로시간	소정근로시간	통상임금 산정 기준시간	실근로시간	임금지급시간
법으로 정해진 기준근로시간	법정근로시간 내에서 근무하기로 정한 시간	시급 산정을 위한 시간	실제 근로한 시간(대기시간 포함)	임금지급을 위해 산정한 시간
1일 8시간, 1주 40시간 이내	1일 8시간, 1주 40시간 이내	소정근로시간 + 유급처리시간	지각, 조퇴, 외출, 휴일, 휴가, 사적 행위 시간 제외	실제 근로한 시간 + 연장/야간/휴일 가산시간 + 유급처리시간 (주휴일, 연차, 유급휴일 등)
월 174	월 174	월 209	-	-

① 법정근로시간

법정근로시간은 법으로 정한 기준근로시간을 의미하며, 근로기준법은 다음과 같이 일반근로자는 1일 8시간, 1주 40시간으로, 연소근로자(만18세 미만자)는 1일 7시간, 1주 35시간으로 정하고 있다.

〈 근로기준법 〉
제50조(근로시간) ① 1주 간의 근로시간은 휴게시간을 제외하고 40시간을 초과할 수 없다.
② 1일의 근로시간은 휴게시간을 제외하고 8시간을 초과할 수 없다.
제69조(근로시간) 15세 이상 18세 미만인 자의 근로시간은 1일에 7시간, 1주에 35시간을 초과하지 못한다.

② 소정근로시간

① 소정근로시간은 법정근로시간인 1일 8시간, 1주 40시간 이내에서 노사 당사자 사이에 근무하기로 정한 시간을 말한다(근기법 제2조제1항 제8호).

② 1일 8시간씩 1주 40시간을 근무하기로 정하였다면

- 월 소정근로시간은 약 174시간(40시간÷7일×365일÷12개월 또는 40시간×4.345주)이다.

근로기준법 제2조(정의) ① 이 법에서 사용하는 용어의 뜻은 다음과 같다.
8. "소정근로시간"이란 제50조, 제69조 본문 또는 산업안전보건법 제46조에 따른 근로시간의 범위에서 근로자와 사용자 사이에 정한 근로시간을 말한다.

---

③ 소정근로시간은 법정근로시간의 범위 내에서 당사자 사이에 정한 근로시간이므로 법정근로시간을 초과할 수 없다.

④ 다음과 같이 정해진 회사의 경우 1일 소정근로시간은 몇 시간일까?

- 출근시각이 08:00시
- 퇴근시각이 18:00시
- 점심시간이 12:00시 ~ 13:00시

점심시간(휴게시간)을 제외한 총 9시간의 근로시간 중 소정근로시간은 8시간, 나머지 1시간은 연장근로의 합의로 보아야 한다.

③ 통상임금 산정 기준시간

① 통상임금 산정 기준시간은 연장·야간·휴일근로 시 50%의 가산임금을 계산하기 위해 시급을 산정할 때 사용하는 시간을 말하는데, 근로기준법시행령 제6조 제2항에 따라 소정근로시간에 유급처리시간(유급주휴 등)을 합산한 시간이 된다.

② 이에 따르면 1일 8시간씩 1주 40시간을 근무하기로 정한 경우 월 소정근로시간인 174시간에 유급처리시간 35시간(유급주휴 8시간×4.345주)을 합산하여 209시간이다.

③ 즉, 209시간은 월 소정근로시간이 아니라 월 통상임금 산정 기준시간이다.

- 월 통상임금 산정 기준시간 : 209시간

④ 실근로시간

실근로시간은 지각, 조퇴, 외출, 휴일, 휴가, 사적 행위 시간 등을 제외하고 실제로 근로한 시간(사용자의 지시에 따라 대기한 대기시간은 근로시간으로 포함)을 말하는 것으로 주52시간 근로시간 단축 논의는 바로 이 실근로시간에 관한 것이다.

⑤ 임금지급시간

① 임금지급시간은 임금지급을 위해 산정한 시간으로 실근로시간과 연장·야간·휴일근로 가산시간, 유급처리시간(주휴일, 연차, 기타 유급휴일 등)을 모두 합산한 시간을 말한다.

② 이 임금지급시간과 실근로시간을 구분하지 않고 생각하여 주52시간 제한을 위반한 것으로 착각하는 경우가 많다.

예를 들어, 월요일부터 목요일까지 1일 8시간씩 근무를 하고 금요일

에 연차휴가를 사용한 후 무급휴일인 토요일에 8시간 근무를 한 경우

- 해당 주의 실근로시간은 40시간이지만
- 임금지급시간은 월~목요일 32시간 + 금요일 연차 8시간 + 토요일 휴일근로 12시간(8시간×1.5) + 유급주휴일 8시간 = 60시간이 되는데, 이를 주52시간 위반으로 잘못 이해하는 것이다.

6 연장·야간·휴일 근로시간

1) 연장근로시간

연장근로시간은 법정근로시간을 초과하는 근로시간을 말한다. 따라서 1일 8시간 또는 1주 40시간(연소근로자는 1일 7시간 또는 1주 35시간)을 초과하는 근로시간이 연장근로가 된다.

1일 8시간 또는 1주 40시간 초과 근로

① 1일 8시간 또는 1주 40시간을 초과하면 즉, 둘 중 하나라도 초과하면 연장근로에 해당한다는 점을 주의해야 한다.

② 1주 40시간을 초과하지 않으면 1일 8시간을 초과하더라도 연장근로가 아니라고 오해하거나 1주 40시간을 초과하더라도 1일 8시간을 초과하지 않으면 연장근로가 아니라고 오해해서는 안 된다(이에 대한 예외를 적용할 수 있는 것이 탄력적 근로시간제, 선택적 근로시간제이다).

연장근로의 한도와 형사처벌

연장근로는 당사자 간 합의로 1주간 12시간(연소근로자는 1일 1시간, 1주 5시간)까지만 가능하고, 이를 초과하는 경우 당사자 합의가 있더라도 사업주는 형사처벌의 대상이 된다.

🌐 단시간근로자의 연장근로

① 연장근로시간과 관련하여 또 한 가지 주의할 점은 단시간근로자의 연장근로이다. '단시간근로자'는 1주 동안의 소정근로시간이 그 사업장에서 같은 종류의 업무에 종사하는 통상 근로자의 1주 동안의 소정근로시간에 비하여 짧은 근로자를 말하는데,

② 이러한 단시간근로자의 연장근로시간은 위에서 본 법정근로시간(1일 8시간 또는 1주 40시간)을 초과하는 근로시간이 아니라 소정근로시간을 초과하는 근로시간이라는 점이다.

③ 예를 들어, 1일 5시간을 근무하기로 계약하였는데 6시간 근무하였다면 비록 8시간을 초과하지 않았다고 하더라도 연장근로에 해당하고 50%의 가산임금도 지급해야 한다.

〈 기간제법 〉

제6조(단시간근로자의 초과근로 제한) ①사용자는 단시간근로자에 대하여 「근로기준법」 제2조의 소정근로시간을 초과하여 근로하게 하는 경우에는 당해 근로자의 동의를 얻어야 한다. 이 경우 1주간에 12시간을 초과하여 근로하게 할 수 없다.

②단시간근로자는 사용자가 제1항의 규정에 따른 동의를 얻지 아니하고 초과근로를 하게 하는 경우에는 이를 거부할 수 있다.

③사용자는 제1항에 따른 초과근로에 대하여 통상임금의 100분의 50 이상을 가산하여 지급하여야 한다.

---

2) 야간근로시간 및 휴일근로시간

야간근로시간은 22시부터 다음날 06시까지의 근로를 말하며, 휴일근로는 법정휴일 또는 약정휴일의 근로를 말한다. 야간근로와 휴일근로도 연장근로와 마찬가지로 당사자 간 합의가 있어야 함은 물론이고, 50%의 가산수당을 지급하여야 한다.

❖ 여성·연소근로자의 야간·휴일근로의 제한

야간근로와 휴일근로에 대해 여성 근로자와 연소근로자에 대해서는 일정한 제한이 있다.

① 18세 이상의 여성 근로자는 당사자의 동의만 있으면 야간근로나 휴일근로가 가능하다.

② 임신 중인 여성 근로자는 당사자의 명시적 청구와 고용노동부장관의 인가를 받아야 가능하다.

③ 18세 미만의 연소근로자와 출산 후 1년이 지나지 않은 여성 근로자는 당사자의 동의와 고용노동부장관의 인가를 받아야 가능하다(근기법 제70조).

④ 한편, 임신 중인 여성은 위와 같이 야간근로나 휴일근로는 가능하지만, 연장근로는 본인의 동의나 명시적 청구가 있어도 불가능하다(근기법 제74조제5항). 따라서 명시적 청구와 고용노동부장관의 인가를 받아 야간근로나 휴일근로를 하더라도 1일 8시간 또는 1주 40시간을 초과할 수 없다.

CHAPTER 3

근로시간 단축 관련 개정법의 이해

1 근로시간 단축 개정법의 주요 내용

1) 주52시간 근로시간 단축의 의미

① 2018년 개정 근로기준법(법률 제15513호, 2018.3.20)에 따라 상시 300인 이상 기업에 2018.7.1.부터 주52시간 근로시간 단축이 적용되었고, 2020.1.1.부터는 상시 50인 이상 300인 미만 기업에도 적용이 시작되었는데, 이 '주52시간'이라는 표현 때문에 많은 오해가 발생하고 있다.

② 예를 들어, 아직 주52시간제 적용 기업이 아니면 주52시간을 초과하더라도 문제가 없다고 생각하거나 주52시간제 적용 기업의 경우 주52시간만 초과하지 않으면 문제가 없다고 생각하는 것이다.

③ 근로기준법은 근로시간에 대해 다음과 같이 1주 법정근로시간 40시간, 1주 연장근로시간 12시간, 합계 1주 52시간까지 근로가 가능한 것으로 규정하고 있고, 이는 상시 5인 이상 근로자를 사용하는 기업은 모두 공통으로 적용된다.

〈 근로기준법 〉

제50조(근로시간) ① 1주간의 근로시간은 휴게시간을 제외하고 40시간을 초과할 수 없다.

② 1일의 근로시간은 휴게시간을 제외하고 8시간을 초과할 수 없다.

제53조(연장 근로의 제한) ① 당사자 간에 합의하면 1주간에 12시간을 한도로 제50조의 근로시간을 연장할 수 있다.

④ 이러한 내용은 2018년 개정 근로기준법에서 새로이 규정된 것일까? 그렇지 않다. 아래에서 보는 바와 같이, 법정근로시간과 연장근로시간을 합하여 1주 52시간으로 규정된 것은 주40시간제가 시행된 2004년 개정 근로기준법부터이고, 1주 연장근로는 1953년 제정 근로기준법부터 12시간으로 제한하고 있었다.

⑤ 그렇다면 무엇이 바뀐 것일까? 바로 '1주'의 해석이다. 과거 고용노동부는 '1주'의 의미를 7일이 아니라 휴일을 제외한 평일로 해석하였기 때문에 문제가 되었고, 이러한 해석을 바로 잡아 '1주'의 의미를 '휴일을 포함한 7일'로 명확히 규정한 것이다.

근로기준법	법정근로시간	연장근로 제한	1주 의미
1953년 제정	1일 8시간, 1주 48시간	1주 12시간	?
1989년 개정	1일 8시간, 1주 44시간	1주 12시간	?
2004년 개정	1일 8시간, 1주 40시간	1주 12시간	?
2018년 개정	1일 8시간, 1주 40시간	1주 12시간	휴일 포함 7일

2) 근로시간 관련 기존 고용노동부의 해석

고용노동부는 일반적인 주5일(월~금) 근무와 일요일이 주휴일인 회사에 대해 토요일이 휴일인 경우와 휴무일인 경우로 나누어 다음과 같이 해석하고 있었다(휴일과 휴무일의 의미는 앞의 '휴일과 휴무일의 구별' 참조).

● 토요일이 휴일인 경우

평일인 월~금 사이에 기본근로 40시간과 연장근로 12시간을 한 경우, 휴일인 토요일과 일요일은 법정근로 1주 40시간, 연장근로 1주 12시간의 '1주'에 포함되지 않으므로 토요일과 일요일 각각 8시간의 휴일근로가 가능하여 7일간 총 68시간의 근로가 가능하고, 토요일과 일요일의 각각 8시간의 근로에 대해서는 휴일근로에 대한 50%의 가산임금만 지급하면 된다고 해석하였다.

🔅 토요일이 휴무일인 경우

평일인 월~금 사이에 기본근로 40시간과 연장근로 12시간을 한 경우, 휴일인 일요일은 법정근로 1주 40시간, 연장근로 1주 12시간의 '1주'에 포함되지 않으므로 일요일 8시간의 휴일근로가 가능하여 7일간 총 60시간의 근로가 가능하고, 일요일 근로 8시간에 대해서는 역시 휴일근로에 대한 50%의 가산임금만 지급하면 된다고 해석하였다(이 경우 토요일은 휴일이 아니므로 토요일 근로는 연장근로에 해당하여 근무가 불가능).

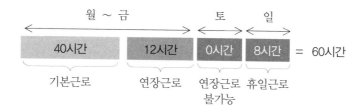

🔅 고용노동부 해석의 문제점과 법률분쟁의 발생

① 이러한 고용노동부의 해석은 '1주'의 의미를 7일로 인식하는 사회통념과 맞지 않는다는 문제점이 있었고, 1주 40시간을 초과하는 근로를 연장근로로 규정한 근기법 제53조제1항의 해석상 평일에 40시간을 근무하고 휴일인 토요일이나 일요일에 근무하는 경우 이는 휴일근로에 해당할 뿐만 아니라 주40시간을 초과한 연장근로에도 해당하므로 휴일근로

가산 50%와 연장근로 가산 50%를 합하여 100%의 가산임금을 지급해야 하는 것은 아닌지 의문이 있었으며, 실제로 고용노동부의 해석에 따라 주40시간을 초과한 휴일근로에 대해 휴일근로 가산 50%만을 적용하여 임금을 지급하였던 기업에서 근로자들이 차액 청구 소송을 제기하여 하급심에서 이를 인정받기도 하였다(서울고등법원 2011.11.18.선고 2009나 74153).

② 그러나, 대법원은 이 사건에 대한 판단이 미칠 사회적 파장을 고려하여 오랜 기간 판결을 미루며 입법적인 해결을 기다렸고, 2018년 초 국회의 근로기준법 개정으로 '1주'의 의미와 '연장근로와 휴일근로 중복 시 임금 가산율'이 명확히 규정되자, 법적 안정성을 이유로 개정 전 근로기준법상의 '1주'의 의미와 '연장근로와 휴일근로 중복 시 임금 가산율'의 해석을 고용노동부의 해석과 동일하게 판결하였다(대법원 2018.6.21. 선고 2011다112391 전원합의체 판결).

3) 주52시간 근로시간 단축 근로기준법 개정

◉ 1주의 의미 규정 신설

① 이러한 이유와 과정을 거쳐 개정 근로기준법은 '1주'의 개념을 '휴일을 포함한 7일'을 의미하는 것으로 명확히 규정하였다(근기법 제2조제1항제7호).

② 이로써 1주간의 근로시간은 법정기본근로 40시간과 연장근로 12시간(휴일근로 포함)을 합하여 52시간까지만 가능한 것으로 되었기 때문에 1주 68시간 또는 60시간을 근로할 수 있었던 기업의 근로시간이 주52시간으로 단축된 것이다.

③ 다만, 여기서 '1주'의 의미가 '휴일을 포함한 7일'이라는 규정을 적용하면서 기업의 인원 규모에 따라 적용 시기를 다음과 같이 달리 정하였다.

기업 규모	시행시기
5인 이상 ~ 49인 이하	2021.07.01.
50인 이상 ~ 299인 이하	2020.01.01.
300인 이상	2018.07.01.

특별연장근로 인정

① 위와 같은 근로시간 단축에도 불구하고 상시 30인 미만 근로자를 사용하는 기업은 아래 각호에 대하여 근로자대표와의 서면으로 합의한 경우에는 법정기본근로 40시간과 연장근로 12시간 이외에 추가로 8시간의 연장근로가 가능(1주 총 60시간 근로 가능)하도록 특례규정을 두었다(근기법 제53조제3항).

1. 52시간 초과 시유 및 그 기간
2. 대상 근로자의 범위

② 특례규정은 2021.07.01.~2022.12.31.까지만 적용한다.

휴일근로 가산수당 지급기준 명확화

개정 근로기준법은 연장근로와 휴일근로가 중복되는 경우 임금 가산율을 명확히 규정하였는데, 다음과 같이 기존 고용노동부의 행정해석을 그대로 입법화하였으며, 공포 후 즉시(2018.03.20.) 시행되었다(근기법 제56조제2항).

- 8시간 이내 휴일근로 : 통상임금의 50% 가산
- 8시간 초과 휴일근로 : 통상임금의 100% 가산

4) 관공서의 공휴일 민간기업 적용

개정 근로기준법은 근로시간 단축을 위해 휴일을 확대하는 방안도 마련하였는데, 관공서의 공휴일에 관한 규정에서 정한 날(법정공휴일)을 민간기업도 유급휴일로 적용하도록 의무화한 것이다. 이에 대한 상세한 내용은 뒤에서 설명하기로 한다.

● 근로시간 제한 특례(예외) 업종의 축소

① 개정 전 근로기준법은 운수업 등 26개 업종에 대해서는 일반 공중의 생활상 불편을 초래하거나 사업 목적의 달성이 어렵게 되는 경우 근로자대표와의 서면 합의로 주12시간을 초과하는 연장근로가 가능하도록 규정하고 있었는데,

② 개정 근로기준법에서는 해당 업종을 다음과 같이 대폭 축소하였으며, 근로자대표와의 서면 합의로 주12시간을 초과하는 연장근로를 시행하는 경우 근무 종료 후 다음 근무일까지 연속 11시간 이상 휴식시간을 반드시 주도록 규정하였다(근기법 제59조).

개정 전	개정 후
1. 육상운송업, 2. 수상운송업, 3. 항공운송업, 4. 기타 운송관련서비스업, 5. 보건업, 6. 보관 및 창고업, 7. 자동차 및 부품판매업, 8. 도매 및 상품중개업, 9. 소매업, 10. 금융업, 11. 보험 및 연금업, 12. 금융 및 보험 관련 서비스업, 13. 우편업, 14. 전기통신업, 15. 교육서비스업, 16. 연구개발업, 17. 시장조사 및 여론조사업, 18. 광고업, 19. 숙박업, 20. 음식점 및 주점업, 21. 영상·오디오 기록물 제작 및 배급업, 22. 방송업, 23. 건물·산업설비 청소 및 방제서비스업, 24. 하수·폐수 및 분뇨처리업, 25. 사회복지서비스업, 26. 미용, 욕탕 및 유사서비스업	1. 육상운송 및 파이프라인 운송업. 다만 노선여객자동차운송사업(시내·시외·마을 및 농어촌버스) 제외 2. 수상운송업 3. 항공운송업 4. 기타 운송관련 서비스업 5. 보건업

③ 개정법에 따라 특례업종이 축소되는 것은 2018.7.1.부터이지만, 특례업종에서 제외된 업종 중 상시 300인 이상의 기업은 2019.6.30.까지는 주60시간 또는 주68시간 근무가 가능하였고, 2019.7.1.부터는 주52시간으로 단축되었다.

❷ 주52시간제 관련 주요 체크포인트

다음은 주52시간제와 관련하여 실무상 가장 많이 오해하고 있는 내용이다. 실제로 아래 내용을 제대로 이해하지 못하여 '우리 회사는 아직 주52시간제 적용 기업이 아니라서 문제가 없다'고 말하거나, '도저히 근로시간 단축에 대한 해결방안을 찾기 어렵다'고 말하는 경우가 많다.

❖ 상시근로자 50인 미만 기업은 주52시간제가 적용되지 않는가?

① 상시근로자 50인 미만 기업은 2021.7.1.부터 주52시간제가 적용되어 그때까지는 주52시간을 초과하여 주60시간 또는 주68시간을 근무해도 아무런 문제가 없는 것일까?

그렇지 않다. 50인 미만 기업도 연장근로는 주12시간으로 제한된다.

② 상시근로자 5인 이상~50인 미만 기업이 1주에 기본근로 40시간과 연장근로 20시간, 합계 60시간을 근무하였다면, 1주 연장근로가 12시간을 초과하였으므로 이는 위법이다.

구분	월	화	수	목	금	토	일	합계	비고
기본근로시간	8	8	8	8	8	0	0	40	위법
연장근로시간	4	4	4	4	4	0	0	20	

③ 다음의 경우에는 상시근로자 5인 이상~50인 미만 기업이 주60시간 또는 주68시간 근무가 가능하다.

1. 토요일이 휴무일인 경우
- 월~토(토요일이 휴무일) 까지 기본근로 40시간과 연장근로 12시간, 합계 52시간을 근무하고, 휴일인 일요일에 8시간을 근무할 때 휴일근로 8시간은 연장근로에 포함되지 않아 총 60시간 근로가 가능하다.

구 분	월	화	수	목	금	토	일	합계	비고
기본근로시간	8	8	8	8	8	0	0	40	합법
휴일근로시간	0	0	0	0	0	0	8	8	
연장근로시간	2	2	3	2	3	0	0	12	

2. 토요일이 휴일인 경우

- 월~금까지 기본근로 40시간과 연장근로 12시간, 합계 52시간을 근무하고 휴일인 토요일, 일요일에 각각 8시간씩 16시간을 근무한다면 휴일근로 16시간은 연장근로에 포함되지 않아 총 68시간 근로할 수 있다.

구 분	월	화	수	목	금	토	일	합계	비고
기본근로시간	8	8	8	8	8	0	0	40	합법
휴일근로시간	0	0	0	0	0	8	8	16	
연장근로시간	2	2	3	2	3	0	0	12	

● 주52시간만 넘지 않으면 문제가 없나?

① 1주 최대 근로시간이 52시간이므로 주52시간만 넘지 않으면 문제가 없다고 생각하는 것도 잘못된 것이다.

1. 예를 들어, 어떤 주에 월, 수, 금 각각 14시간씩 근무를 하고 화, 목, 토, 일을 쉬었다고 가정하면 1주 총 근로시간은 42시간이므로 문제가 없는 것처럼 보이지만 월, 수, 금 각각 1일 8시간을 초과한 연장근로가 6시간씩 총 18시간이므로 1주 연장근로 12시간 제한을 위반한 것이다.

구 분	월	화	수	목	금	토	일	합계	비고
기본근로시간	8	0	8	0	8	0	0	24	위법
연장근로시간	6	0	6	0	6	0	0	18	

2. 근로기준법상 1일 8시간 또는 1주 40시간을 초과하는 근로가 연장근로이기 때문에 기본근로가 40시간 미만이더라도 연장근로가

12시간을 초과하면 법 위반이 된다.

구 분	월	화	수	목	금	토	일	합계	비고
기본근로시간	8	0	8	0	8	0	0	24	위법
연장근로시간	5	0	5	0	5	0	0	15	

🌑 연차휴가를 사용한 날도 근로시간에 포함되나?

① 연차휴가는 근로기준법에 의한 유급휴가이므로 연차휴가를 사용한 경우에도 근무한 것과 마찬가지로 휴가 사용 당일의 임금이 공제되지 않으며, 기타 회사에서 정한 유급휴가가 있는 경우에도 마찬가지이다.

② 그런데, 월~금 사이에 연차휴가를 1일 사용하고 나머지 요일에는 8시간씩 정상근무를 한 상황에서 토요일(휴일 또는 휴무일)에 8시간을 근무하면 토요일의 근무는 연상근로일까? 그렇지 않다. 연차휴가가 유급으로 처리되어 임금이 지급된다고 해서 그것이 근로시간이 되는 것은 아니기 때문이다.

③ 근로기준법이 1일 근로시간을 8시간, 1주 근로시간을 40시간으로 정하고, 이를 초과한 연장근로를 12시간으로 제한하는 것은 장시간 근로에 따른 근로자의 건강 악화 방지 등을 위한 것이므로 이는 실제 근로시간을 전제로 하는 것이지 근로제공 없이 유급처리되는 시간까지 포함하는 것은 아니다.

즉, 주52시간 근로시간 제한은 실근로시간에 대한 제한이므로 임금지급시간과는 반드시 구별하여 생각해야 한다.

⬨ 휴일근로가 연장근로에 포함된다고 했으니 휴일근로는 무조건 연장근로인가?

① '1주'의 의미를 '휴일을 포함한 7일'로 명문화함으로써 휴일근로도 연장근로시간에 포함되도록 하였기 때문에 휴일에 근로하면 무조건 연장근로라고 오해하는 경우가 많다.

② 근로기준법상 연장근로는 1일 8시간 또는 1주 40시간을 초과한 근로이므로(근기법 제53조제1항) 휴일의 근로가 8시간을 초과하거나 주40시간을 초과한 근로일 때만 연장근로에 해당하는 것이지 무조건 연장근로가 되는 것은 아니다(휴일근로에 대해 50%의 가산임금을 지급해야 하는 문제와 연장근로에 해당하느냐의 문제는 별개의 문제임).

③ 다음의 예를 보면,

월~금 사이에 수, 목요일이 휴일이어서 24시간을 근로하고 토요일(무급휴무일)과 일요일에 8시간씩 근로하였다고 하더라도 토요일과 일요일 근로는 모두 1일 8시간, 1주 40시간 이내의 근로이므로 연장근로는 전혀 없다.

다만, 임금지급시간은 다르다.

구 분	월	화	수	목	금	토	일	합계	비 고
근로시간	8	8	유급휴일	유급휴일	8	8	8	40	토(무급휴무일) 일(주휴일)
임금 지급시간	8	8	8	8	8	8	12 (8×1.5)	60	

④ 토요일은 휴일이 아닌 휴무일이므로 1일 8시간, 1주 40시간 이내에서는 기본근로가 되어 가산임금이 없고, 일요일은 휴일이므로 50%의 휴일 가산임금이 발생한다.

이같이 계산하면 1주간 근로시간은 40시간이지만, 임금지급시간은 60시간이 된다(주휴수당 포함 시 68시간).

CHAPTER 4

근로시간의 산정방법과 관리방안

① 소정근로시간과 통상임금 산정 기준시간의 산정방법

① 월 209시간은 월 소정근로시간이 아닌 통상임금 산정 기준시간이라는 점은 앞서 설명한 바와 같다. 그렇다면 통상임금 산정 기준시간은 모두 월 209시간일까? 그렇지 않다.

② 통상임금 산정 기준시간은 소정근로시간과 유급처리시간을 합산한 시간이므로 소정근로시간과 유급처리시간이 어떠하냐에 따라 다르게 산정된다는 점과 여기서 '유급처리시간'은 '유급주휴일'만을 의미하는 것이 아니라 '근로를 제공하지 않더라도 임금이 지급되는 시간'도 포함된다는 점을 유의해야 한다.

〈 근로기준법 시행령 〉

제6조(통상임금) ①법과 이 영에서 "통상임금"이란 근로자에게 정기적이고 일률적으로 소정(所定)근로 또는 총 근로에 대하여 지급하기로 정한 시간급 금액, 일급 금액, 주급 금액, 월급 금액 또는 도급 금액을 말한다.

②제1항에 따른 통상임금을 시간급 금액으로 산정할 경우에는 다음 각 호의 방법에 따라 산정된 금액으로 한다.

1. 시간급 금액으로 정한 임금은 그 금액
2. 일급 금액으로 정한 임금은 그 금액을 1일의 소정근로시간수로 나눈 금액
3. 주급 금액으로 정한 임금은 그 금액을 주의 통상임금 산정 기준시간수(법 제2조제1항제7호에 따른 주의 소정근로시간과 소정근로시간 외에 유급으로 처리되는 시간을 합산한 시간)로 나눈 금액
4. 월급 금액으로 정한 임금은 그 금액을 월의 통상임금 산정 기준시간수(주의 통상임금 산정 기준시간수에 1년 동안의 평균 주의 수를 곱한 시간을 12로 나눈 시간)로 나눈 금액

③ 다음의 예시들을 보면 소정근로시간과 유급처리시간에 따라 통상임금 산정 기준시간이 어떻게 달리 계산되는지 알 수 있다.

나음의 산정방법을 이해해야 실제로 근무시간 형태별 근로시간을 정확하게 산정할 수 있으며, 근로시간의 산정은 임금계산과 직결되는 문제이므로 매우 중요하다.

● 1일 8시간, 1주 40시간, 주5일 근무, 토요일 무급인 경우

① 월 소정근로시간 : 8시간×5일÷7일×365일÷12월≒174
② 월 유급처리시간 : 8시간÷7일×365일÷12월≒35
③ 월 통상임금 산정 기준시간 : ①+② = 209

〈산정방법〉

① 월 소정근로시간

- 1일 8시간씩 5일 근로하는 것이 7일 동안 발생하는 일이므로 (8시간 ×5일)을 7일로 나눈다.
- 이렇게 하면 7일 평균 1일 소정근로시간이 산정되는데, 산정하고자 하는 것이 월 소정근로시간이므로 여기에 다시 365일을 곱하여 1년 평균 소정근로시간을 구하고, 이것을 다시 12개월로 나누면 월 소정근로시간이 산정된다.

② 월 유급처리시간

- 1일 8시간의 유급주휴일을 주어야 하는 것이 7일에 한 번 발생하는 일이므로 8시간을 7일로 나눈다.
- 이렇게 하면 7일 평균 1일 유급처리시간이 산정되는데, 산정하고자 하는 것은 월 유급처리시간이므로 여기에 다시 365일을 곱하고, 이것을 다시 12개월로 나누면 월 유급처리시간이 산정된다.

③ 월 통상임금 산정 기준시간

- ①월 소정근로시간 + ②월 유급처리시간

● 1일 8시간, 1주 40시간, 주5일 근무, 토요일 4시간 유급인 경우

> ① 월 소정근로시간 : 8시간×5일÷7일×365일÷12월≒174
> ② 월 유급처리시간 : (4시간+8시간)÷7일×365일÷12월≒52
> ③ 월 통상임금 산정 기준시간 : ①+② = 226

〈산정방법〉

① 월 소정근로시간
- 1일 8시간씩 5일 근로하는 것이 7일 동안 발생하는 일이므로 (8시간 ×5일)을 7일로 나눈다.
- 이렇게 하면 7일 평균 1일 소정근로시간이 산정되는데, 산정하고자 하는 것이 월 소정근로시간이므로 여기에 다시 365일을 곱하여 1년 평균 소정근로시간을 구하고, 이것을 다시 12개월로 나누면 월 소정 근로시간이 산정한다.

② 월 유급처리시간
- 근무하지 않더라도 토요일 4시간을 유급으로 부여하고 1일 8시간의 유급주휴일을 주어야 하는 것이 7일에 한 번 발생하는 일이므로 (4 시간+8시간)을 7일로 나눈다.
- 이렇게 하면 7일 평균 1일 유급처리시간이 산정되는데, 산정하고자 하는 것은 월 유급처리시간이므로 여기에 다시 365일을 곱하고, 이 것을 다시 12개월로 나누면 월 유급처리시간이 산정된다.

③ 월 통상임금 산정 기준시간
- ①월 소정근로시간 + ②월 유급처리시간

🌐 1일 8시간, 1주 40시간, 주5일 근무, 토요일 8시간 유급인 경우

① 월 소정근로시간 : 8시간×5일÷7일×365일÷12월≒174
② 월 유급처리시간 : (8시간+8시간)÷7일×365일÷12월≒69
③ 월 통상임금 산정 기준시간 : ①+② = 243

〈산정방법〉

① 월 소정근로시간
- 1일 8시간씩 5일 근로하는 것이 7일 동안 발생하는 일이므로 (8시간×5일)을 7일로 나눈다.
- 이렇게 하면 7일 평균 1일 소정근로시간이 산정되는데, 산정하고자 하는 것이 월 소정근로시간이므로 여기에 다시 365일을 곱하여 1년 평균 소정근로시간을 구하고, 이것을 다시 12개월로 나누면 월 소정근로시간이 산정된다.

② 월 유급처리시간
- 근무하지 않더라도 토요일 8시간을 유급으로 부여하고 1일 8시간의 유급주휴일을 주어야 하는 것이 7일에 한 번 발생하는 일이므로 (8시간+8시간)을 7일로 나눈다.
- 이렇게 하면 7일 평균 1일 유급처리시간이 산정되는데, 산정하고자 하는 것은 월 유급처리시간이므로 여기에 다시 365일을 곱하고, 이것을 다시 12개월로 나누면 월 유급처리시간이 산정된다.

③ 월 통상임금 산정 기준시간
- ①월 소정근로시간 + ②월 유급처리시간

🌑 1일 6시간, 1주30시간, 주5일 근무, 토요일 무급인 경우

① 월 소정근로시간 : 6시간×5일÷7일×365일÷12월≒130
② 월 유급처리시간 : 6시간÷7일×365일÷12월≒26
③ 월 통상임금 산정 기준시간 : ①+② = 156

〈산정방법〉

① 월 소정근로시간

- 1일 6시간씩 5일 근로하는 것이 7일 동안 발생하는 일이므로 (6시간×5일)을 7일로 나눈다.
- 이렇게 하면 7일 평균 1일 소정근로시간이 산정되는데, 산정하고자 하는 것은 월 소정근로시간이므로 여기에 다시 365일을 곱하여 1년 평균 소정근로시간을 구하고, 이것을 다시 12개월로 나누면 월 소정근로시간이 산정된다.

② 월 유급처리시간

- 단시간근로자의 유급주휴일은 소정근로시간에 비례하여 부여하는 것이므로 6시간을 유급처리해야 한다.
- 1일 6시간의 유급주휴일을 주어야 하는 것이 7일에 한 번 발생하는 일이므로 6시간을 7일로 나눈다.
- 이렇게 하면 7일 평균 1일 유급처리시간이 산정되는데, 산정하고자 하는 것은 월 유급처리시간이므로 여기에 다시 365일을 곱하고, 이것을 다시 12개월로 나누면 월 유급처리시간이 산정된다.

③ 월 통상임금 산정 기준시간

- ①월 소정근로시간 + ②월 유급처리시간

❷ 근로시간 유형별 근로시간 산정방법

실제로 근로시간 유형별로 근로시간을 어떻게 산정하는지 그 방법을 알아보자. 아래의 몇 가지 유형들을 잘 이해하면 실무적으로 발생히는 다양한 유형들에 응용하는 것이 가능할 것이다.

🌐 (사례1) 근로시간의 유형

① 1일(월~금) 08시~20시까지 12시간 근무 : 실근로 11시간 (휴게 1시간)
② 토요일(무급휴무) 08시~18시까지 10시간 근무 : 실근로 9시간 (휴게 1시간)

❖ 월 근로시간 산정

구분	산 정 식	근로시간	
기본근로시간 (유급주휴포함)	소정근로: 8시간×5일÷7일×365일÷12개월	174시간	합계
	유급주휴: 8시간÷7일×365일÷12개월	35시간	209시간
연장근로시간	(3시간×5일+9시간)÷7일×365일÷12개월	104시간	

※ 월~금 매일 3시간 연장근로 발생(3시간×5일)+토 9시간 연장근로 발생

🌐 (사례2) 근로시간의 유형

① 1일(월~토) 09시~16시까지 7시간 근무 : 실근로 6시간 (휴게 1시간)
② 토요일은 무급휴무
③ 2주에 1회 일요일(주휴일) 근무 : 09시~16시까지 7시간(실근로 6시간, 휴게 1시간)

❖ 월 근로시간 산정

구분	산 정 식	근로시간	
기본근로시간 (유급주휴포함)	소정근로: 6시간×6일÷7일×365일÷12개월	156.4시간	합계
	유급주휴: 7.2시간÷7일×365일÷12개월	31.3시간	188시간
휴일근로시간	6시간÷14일×365일÷12개월	13시간	

※ 유급 주휴 : 소정근로시간 비례 부여(40시간:8시간=36시간:7.2시간)
※ 휴일근로시간 : 일요일 휴일근로는 2주(14일)에 1회 발생하는 것이므로 6시간을 14일로 나누어야 함. 근로시간 산정 시 각각의 근로가 얼마만큼의 주기로 발생하는 것인지를 파악하는 것이 포인트임.

(사례3) 근로시간의 유형

① 4근 2휴, 3조 2교대
② 주간 4일, 2일 휴무 → 야간 4일, 2일 휴무 → 주간 4일, 2일 휴무 : 순환
③ 주간 : 08시~19시(실근로 10시간, 휴게 1시간 : 12시~13시)
④ 야간 : 20시~07시(실근로 10시간, 휴게 1시간 : 24시~01시)

❖ 월 근로시간 산정

구분	산 정 식	근로시간	
기본근로시간(유급주휴포함)	소정근로: 8시간×4일÷6일×365일÷12개월	162시간	합계
	유급주휴: 7.5시간÷7일×365일÷12개월	33시간	195시간
연장근로시간	2시간×4일÷6일×365일÷12개월	41시간	
야간근로시간	7시간×4일÷12일×365일÷12개월	71시간	

※ 유급주휴 : 소정근로시간 비례 부여
 • 1주 소정근로시간은 6일:32시간=7일:x시간,
 • x=37.3시간.
 • 유급주휴시간은 40시간:8시간=37.3시간:7.5시간
※ 연장근로시간 : 주간이든 야간이든 매일 2시간씩 4일간 발생하며, 이는 6일 주기로 발생하므로 2시간×4일을 6일로 나누어야 함.
※ 야간근로시간 : 야간근로(22시~익일06시)는 50%의 가산임금이 발생하므로 별도 산정이 필요함.
 • 교대근로의 경우 교대근무 주기를 파악하는 것이 포인트.
 • 주간조 6일(4근2휴) → 야간조 6일(4근2휴)의 순환 패턴이므로 야간근로는 12일 주기로 4일이 발생.
 • 따라서, 7시간×4일을 12일로 나누어야 함.

③ 근로시간 관리방안과 주요 유의사항

주52시간제 근로시간 단축의 시행으로 근로시간 관리에 대한 관심과 필요성이 높아지면서 근로시간 관리를 위한 전산 프로그램을 도입히는 등 다양한 관리방안을 모색하고 있는데, 근로시간 관리방안을 마련할 때에는 아래 사항들을 유의해야 한다.

∷ 근로시간 관리 시 유의사항

⚙ 실근로시간과 임금지급시간을 구분하여 관리할 것

① 실근로시간과 임금지급시간은 서로 다른 개념이고, 주52시간제 근로시간 단축은 실근로시간에 관한 논의이다.

② 따라서, 실근로시간과 임금지급시간을 철저하게 구분하여 관리해야 한다. 이를 구분해야 실근로시간이 주52시간을 초과하는지를 즉시 인지하여 대응할 수 있다.

⚙ 1일 단위로 실근로시간의 누계관리를 할 것

① 1일 단위로 실근로시간의 누계 관리가 되어야 해당 주에 12시간 연장근로 제한을 위반하게 되는지를 즉시 확인할 수 있기 때문이다.

② 연장근로 제한에서 주12시간은 1개월 평균 주12시간이라는 의미가 아니므로 특정 주 1주만 12시간을 초과하더라도 위법이다.

⚙ 누수되는 근로시간을 관리할 것

① 지각, 조퇴, 외출시간은 실근로시간에서 공제하여야 한다. 또한, 근무시간 중 사내에서 커피, 흡연, 웹서핑, 카톡, 동료와의 잡담 등 사용자의 지시 없이 본인이 임의로 근로제공을 정지한 사적 행위 시간은 근로시간으로 인정되는 대기시간이 아니라 무단근무이탈시간이므로 실근로시간에서 공제해야 한다.

② 사적용무시간 자율신고제와 집중근로시간제를 통한 업무 효율성 증대방안을 마련하는 것도 좋은 방법일 것이다.

③ 여기서 다시 한번 상기해야 할 것은 실근로시간과 임금지급시간은 다르다는 점이다. 사적용무시간을 실근로시간에서 공제한다고 하더라도 그 시간에 대해 임금을 공제하지는 않을 수 있으며, 실제로 사적용무시간 자율신고제를 운용하는 기업들은 해당 시간에 대해 임금을 공제하지는 않고 있다.

④ 사적용무시간 등을 실근로시간에서 공제하는 취지는 사적용무시간의 포함으로 주52시간을 초과하여 사용자가 불합리하게 형사처벌 받는 일이 없도록 하려는 것일 뿐이다.

❂ 연장·야간·휴일근로 사전신청 및 승인제도를 실시할 것

① 근로시간은 사용자의 지휘·감독하에 근로를 제공하는 시간이므로 회사의 지시나 승인이 없는 임의적 근로는 근로시간이 아니다.

② 그러나 근로시간 인정 여부에 대한 분쟁 예방과 불필요한 연장근로를 줄이는 방안으로 연장·야간·휴일근로에 대한 사전신청 및 승인제도를 실시하는 것이 바람직할 뿐만 아니라 필수적이다.

> 사용자의 근무지시 없이 근로자가 자발적으로 소정근로시간 이외에 근무한 경우에는 근로기준법 제55조의 가산임금을 지급하지 않더라도 법위반으로 볼 수는 없음(1999-05-07, 근기68207-1036)

❂ 출퇴근기록과 근로시간 인정 여부

① 출입 카드나 지문인식 등 출퇴근기록이 있으면 근로시간이 인정되는 것으로 잘못 알고 있는 경우가 많은데 사실은 그렇지 않다. 직원이 스스로 정해진 출근시각보다 일찍 출근하거나 업무를 마쳤음에도 불구하고 개인적인 용무나 퇴근 후 약속시간 등의 이유로 늦게 퇴근할 수도 있다. 이런 가능성이 얼마든지 있을 수 있기 때문에 출퇴근기록이 사용

자의 범죄(주52시간 제한 위반)의 증거가 될 수는 없는 것이다(무죄 추정의 원칙과 증거재판주의 참조).

② 따라서, 회사의 조기 출근 지시가 없다면 정해진 출근시각부터 근로시간으로 인정해야 할 것이고, 회사의 연장근로 지시나 승인이 없다면 정해진 퇴근시각까지만 근로시간으로 인정해야 할 것인데,

고용노동지청 진정 사건이나 근로감독 등의 실무상 퇴근시각을 근로종료시각으로 보려는 경향이 강하다는 점에 대비하기 위한 사용자의 입장과 연장근로 지시나 승인을 명확히 입증하는 것이 곤란하다는 근로자의 입장을 고려할 때 위에서 언급한 연장근로 등의 사전신청 및 승인제도가 반드시 필요할 것이다.

CHAPTER 5

근로시간 단축에 대비한 유연근로시간제 활용방법

1 유연근로시간제도의 종류

유형	내용	적합 직무
탄력적 근로시간제 (제51조)	• 특정 주(일)의 근로시간을 늘리는 대신 다른 주(일)의 근로시간을 줄여 평균적으로 주40시간 이내로 근로시간을 맞추는 제도	• 계절적 영향을 받거나 시기별(성수기/비수기) 업무량 편차가 많은 업종 등
선택적 근로시간제 (제52조)	• 1월 이내의 단위로 정한 총 근로시간 범위에서 업무의 시작 및 종료시각, 1일의 근로시간을 근로자가 자율적으로 결정할 수 있는 제도	• 근로일에 따라 업무량의 편차가 발생하여 업무조율이 가능한 소프트웨어 개발, 사무관리(금융거래/행정처리 등), 연구, 디자인, 설계 등
간주 근로시간제 (제58조제1,2항)	• 출장 등으로 근로시간의 전부 또는 일부를 사업장 밖에서 근로하여 근로시간을 산정하기 어려운 경우에 소정근로시간 또는 업무수행에 통상 필요한 시간, 근로자대표와의 합의로 정한 시간을 근로한 것으로 인정하는 제도	• 근로시간 대부분을 사업장 밖에서 근로하는 영업직, A/S 업무, 출장업무 등

유형	내용	적합 직무
재량 근로시간제 (제58조제3항)	• 업무의 성질상 업무수행 방법을 근로자의 재량에 위임할 필요가 있는 업무로서 사용자가 근로자대표와의 서면 합의로 정한 근로시간을 근로한 것으로 인정하는 제도	1. 신상품/신기술 연구개발, 인문사회과학/자연과학 연구 2. 정보처리시스템 설계 또는 분석 3. 신문, 방송 또는 출판사업의 기사취재, 편성 또는 편집 4. 의복/실내장식/공업제품/광고 등의 디자인 또는 고안 5. 방송 프로그램/영화 등 제작사업에서의 프로듀서나 감독 6. 회계/법률사건/납세/법무/노무관리/특허/감정평가 등의 사무에 있어 타인의 위임/위촉을 받아 상담/조언/감정 또는 대행을 하는 업무

② 탄력적 근로시간제의 이해

1) 개념

① 탄력적 근로시간제는 특정 주(일)의 근로시간을 늘리는 대신 다른 주(일)의 근로시간을 줄여 평균적으로 주40시간 이내로 근로시간을 맞추는 제도이다.

② 이는 기본근로시간을 탄력적으로 적용하여 1주 평균 40시간 이내로 맞추는 것이지, 연장근로시간을 탄력적으로 적용하는 것이 아니다.

③ 구체적으로 예를 들어 보면, 다음과 같이 2주 이내 단위 탄력적 근로시간제의 경우 첫째 주에는 기본근로시간을 32시간으로 줄이는 대신 둘째 주에는 48시간으로 늘리면 2주 평균 1주 근로시간은 40시간이되고, 이때 둘째 주에 48시간 근로를 하더라도 40시간을 초과한 8시간을 연장근로로 보지 않고 기본근로로 인정하는 것이다.

④ 따라서, 이러한 탄력적인 기본근로 이외에 연장근로는 각각 주마다 12시간씩 가능하므로 둘째 주는 최대 60시간까지 근로가 가능(3개월 이내 단위 탄력적 근로시간제의 경우 최대 64시간까지 가능)하다는 점에서 주52시간제에 대비한 근로시간제도로 활용할 수 있다.

● 관련 법규

〈 근로기준법 〉

제51조(탄력적 근로시간제) ① 사용자는 취업규칙(취업규칙에 준하는 것을 포함한다)에서 정하는 바에 따라 2주 이내의 일정한 단위기간을 평균하여 1주간의 근로시간이 제50조제1항의 근로시간을 초과하지 아니하는 범위에서 특정한 주에 제50조제1항의 근로시간을, 특정한 날에 제50조제2항의 근로시간을 초과하여 근로하게 할 수 있다. 다만, 특정한 주의 근로시간은 48시간을 초과할 수 없다.
② 사용자는 근로자대표와의 서면 합의에 따라 다음 각 호의 사항을 정하면 3개월 이내의 단위기간을 평균하여 1주 간의 근로시간이 제50조제1항의 근로시간을 초과하지 아니하는 범위에서 특정한 주에 제50조제1항의 근로시간을, 특정

한 날에 제50조제2항의 근로시간을 초과하여 근로하게 할 수 있다. 다만, 특정한 주의 근로시간은 52시간을, 특정한 날의 근로시간은 12시간을 초과할 수 없다.

1. 대상 근로자의 범위
2. 단위기간(3개월 이내의 일정한 기간으로 정하여야 한다)
3. 단위기간의 근로일과 그 근로일별 근로시간
4. 그 밖에 대통령령으로 정하는 사항

③ 제1항과 제2항은 15세 이상 18세 미만의 근로자와 임신 중인 여성 근로자에 대하여는 적용하지 아니한다.

④ 사용자는 제1항 및 제2항에 따라 근로자를 근로시킬 경우에는 기존의 임금수준이 낮아지지 아니하도록 임금보전방안(賃金補塡方案)을 강구하여야 한다.

● 2주 이내 단위 탄력적 근로시간제

구분	기본근로시간	연장근로시간	총근로시간
1주	32h	12h	44h
2주	48h	12h	60h
평균	40h	-	-

● 3개월 이내 단위 탄력적 근로시간제

구분	기본근로시간	연장근로시간	총근로시간
1개월	28h	12h	40h
2개월	52h	12h	64h
평균	40h	-	-

2) 유형별 도입 요건

⬤ 2주 단위 탄력적 근로시간제

⏻ 취업규칙(또는 이에 준하는 것) 명시사항

취업규칙에 다음 내용을 명시하여야 한다.

1. 대상자 : 특정 근로자 또는 전체 근로자 대상으로 제한 없이 도입이 가능하다.
2. 근로일별 근로시간 : 근로자가 자신의 근로를 예상할 수 있도록 근로일 및 근로일별 근로시간을 명확히 정해야 한다.
3. 유효기간 : 유효기간을 명시할 의무는 없으나, 그 기간을 명확히 하여 논란이 없도록 하는 것이 바람직하다.

⏻ 제한

특정한 주의 기본근로시간은 48시간을 초과할 수 없다(1일 근로시간의 제한은 없음).

⬤ 3개월 이내 단위 탄력적 근로시간제

⏻ 근로자대표와의 서면 합의

사용자와 근로자대표가 아래 내용을 포함한 서면을 작성하여 서명·날인 하여야 한다.

1. 대상 근로자 : 반드시 전체 근로자를 대상으로 하는 것은 아니며, 일정 사업부문, 업종, 직종별로도 적용이 가능하다.
2. 단위기간 : 단위기간을 3개월 이내로 정하여야 한다(예 : 2주, 4주, 6주, 2개월, 3개월 등).
3. 근로일별 근로시간 : 근로자가 자신의 근로를 미리 예상 가능하도록 근로일 및 근로일별 근로시간을 명확히 규정해야 한다.
   ※ 노사 간 다툼 방지 등을 위해 구체적인 근무표를 공표/게시하는 것

이 바람직

4. 유효기간 : 서면 합의 유효기간의 길이(3개월, 6개월, 1년 등)에 대해서는 특별한 제한이 없다.

5. 서면 합의 서류의 보존 : 서면 합의 서류는 서면 합의한 날로부터 3년간 보존해야 한다.

○ 제한

특정한 주의 기본근로시간은 52시간을, 특정일의 기본근로시간은 12시간을 초과할 수 없다.

3) 연장근로시간의 계산

① 탄력적 근로시간제 시행 시 연장근로시간은 일별 또는 주별로 사전에 탄력적으로 정한 기본근로시간을 초과하는 시간이다.

② 예를 들어, 다음과 같이 2주 단위 탄력적 근로시간을 정한 경우

첫째 주 수요일에 사전에 정해진 7시간을 초과하여 10시간을 근로하였다면 3시간이 연장근로시간이고,

둘째 주에 토요일 근로가 없는 것으로 정하였는데 9시간 근로를 하게 되었다면 이 9시간이 연장근로가 되는 것이다. 이는 3개월 이내 단위 탄력적 근로시간제에서도 동일하다.

주	구분	월	화	수	목	금	토	일	합계
1주	일정표	7	7	7	7	7	-	-	35
	실제근로	7	7	10	7	7	-	-	38
2주	일정표	9	9	9	9	9	-	-	45
	실제근로	9	9	9	9	9	9	-	54

4) 탄력적 근로시간제 근무시간표 작성방법

구체적인 탄력적 근로시간제 근무시간표 작성방법에 대해 알아보자.

① 다음 사례는 4근 2휴 형태의 교대근로인데, 주간 4일, 2일 휴무 → 야간 4일, 2일 휴무로 순환하는 패턴이며, 1일 근로시간은 총 11시간(휴게시간 제외)이다.

② 이 사례를 통해 탄력적 근로시간제 근무시간표 작성방법과 탄력적 근로시간제 도입 전과 후의 차이를 정확히 확인할 수 있을 것이다.

● 탄력적 근로시간제 도입 전

탄력적 근로시간제 도입 전에는 다음과 같이 매일 연장근로가 3시간씩 발생하여 1주~4주까지는 1주당 연장근로가 15시간으로 주12시간 제한을 초과하여 위법함을 알 수 있다.

〈 탄력적 근로시간제 도입 전 근무시간 〉

주	일	주/야	기본/일	연장/일	기본/주	연장/주	비고
1주	1	주	8	3	40	15	위법
	2	주	8	3			
	3	주	8	3			
	4	주	8	3			
	5	휴					
	6	휴					
	7	야	8	3			
2주	8	야	8	3	40	15	위법
	9	야	8	3			
	10	야	8	3			
	11	휴					
	12	휴					
	13	주	8	3			
	14	주	8	3			

주	일	주/야	기본/일	연장/일	기본/주	연장/주	비고
3주	15	주	8	3	40	15	위법
	16	주	8	3			
	17	휴					
	18	휴					
	19	야	8	3			
	20	야	8	3			
	21	야	8	3			
4주	22	야	8	3	40	15	위법
	23	휴					
	24	휴					
	25	주	8	3			
	26	주	8	3			
	27	주	8	3			
	28	주	8	3			
5주	29	휴			32	12	적법
	30	휴					
	31	야	8	3			
	32	야	8	3			
	33	야	8	3			
	34	야	8	3			
	35	휴					
6주	36	휴			32	12	적법
	37	주	8	3			
	38	주	8	3			
	39	주	8	3			
	40	주	8	3			
	41	휴					
	42	휴					
1주 평균					37.33	14	

⚙ 탄력적 근로시간제 도입 후

6주 단위의 탄력적 근로시간제를 도입하여 다음과 같이 근무시간표를 작성하는 경우에는 1일 근로시간은 탄력적 근로시간제 도입 전과 동일하게 11시간이지만 연장근로는 주12시간을 초과하지 않아 적법하게 됨을 알 수 있다.

〈 탄력적 근로시간제 도입 후 근무시간 〉

주	일	주/야	기본/일	연장/일	기본/주	연장/주	비고
1주	1	주	9	2	43	12	적법
	2	주	9	2			
	3	주	8	3			
	4	주	8	3			
	5	휴					
	6	휴					
	7	야	9	2			
2주	8	야	9	2	43	12	적법
	9	야	8	3			
	10	야	8	3			
	11	휴					
	12	휴					
	13	주	9	2			
	14	주	9	2			
3주	15	주	8	3	43	12	적법
	16	주	8	3			
	17	휴					
	18	휴					
	19	야	9	2			
	20	야	9	2			
	21	야	9	2			

주	일	주/야	기본/일	연장/일	기본/주	연장/주	비고
4주	22	야	9	2	43	12	적법
	23	휴					
	24	휴					
	25	주	8	3			
	26	주	8	3			
	27	주	9	2			
	28	주	9	2			
5주	29	휴			34	10	적법
	30	휴					
	31	야	8	3			
	32	야	8	3			
	33	야	9	2			
	34	야	9	2			
	35	휴					
6주	36	휴			34	10	적법
	37	주	8	3			
	38	주	8	3			
	39	주	9	2			
	40	주	9	2			
	41	휴					
	42	휴					
1주 평균					39.33	11.3	

5) 탄력적 근로시간제 노사합의서 작성방법

3개월 이내 단위 탄력적 근로시간제 도입을 위한 근로자대표와의 노사합의서 작성방법에 대해 알아보자.

⚙ 탄력적 근로시간제 노사합의서(1)

앞에서 보았던 4근2휴 형태 등의 교대제와 그 밖에 성수기 등 업무량을 예측할 수 있어 사전에 근무시간표를 확정할 수 있는 경우에는 아래 노사합의서(1)과 같은 방식으로 작성할 수 있을 것이다.

근무시간표는 반드시 노사합의서 본문에 기재하여야 하는 것은 아니고 별지로 작성하는 것도 문제없다.

탄력적 근로시간제 노사합의서(1)

주식회사 ○○대표이사 와 근로자대표○○○는 3개월 단위 탄력적 근로시간제에 관하여 다음과 같이 합의한다.

제1조(목적) 이 합의서는 근로기준법 제50조 제2항에 의해 3개월 단위 탄력적 근로시간제를 실시하는데 필요한 사항을 정하는 것을 목적으로 한다.

제2조(적용대상자) 이 합의서의 내용은 전체 생산직 근로자에 적용한다.

제3조(단위기간) 이 합의서의 단위기간은 매분기 초일에서 매분기 말일까지로 한다.

제4조(근로시간) 3개월 단위 탄력적 근로시간제 단위기간에 있어서 1일의 근로시간, 시업시각, 종업시각 및 휴게시간은 다음과 같다.

구 분		1일 근로시간	시업시각	종업시각	휴게시간
○월	1일~말일	7시간 (월~금)	09:00	17:00	12:00~13:00
○월	1일~말일	8시간 (월~금)	09:00	18:00	12:00~13:00
○월	1일~말일	9시간 (월~금)	09:00	19:00	12:00~13:00

제5조(휴일) 단위기간 중 주2일(토요일, 일요일)은 휴무하되, 휴일은 일요일로 한다.

제6조(적용제외) 15세 이상 18세 미만의 근로자와 임신 중인 여성근로자에게는 본 합의를 적용하지 아니한다.

제7조(연장근로 가산임금) 근로일별 근로하기로 정한 시간을 초과한 경우 통상임금의 50%를 가산임금으로 지급한다.

제8조(유효기간) 이 합의서의 유효기간은 20 년 ○월 ○일부터 1년간으로 하되, 유효기간 만료 1개월 전까지 개정 관련 별도 의견이 없는 경우에는 그 후 1년간 자동갱신 되는 것으로 하며, 그 이후에도 또한 같다.

20 . .

주식회사 ○○대표이사 (인)

근로자대표 ○○○ (인)

✤ 탄력적 근로시간제 노사합의서(2)

한편, 돌발적인 업무량 증가 등으로 인해 사전에 미리 근무시간표를 확정하기 어려운 경우에는 아래 노사합의서(2)와 같이 미리 포괄적인 합의서를 작성해두고 상황이 발생하면 즉시 적용대상, 단위기간, 근로일별 근로시간 등을 마련하여 근로자대표의 서명을 받아 시행하는 방법도 가능할 것이다.

탄력적 근로시간제 노사합의서(2)

주식회사 ○○대표이사와 근로자대표○○○는 3개월 이내 단위 탄력적 근로시간제에 관하여 다음과 같이 합의한다.

제1조(목적) 이 합의서는 근로기준법 제50조 제2항에 의해 3개월 이내 단위 탄력적근로시간제를 실시하는데 필요한 사항을 정하는 것을 목적으로 한다.

제2조(적용대상자) 이 합의서의 내용은 전체 근로자에 적용한다. 단, 업무상 황에 따라 별도 합의로 달리 정할 수 있다.

제3조(단위기간) 이 합의서의 단위기간은 3개월 이내로 하되, 구체적인 기간 은 업무상황에 따라 시행일 3일 전까지 별도 합의로 정한다.

제4조(근로시간) 단위기간에 있어서 1일의 근로시간, 시업시각, 종업시각 및 휴게시간은 시행일 3일 전까지 별도 합의로 정한다.

제5조(휴일) 단위기간 중 휴일은 취업규칙의 정함에도 불구하고 별도 합의로 정하는 근무시간표에 따른다.

제6조(적용제외) 15세 이상 18세 미만의 근로자와 임신중인 여성근로자에게 는 본 합의를 적용하지 아니한다.

제7조(연장근로 가산임금) 근로일별 근로하기로 정한 시간을 초과한 경우 통 상임금의 50%를 가산임금으로 지급한다. 다만, 업무사정으로 인하여 근무시 간 편성에 변동사항이 발생할 경우 회사는 사전에 통보하여 근무시간을 변 경할 수 있으며, 그에 따라 연장근로수당을 계산하여 지급한다.

제8조(유효기간) 이 합의서의 유효기간은 20 년 ○월 ○일부터 1년간으로 하되, 유효기간 만료 1개월 전까지 개정 관련 별도 의견이 없는 경우에는 그 후 1년간 자동갱신 되는 것으로 하며, 그 이후에도 또한 같다.

20 . . .

주식회사 ○○대표이사 (인)

근로자대표 ○○○ (인)

6) 탄력적 근로시간제 관련 체크포인트

🔅 단위기간의 시작과 끝

탄력적 근로시간제의 단위기간을 정함에 있어서 1주의 시작과 끝은 월~일이어야 할까? 1개월의 시작과 끝은 1일~말일이어야 할까? 그렇지 않다. 단위기간은 취업규칙(2주 단위) 또는 근로자대표와의 서면 합의(3개월 이내 단위)로 정하기 나름이다.

🔅 임금지급의 문제

① 탄력적 근로시간제를 시행하는 경우 임금의 지급을 어떻게 해야 하는지가 실무적으로 많이 문제가 된다.

예를 들어, 주40시간 기준 월 기본급이 200만원이었고 2개월 단위 탄력적 근로시간제를 시행하면서 1개월 차에는 주50시간, 2개월 차에는 주30시간을 근무하기로 하였다면, 임금은 근로시간에 상응하여 지급해야 하므로 1개월 차의 근로에 대해서는 250만원, 2개월 차의 근로에 대해서는 150만원을 지급하는 것이 원칙이다.

② 그러나, 이같이 지급하게 되면 근로자의 월별 소득 차이로 인해 생활의 불편이 생길 수 있으므로 월별 근로시간과 관계없이 평균적인 임금(200만원)을 지급하는 것으로 노사합의서에 정할 수 있다.

③ 다만, 주의해야 할 것은 탄력적 근로시간제 적용 중간에 퇴사하는 경우인데, 이때는 실제 근로시간을 기준으로 재산정하여 정산해야 한다는 점이다. 실제 근로시간으로 재산정하여 정산하지 않으면 1개월 차에 주50시간씩 근로하고 퇴사하였음에도 불구하고 200만원만 받게 되어 실제 근로시간보다 50만원의 임금을 덜 받게 되는 문제가 발생한다(반대의 경우 50만원을 더 받게 되는 불합리함이 발생).

④ 또한, 1개월 차에 주50시간씩 근로하여 주10시간씩 초과 근로를 한 것을 연장근로로 취급하지 않는 것은 2개월 차에 주30시간씩 근로하

기 때문이므로 이처럼 중간에 퇴사하여 2개월 차의 근로를 하지 않게 되다면 1개월 차에 주10시간씩 초과 근로를 한 것에 대해 원칙으로 돌아가 연장근로로 계산하여 지급해야 할 것이다. 뒤에서 볼 탄력적 근로시간제 개정 법률안도 같은 취지로 규정하고 있다.

⑤ 한편, 탄력적 근로시간제의 단위기간과 임금산정기간이 다른 경우에는 임금산정기간 중 탄력적 근로시간제 적용 전후 기간을 구분하여 해당 근로시간에 따라 각각 일할계산하여 합산 지급하여야 한다.

🌑 특정 부서 또는 소수 근로자만 적용

탄력적 근로시간제를 회사 전체 근로자가 아니라 특정 부서나 소수 근로자에게만 적용하는 것도 가능하다.

① 근로자대표와의 서면 합의에서 특정 부서나 소수 근로자에게만 적용하는 것으로 정할 수도 있고,

② 앞의 탄력적 근로시간제 노사합의서(2)와 같이 전체 근로자에게 적용함을 원칙으로 하되 개별 상황에 따라서 별도 합의로 특정 부서나 소수 근로자에게만 적용하도록 정할 수도 있다.

7) 근로자대표 선출

(※ 다음의 근로자대표 선출에 관한 내용은 이 책의 모든 '근로자대표'에 공통으로 적용되는 내용이다.)

🌑 근로자대표의 의미와 근로자대표가 될 수 있는 자

① 탄력적 근로시간제에 관한 합의를 할 수 있는 근로자대표는 과반수 노동조합이 있는 경우에는 그 노동조합, 과반수 노동조합이 없는 경우에는 전체 근로자 과반수를 대표하는 자를 말한다.

② 여기서 전체 근로자 과반수를 대표하는 자는 전체 근로자 과반수의 동의로 선출된 자를 의미하는 것인데, 근로기준법상 '사용자'에 포함

되는 자는 근로자의 범위에서 제외되어 근로자대표가 될 수도 없고 근로자대표를 선출할 권한도 없다는 점을 유의해야 한다.

③ '사용자'란 사업주 또는 사업 경영 담당자, 그 밖에 근로자에 관한 사항에 대하여 사업주를 위하여 행위를 하는 자를 말하며, '사업주를 위하여 행위를 하는 자'는 사업주 또는 사업 경영 담당자로부터 그 권한을 위임받아 자신의 책임 아래 근로자를 채용하거나 해고 등 인사처분을 할 수 있고, 직무상 근로자의 업무를 지휘 · 감독하며 근로시간이나 임금 등 근로조건에 관한 사항을 결정하고 집행할 수 있는 자로서(대법 1983.11.8. 83도2505), 직급이나 명칭을 가지고 일률적으로 판단할 수는 없고 실질적으로 권한과 책임이 부여되었는지에 따라 판단되어야 하는데(근기68207-4269, 2001.12.8.), 일반적으로 팀장급 이상이라면 근로자의 범위에서 제외하는 것이 타당할 것으로 보인다.

● 선출 시 대표권 행사의 내용 명시 필요

① 근로자대표가 적법한 대표권을 가지려면 선출 시 근로기준법 규정 사항 중 어떤 사항에 대해 전체 근로자를 대표하는 것인지 대표권 행사의 내용을 명시하고 선출하여야 한다.

② 다음 사항 중 현안에 해당하는 하나만 명시하여 선출할 수도 있고, 향후 발생할 수 있는 문제에 대비하여 아래 사항 전부를 명시하여 선출할 수도 있다.

〈 근로기준법상 근로자대표가 선출이 필요한 경우 〉

1. 경영상 해고에 관한 협의(제24조제3항)
2. 탄력적 근로시간제 등 유연근로시간제 서면합의(제51조제2항, 제52조, 제58조제2항~제3항)
3. 30인 미만 사업장 특별연장근로 서면합의(제53조제3항)
4. 법정휴일대체 서면합의(제55조제2항)
5. 보상휴가제 서면합의(제57조)
6. 근로시간특례 서면합의(제59조제1항)

---

7. 연차휴가대체 서면합의(제62조)
8. 임산부 등 야간근로와 휴일근로 인가 관련 협의(제70조제3항)

⊕ 선출방법

전체 근로자가 모두 모여 투표로 결정하든지, 연명부 형식의 회람을 돌려 개별적인 서명을 받아 선출하든지 사용자의 부당한 간섭만 배제된다면 선출방법의 제한은 없다.

⊕ 적용 부서 근로자 과반수 동의로 선출 가능 여부

탄력적 근로시간제를 일부 부서에만 적용하는 경우에도 해당 부서 근로자의 과반수 동의만으로 대표자를 선출하여 합의할 수 없고, 반드시 전체 근로자의 과반수 동의로 선출하여야 한다(근로기준팀-8048, 2007.11.29.).

⊕ 노사협의회 근로자위원의 근로자대표 인정 여부

① 실무상 노사협의회 근로자위원을 근로자대표로 보고 서면 합의를 하는 경우가 많지만, 이는 원칙적으로 적법하지 않다. 노사협의회 근로자위원은 '근로자참여 및 협력증진에 관한 법률'에 의해 선출되는 자이므로 근로기준법에 따른 근로자대표와는 근거법령이 다르고 선출의 취지와 역할도 다르기 때문이다.

② 다만, 노사협의회 근로자위원이 근로자대표의 역할을 할 수 있게 하려면, 탄력적 근로시간제 도입에 대하여 근로자 과반수로부터 위임을 받거나, 노사협의회 근로자위원을 선출할 때 '근로자참여 및 협력증진에 관한 법률'에 따른 근로자위원의 역할 뿐만 아니라 앞에서 설명한 근로기준법상의 근로자대표 역할까지 할 수 있다는 점을 명시하고 근로자 과반수의 동의로 선출하는 것도 방법이 될 수 있다.

8) 개별 근로자의 동의 필요 여부

① 취업규칙(2주 이내 단위)으로 정하거나 근로자대표와의 서면 합의 (3개월 이내 단위)를 한 경우 근로자 개인별 동의까지 받아야 하는 것은 아니다.

② 탄력적 근로시간제는 집단적으로 적용될 근로시간의 형태를 정하는 것이므로 개별 근로계약서에 취업규칙이나 집단적으로 적용되는 근로시간과는 별도의 근로시간을 적용한다는 등의 특약이 없는 한 취업규칙이나 근로자대표와의 서면 합의라는 적법한 집단적 의사결정으로 변경하는 것이 가능하기 때문이다.

9) 탄력적 근로시간제 개정 법률

탄력적 근로시간제의 단위기간이 최대 3개월에 불과하여 기업의 상황에 따라서는 탄력적 근로시간제의 도입이 실효성이 없을 수 있다는 점을 고려하여 다음과 같이 법률이 개정되었다.

주요 내용은

- 단위기간을 6개월로 확대
- 단위기간의 근로시간을 일별이 아닌 주별로 정할 수 있도록 완화
- 임금보전방안 신고 의무
- 중도 퇴사자의 임금지급기준 마련

〈 탄력적 근로시간제 개정 법률 주요 내용 〉

① 3개월 초과 6개월 이내 단위 탄력적 근로시긴제 마련
- 특정 주의 근로시간은 52시간, 특정 일의 근로시간은 12시간을 한도로 함.

② 근로자대표와의 서면 합의로 도입
1. 대상 근로자의 범위
2. 단위기간(3개월을 초과하고 6개월 이내의 일정한 기간으로 정하여야 한다)
3. 단위기간의 주별 근로시간
4. 그 밖에 대통령령으로 정하는 사항
※ 각 주의 근로일이 시작되기 2주 전까지 근로자에게 근로일별 근로시간을 통보.

③ 근로일 간 11시간 연속 휴식시간 의무화
- 불가피한 경우 근로자대표와의 서면 합의로 변경 가능

④ 사정변경 시 주별 근로시간 변경 가능
- 천재지변, 기계 고장, 업무량 급증 등 서면 합의 당시에 예측하지 못한 사유가 발생한 경우 근로자대표와의 협의로 주별 근로시간 변경 가능, 사전에 근로자에게 근로일별 근로시간을 통보해야 함.

⑤ 임금보전방안 신고의무 : 500만원 이하의 과태료
- 근로자대표와의 서면 합의에 임금보전방안이 포함되어 있는 경우 신고의무 면제

⑥ 중도 퇴사자 임금지급기준 마련
- 탄력적 근로시간제 시행 중 단위기간 중간에 퇴사하는 근로자는 근로한 기간을 평균하여 1주 40시간을 초과한 시간에 대해 가산임금을 지급.

③ 선택적 근로시간제의 이해

1) 근로시간제 개념

① 선택적 근로시간제는 출퇴근시각과 1일 근로시간을 근로자의 자율적 선택에 맡기고 1개월 이내 정산기간 동안 총근로시간을 사후에 계산하여 1주 평균 40시간까지는 기본근로로 인정하고 나머지 시간은 연장근로로 인정하는 제도이다.

② 따라서, 특정주에 40시간, 특정일에 8시간을 초과해도 연장근로에 해당하는지는 정산기간 종료 후 사후적으로 결정된다. 예를 들어, 정산기간 4주간 총 180시간을 근무한 경우 주40시간×4주=160시간은 기본근로, 180시간-160시간=20시간은 연장근로가 되는 것이다.

③ 이같이 4주 단위 선택적 근로시간제를 도입하는 경우 4주간 최대 가능 근로시간은 208시간이 된다. '208시간－160시간＝48시간'이 연장근로가 되는데 '48시간÷4주＝12시간'이므로 주12시간 연장근로 제한을 초과하지 않아 적법하기 때문이다.

관련 법규

〈 근로기준법 〉

제52조(선택적 근로시간제) 사용자는 취업규칙(취업규칙에 준하는 것을 포함한다)에 따라 업무의 시작 및 종료시각을 근로자의 결정에 맡기기로 한 근로자에 대하여 근로자대표와의 서면 합의에 따라 다음 각호의 사항을 정하면 1개월 이내의 정산기간을 평균하여 1주간의 근로시간이 제50조제1항의 근로시간을 초과하지 아니하는 범위에서 1주간에 제50조제1항의 근로시간을, 1일에 제50조제2항의 근로시간을 초과하여 근로하게 할 수 있다.

1. 대상 근로자의 범위(15세 이상 18세 미만의 근로자는 제외한다)
2. 정산기간(1개월 이내의 일정한 기간으로 정하여야 한다)
3. 정산기간의 총 근로시간
4. 반드시 근로하여야 할 시간대를 정하는 경우에는 그 시작 및 종료 시각
5. 근로자가 그의 결정에 따라 근로할 수 있는 시간대를 정하는 경우에는 그

시작 및 종료시각

6. 그 밖에 대통령령으로 정하는 사항

제53조(연장 근로의 제한) ② 당사자 간에 합의하면 1주간에 12시간을 한도로
제51조의 근로시간을 연장할 수 있고, 제52조제2호의 정산기간을 평균하여 1주
간에 12시간을 초과하지 아니하는 범위에서 제52조의 근로시간을 연장할 수 있
다.

〈 근로기준법 시행령 〉

제29조(선택적 근로시간제에 관한 합의사항) 법 제52조제6호에서 "그 밖에 대통
령령으로 정하는 사항"이란 표준근로시간(유급휴가 등의 계산기준으로 사용자와
근로자대표가 합의하여 정한 1일의 근로시간)을 말한다.

2) 근로시간제 유형

● 완전선택적 근로시간제

정산기간 중 업무의 시작 및 종료시각이 근로자의 자유로운 결정에
맡겨져 있고 사용자가 관여하지 않는 제도이다.

● 부분선택적 근로시간제

① 일정한 시간대를 정하여 그 시간(의무적 근로시간대)에는 근로자
가 사용자로부터 시간적 구속을 받고 나머지 시간(선택적 근로시간대)은
근로자가 자유롭게 결정하는 제도인바, 의무적 근로시간대를 정한 경우
에는 그에 따라야 한다.

② 완전선택적 근로시간제의 경우 근로자들이 개인별로 모두 근로시
간대가 다를 수 있어 업무협조가 원활하지 않을 수 있는 단점이 있으므
로 대부분은 부분선택적 근로시간제를 도입하고 있다.

선택적 근로시간대	의무적 근로시간대	휴게시간	의무적 근로시간대	선택적 근로시간대
08~10시	10~12시	12~13시	13~15시	15~20시

3) 근로시간제 구별 개념

선택적 근로시간제	자유출퇴근제	시차출퇴근제
• 근로일별 근로시간의 배분과 업무의 시작 및 종료시각을 근로자의 재량에 맡기는 제도	• 출근시각이 일단 설정되면 그날의 근로시간에 따라 퇴근시각이 자동으로 결정되는 형태로서 출근시각만 근로자의 재량에 맡기는 제도	• 회사에서 정한 시간에 근무해야 하는 제도 기존 09:00부터 18:00까지 근무했던 기업이 1일 8시간을 유지하되, 출퇴근시각을 조정하는 경우(08:30~17:30, 09:30~18:30 등)
• 1일 8시간, 1주 40시간의 근로시간이 적용되지 않아 이 시간을 초과하더라도 연장근로에 해당하지 않을 수 있음	• 1일 8시간, 1주 40시간의 근로시간이 적용되어 이 시간을 초과하는 경우 연장근로에 해당	• 1일 8시간, 1주 40시간의 근로시간이 적용되어 이 시간을 초과하는 경우 연장근로에 해당

4) 선택적 근로시간제 도입 요건

선택적 근로시간제를 도입하려면 취업규칙(이에 준하는 것을 포함)의 규정과 근로자대표와의 서면 합의가 필요하며 구체적인 내용은 다음과 같다.

● 취업규칙에 규정할 내용

업무의 시작 및 종료시각을 근로자 결정에 맡긴다는 내용과 해당 근로자를 기재

〈예시〉

> 제○○조(선택적 근로시간제) 제○○조의 출퇴근시각에도 불구하고 출퇴근시각을 직원의 결정에 맡길 수 있으며, 대상자 및 구체적 내용은 근로자대표와 노사 합의로 정하는 바에 따른다.

● 근로자대표와의 서면 합의

근로자대표와의 서면 합의서에 아래 내용을 포함해야 한다.

① 대상 근로자 : 업무의 시작 및 종료시각을 근로자의 결정에 맡기는 근로자의 범위

② 정산기간 및 총 근로시간 : 근로시간을 정산할 정산기간과 정산기간 동안 근로해야 할 총 근로시간

   1. 정산기간 : 1개월 이내에서 2주, 4주 등으로 설정할 수 있음

   2. 총 근로시간 : 각각의 근로일별 근로시간이나 각각의 주별 근로시간을 미리 정할 수 없으며, 정산기간 전체를 대상으로 한 총 근로시간만 정하여야 함

     ※ 총근로시간은 정산기간의 기본근로시간을 의미하고, 총근로시간을 정하게 되면 정산기간의 총근로시간 범위 내에서 일·주 단위로는 법정근로시간을 초과하여 근로하더라도 연장근로가 되지 않음
     ※ 총근로시간 산정방법 : 주40시간×정산기간의 총일수÷7

③ 의무적 근로시간대 및 선택적 근로시간대 : 의무적 근로시간대는 근로자가 반드시 근로하여야 할 시간대, 선택적 근로시간대는 근로자가 스스로 결정에 따라 근로제공 여부를 결정할 수 있는 시간대. 각 근로시간대의 시작 및 종료시각은 노사합의로 자유로이 정할 수 있음.

④ 표준근로시간 : 주휴일, 유급휴가 등의 계산기준으로 사용하기 위해 합의하여 정한 1일의 근로시간

     ※ 표준근로시간을 8시간으로 정했다면 유급휴가 사용 시 1일 표준근로시간인 8시간을 사용한 것으로 취급

5) 선택적 근로시간제 노사합의서 작성방법

선택적 근로시간제 노사합의서를 다음과 같이 작성하여 시행할 수 있다.

● 사전에 적용대상과 기간을 확정할 수 있는 경우

선택적 근로시간제 노사합의서를 작성할 때 사전에 적용대상과 기간

을 확정하여 시행할 수 있는 경우에는 다음 노사합의서(1)과 같은 방식으로 작성하여 시행할 수 있다.

선택적 근로시간제 노사합의서(1)

주식회사 ○○대표이사와 근로자대표○○○는 선택적 근로시간제에 관하여 다음과 같이 합의한다.

제1조(목적) 이 합의서는 근로기준법 제52조와 취업규칙 제○조에 의해 선택적 근로시간제에 필요한 사항을 정하는 것을 목적으로 한다.

제2조(적용 범위) 선택적 근로시간제는 과장급 이상의 기획 및 관리/감독 업무에 종사하는 자를 대상으로 한다.

제3조(정산기간) 근로시간의 정산기간은 매월 초일부터 말일까지로 한다.

제4조(총근로시간) '주40시간 × 정산기간의 총일수 ÷ 7'로 계산한다.

제5조(표준근로시간) 1일의 표준근로시간은 8시간으로 한다.

제6조(의무시간대) 의무시간대는 오전 10시부터 오후 4시까지로 한다. 다만, 정오부터 오후 1시까지는 휴게시간으로 한다.

제7조(선택시간대) 선택시간대는 시작시간대 오전 8시부터 10시, 종료시간대 오후 4시부터 7시로 한다.

제8조(가산수당) 업무상 부득이한 경우에 사용자의 지시 또는 승인을 받고 휴일 또는 야간시간대에 근무하거나, 제4조의 근무시간을 초과하여 근무한 시간에 대해 가산수당을 지급한다.

제9조(임금공제) 의무시간대에 근무하지 않은 경우 근무하지 않은 시간만큼 임금을 공제하며, 의무시간 시작시각을 지나 출근하거나 의무시간 종료 전에 퇴근한 경우에는 지각, 조퇴로 처리한다.

제10조(유효기간) 이 합의서의 유효기간은 20 년 ○월 ○일부터 1년간으로 하되, 유효기간 만료 1개월 전까지 개정 관련 별도 의견이 없는 경우에는 그 후 1년간 자동갱신 되는 것으로 하며, 그 이후에도 또한 같다.

20. . .

주식회사 ○○대표이사 (인)

근로자대표 ○○○ (인)

💬 사전에 적용대상과 기간을 확정할 수 없는 경우

선택적 근로시간제 노사합의서를 작성할 때 업무 상황에 따라 유연하게 적용대상과 기간을 정하여 시행 여부를 정해야 할 경우라면 다음 노사합의서(2)와 같이 미리 포괄적인 합의서를 작성해두고 상황이 발생하면 즉시 적용대상과 기간을 정하여 근로자대표의 서명을 받아 시행하는 방법도 가능할 것이다.

선택적 근로시간제 노사합의서(2)

주식회사 ○○대표이사와 근로자대표○○○는 선택적 근로시간제에 관하여 다음과 같이 합의한다.

제1조(목적) 이 합의서는 근로기준법 제52조와 취업규칙 제○조에 의해 선택적 근로시간제에 필요한 사항을 정하는 것을 목적으로 한다.

제2조(적용 범위) 선택적 근로시간제 적용대상자는 업무 상황에 따라 별도 합의로 정한다.

제3조(정산기간) 근로시간의 정산기간은 업무 상황에 따라 시행일 3일 전까지 별도 합의로 정한다.

제4조(총근로시간) '주40시간 × 정산기간의 총일수 ÷ 7'로 계산한다.

제5조(표준근로시간) 1일의 표준근로시간은 8시간으로 한다.

제6조(의무시간대) 의무시간대는 오전 10시부터 오후 4시까지로 한다. 다만, 정오부터 오후 1시까지는 휴게시간으로 한다.

제7조(선택시간대) 선택시간대는 시작시간대 오전 8시부터 10시, 종료시간대 오후 4시부터 7시로 한다.

제8조(가산수당) 업무상 부득이한 경우에 사용자의 지시 또는 승인을 받고 휴일 또는 야간시간대에 근무하거나, 제4조의 근무시간을 초과하여 근무한 시간에 대해 가산수당을 지급한다.

제9조(임금공제) 의무시간대에 근무하지 않은 경우 근무하지 않은 시간만큼 임금을 공제하며, 의무시간 시작시각을 지나 출근하거나 의무시간 종료 전에 퇴근한 경우에는 지각, 조퇴로 처리한다.

제10조(유효기간) 이 합의서의 유효기간은 20 년 ○월 ○일부터 1년간

으로 하되, 유효기간 만료 1개월 전까지 개정 관련 별도 의견이 없는 경우에는 그 후 1년간 자동갱신 되는 것으로 하며, 그 이후에도 또한 같다.

20.　.　.

주식회사 ○○대표이사 (인)

근로자대표 ○○○ (인)

6) 선택적 근로시간제 관련 체크포인트

⚙ 연장근로시간의 계산

① 정산기간의 총 근로시간만 정해지므로 일·주 단위로 연장근로는 계산할 수 없고 정산기간 이후에 정산기간의 실근로시간이 사전에 정해진 총 근로시간을 초과하였다면 그 초과한 시간이 연장근로시간으로 계산되며, 연장근로의 한도는 정산기간을 평균하여 1주에 12시간을 초과할 수 없다.

② 다만, 사전에 정해진 총 근로시간을 초과한 근로라고 하더라도 사용자가 이를 지시(요청)하였거나 근로자의 신청을 사용자가 승인(동의)한 경우가 아니면 연장근로로 인정되지 않으므로 일 단위 실근로시간 누계관리를 통해 사용자와 근로자 모두 적절한 근로시간 관리를 해야 한다.

③ 그렇지 않으면 정산기간의 근무 일수가 아직 남았음에도 불구하고 약정 총 근로시간을 이미 모두 채워 남은 근무 일수의 의무적 근로시간대의 근로가 모두 연장근로에 해당하게 될 가능성이 있기 때문이다.

😊 연장근로수당의 지급

① 주의할 점은 연장근로 가산수당을 지급해야 하는 시간은 정산기간의 약정 총 근로시간을 초과하는지를 기준으로 판단하는 것이 아니라 정산기간의 총 법정근로시간을 초과하는지로 판단한다는 것이다.

② 근기법상 연장근로 가산수당을 지급해야 하는 것은 법정근로시간을 초과한 경우이며 법정근로시간 내의 연장근로는 법내 연장근로로서 가산수당을 지급할 의무는 없기 때문이다.

노사합의 총근로시간	실 근로시간	법정 근로시간	임금산정
150시간 (주35시간×30일÷7)	160시간	171시간	• 노사 합의한 총근로시간(150시간)을 초과한 근로시간(10시간)은 법정근로시간(171시간) 내의 근로에 해당하여 가산수당이 발생하지 않음 • (150시간+10시간)×통상시급
171시간 (주40시간×30일÷7)	180시간		• 법정근로시간(171시간)을 초과한 180시간을 근로하여 가산수당이 발생함 • 〈171시간+(9시간×1.5)〉×통상시급

😊 휴일·야간근로

① 의무적 근로시간대가 휴일 또는 야간근로시간대(오후 10시~오전 6시)에 걸쳐 있는 경우에는 휴일근로 또는 야간근로에 해당하므로 가산수당을 지급해야 한다. 또한, 선택적 근로시간대가 휴일 또는 야간근로시간대에 걸쳐 있는 경우에도 그 시간대의 근로에 대해서는 가산수당을 지급해야 한다.

② 선택적 근로시간대에 휴일 또는 야간근로시간이 포함되어 있지 않으면 사용자의 지시(요청) 또는 승인(동의)이 있는 경우에는 가산수당을

지급해야 하지만, 사용자의 지시(요청) 또는 승인(동의) 없이 자발적으로 근로한 경우에는 가산수당을 지급할 의무가 없다.

🌼 근태관리 및 임금지급

① 의무적 근로시간대는 반드시 준수해야 하므로 의무적 근로시간 시작시각을 넘어 출근하는 것은 지각이므로 징계사유가 되며, 의무적 근로시간이 끝나기 전에 퇴근하는 것은 조퇴이므로 회사의 승인이 없었다면 무단조퇴로 역시 징계사유가 된다.

② 이 경우 지각이나 조퇴에 대한 임금공제 여부는 지각이나 조퇴 당시에는 확정될 수 없고 정산기간 이후 실근로시간과 약정된 총 근로시간을 비교하여 정산기간의 실근로시간이 약정된 총 근로시간에 부족한 경우에는 해당 시간 분의 임금을 공제하고 지급할 수 있다.

🌼 필수적인 실근로시간 누계관리

① 선택적 근로시간제를 운영하기 위해서는 반드시 매일 매일 실근로시간 누계관리가 되어야 하며, 근로자 본인과 소속 팀장 등 회사의 관리자가 동시에 이를 확인할 수 있어야 한다.

② 실근로시간 누계관리가 되어야 정산기간의 근로시간 과부족 여부와 연장근로시간의 발생이나 1주 평균 12시간 초과 여부 등을 관리할 수 있기 때문이다.

4 재량근로시간제의 이해

1) 개념

① 근로시간의 배분과 업무수행방법을 근로자의 재량에 맡기고, 실제 근로시간과 관계없이 노사가 서면 합의한 시간을 근로한 것으로 간주하는 제도이다.

② 고도의 전문 업무나 창의적 업무를 수행하는 근로자의 경우에는 업무수행 수단에 재량의 여지가 크고, 임금도 근로시간에 따른 지급보다는 근로의 질이나 성과에 따라 결정되는 것이 적절하다는 점에서 이를 제도화한 것이다.

🔅 관련 법규

〈 근로기준법 〉

제58조(근로시간 계산의 특례) ③ 업무의 성질에 비추어 업무수행 방법을 근로자의 재량에 위임할 필요가 있는 업무로서 대통령령으로 정하는 업무는 사용자가 근로자대표와의 서면 합의로 정한 시간을 근로한 것으로 본다. 이 경우 그 서면 합의에는 다음 각호의 사항을 명시하여야 한다.

1. 대상업무
2. 사용자가 업무의 수행 수단 및 시간 배분 등에 관하여 근로자에게 구체적인 지시를 하지 아니한다는 내용
3. 근로시간의 산정은 그 서면 합의로 정하는 바에 따른다는 내용

〈 근로기준법 시행령 〉

제31조(재량근로의 대상업무) 법 제58조제3항 전단에서 "대통령령으로 정하는 업무"란 다음 각호의 어느 하나에 해당하는 업무를 말한다.

1. 신상품 또는 신기술의 연구개발이나 인문사회과학 또는 자연과학 분야의 연구 업무
2. 정보처리시스템의 설계 또는 분석 업무
3. 신문, 방송 또는 출판사업에서의 기사의 취재, 편성 또는 편집 업무
4. 의복·실내장식·공업제품·광고 등의 디자인 또는 고안 업무
5. 방송 프로그램·영화 등의 제작사업에서의 프로듀서나 감독 업무

6. 그 밖에 고용노동부장관이 정하는 업무

2) 도입 요건

● 재량근로 대상업무에 해당할 것

근로기준법시행령 및 고용노동부 고시에서 정하는 다음 업무에 해당해야 한다.

○ 재량근로 대상업무

1. 신상품 또는 신기술 연구개발, 인문사회과학 또는 자연과학 연구
2. 정보처리시스템 설계 또는 분석
3. 신문, 방송 또는 출판사업의 기사취재, 편성 또는 편집
4. 의복·실내장식·공업제품·광고 등의 디자인 또는 고안
5. 방송 프로그램·영화 등 제작사업에서의 프로듀서나 감독
6. 회계·법률사건·납세·법무·노무관리·특허·감정평가 등의 사무에 있어 타인의 위임·위촉을 받아 상담·조언·감정 또는 대행을 하는 업무

● 대상업무 수행의 재량성이 인정될 것

① 업무에 재량성이 인정되려면 수행 수단에 대하여 구체적인 지시를 받지 않아야 한다. 다만, 업무의 기본적인 지시나 일정 단계에서 진행 상황을 보고할 의무를 지우는 것은 가능하다.

② 근로자가 시간 배분에 관하여 구체적인 지시를 받지 않아야 재량근로에 해당한다. 시업 및 종업 시각을 준수하도록 지시하거나 지각·조퇴 시 주의 또는 임금을 삭감하는 것은 안 된다.

③ 자발적인 시간 배분을 방해할 정도로 업무보고·지시·감독을 위한 회의 참석 의무를 정할 때도 재량근로의 본질에 어긋난다. 다만, 근로자의

동의를 얻는 경우 업무협조 등의 필요 때문에 예외적으로 회의시각을 정하는 것은 가능하다.

④ 업무수행과 직접 관련이 없는 직장 질서 또는 기업 내 시설 관리에 관한 사항의 지시·감독은 가능하다.

근로자대표와의 서면 합의가 있을 것

〈 재량근로시간제 노사합의서 〉

주식회사 ○○대표이사와 근로자대표○○○는 재량근로시간제에 관하여 다음과 같이 합의한다.

제1조(적용 대상업무 및 근로자) 본 합의는 각호의 업무에 종사하는 근로자에게 적용한다.

1. 본사 연구소에서 신상품 또는 신기술의 연구개발 업무에 종사하는 근로자

2. 본사 부속 정보처리센터에서 정보처리시스템의 설계 또는 분석의 업무에 종사하는 근로자

제2조(업무의 수행 방법) ① 제1조에서 정한 근로자에 대해서는 원칙적으로 그 업무수행의 방법 및 시간 배분의 결정 등을 본인에 위임하고 회사 측은 구체적 지시를 하지 않는다. 다만, 연구과제의 선택 등 종사할 기본적인 업무 내용을 지시하거나 일정 단계에서 보고할 의무를 지울 수 있다.

② 이 조 제1항에도 불구하고, 업무수행과 직접 관련이 없는 직장 질서 또는 회사 내 시설 관리상의 지시는 할 수 있다.

제3조(근로시간의 산정) 제1조에서 정한 근로자는 취업규칙 제○조에서 정하는 근로시간과 관계없이 1일 9시간(간주근로시간) 근로한 것으로 본다.

제4조(연장근로수당) 제3조의 간주근로시간이 취업규칙 제○조에서 정한 소정근로시간을 초과하는 부분에 대해서는 연장근로로 취급하여 가산수당을 지급한다.

제5조(휴일 및 야간근로) ① 제1조에서 정한 근로자가 회사에 출근하는 날에는 입·퇴실 시에 ID카드에 의한 시간을 기록해야 한다.

② 휴일 또는 야간(22:00~06:00)에 업무를 행하는 경우에는 미리 소속 부서장의 허가를 받아야 한다.

③ 전항에 따른 허가를 받고서 휴일 또는 야간에 업무를 하였을 때 회사는 취업규칙 제○조의 정한 바에 따라 가산수당을 지급한다.

~ 이하 생략 ~

3) 재량근로시간제 관련 체크포인트

● 재량근로시간제 운영 시 연장·휴일·야간근로

① 서면 합의에서 정한 간주근로시간이 법정근로시간을 초과하면 연장근로 가산수당을 지급하여야 한다.

② 휴일·야간근로는 사전에 예정하여 확정되기 어려우므로 사용자의 허가를 득하도록 하고 휴일·야간근로가 실제로 수행되면 그에 대한 가산수당은 추가로 지급하여야 할 것이다.

● 소정근로일 출근 의무 여부

소정근로일의 출근 의무 여부에 대해서도 노사 합의로 정하기 나름이다. 다만, 출근 의무를 정하더라도 출근시각이나 퇴근시각을 정하여 준수하도록 할 수는 없다는 점을 유의해야 한다.

⑤ 간주근로시간제의 이해

1) 개념

출장 그 밖의 사유로 근로시간의 전부 또는 일부를 사업장 밖에서 근로하여 근로시간을 산정하기 어려운 경우에 실제 근로한 시간과 관계없이 다음의 시간 중 어느 하나를 근로한 것으로 간주하는 제도이다.

① 소정근로시간

② 업무수행에 통상적으로 필요한 시간

③ 노사가 서면으로 합의한 시간

⊕ 관련 법규

〈 근로기준법 〉

제58조(근로시간 계산의 특례) ① 근로자가 출장이나 그 밖의 사유로 근로시간의 전부 또는 일부를 사업장 밖에서 근로하여 근로시간을 산정하기 어려운 경우에는 소정근로시간을 근로한 것으로 본다. 다만, 그 업무를 수행하기 위하여 통상적으로 소정근로시간을 초과하여 근로할 필요가 있는 경우에는 그 업무의 수행에 통상 필요한 시간을 근로한 것으로 본다.

② 제1항 단서에도 불구하고 그 업무에 관하여 근로자대표와의 서면 합의를 한 경우에는 그 합의에서 정하는 시간을 그 업무의 수행에 통상 필요한 시간으로 본다.

2) 도입 요건

◉ 사업장 밖의 근로일 것

① 근로의 장소적 측면 : 회사에서 장소를 이탈하여 회사의 근로시간 관리에서 벗어나 있는 상황이어야 하며, 근로시간 일부만 사업장 밖에서 근로하는 경우도 포함한다.

② 근로수행의 형태적 측면 : 사용자의 근로시간 관리조직으로부터 구체적인 지휘·감독을 받지 않고 근로를 수행하여야 한다.

◉ 근로시간을 산정하기 어려울 것

사업장 밖 근로라 하더라도 사용자의 구체적인 지휘·감독이 미칠 때는 근로시간의 산정이 가능하므로 적용대상에서 제외된다. 예를 들어 다음과 같은 경우 등이다.

1. 사업장 밖에서 근로할 때 그 구성원 중 근로시간의 관리를 하는 자가 있는 경우
2. 휴대전화 등에 의해 수시로 사용자의 지시를 받으면서 근로하는 경우
3. 미리 회사로부터 방문처와 돌아오는 시간 등 당일 업무를 구체적으로 지시받아 근무하고 사업장에 돌아오는 경우

◉ 근로한 것으로 간주하는 시간을 정할 것

1. 소정근로시간으로 보는 경우
2. 통상 필요한 시간으로 보는 경우
3. 노사가 서면 합의한 시간으로 보는 경우

🔅 근로자대표와의 서면 합의

〈 간주근로시간제 노사합의서 〉

주식회사 ○○대표이사와 근로자대표○○○는 제58조가 제2항이 정하는 "근로시간 계산의 특례"를 근거로 한 취업규칙 제○조가 정하는 간주근로시간제에 필요한 사항에 대하여 다음과 같이 합의한다.

제1조(대상의 범위) 이 합의서는 영업부와 판매부에 속하는 직원으로 주로 사업장 밖의 업무에 종사하는 자와 직원의 출장 시에 적용한다.

제2조(간주근로시간) 제1조에 정한 직원이 통상근로시간의 전부 또는 일부를 사업장 밖에서의 업무에 종사하고, 근로시간을 산정하기 어려운 경우에는 휴게시간을 제외하고 1일 9시간을 근로한 것으로 본다.

제3조(휴게시간) 제1조에 정한 직원에 대해 취업규칙 제○○조에 정한 휴게시간을 적용하되, 외부에서의 업무 상황에 따라 본인의 판단으로 유동적으로 휴게시간을 가질 수 있다.

제4조(휴일근로) 제1조에 정한 직원이 특별한 지시에 따라 취업규칙 제○○조에 정한 휴일에 근무한 경우에는 회사는 취업규칙 제○○조에 기초하여 휴일근로 가산수당을 지급한다.

제5조(야간근로) 제1조에 정한 직원이 특별한 지시에 따라 야간(22:00~06:00)에 근무한 경우에는 취업규칙 제○○조에 기초하여 야간근로 가산수당을 지급한다.

제6조(연장근로) 제2조에 따라 근무로 인정된 시간 중 소정근로시간을 넘는 시간에 대해서는 취업규칙 제○○조에서 정한 연장근로 가산수당을 지급한다.

제7조(유효기간) 이 합의서의 유효기간은 20 년 월 일부터 1년간으로 하되, 유효기간 만료 1개월 전까지 개정 관련 별도 의견이 없는 경우에는 그 후 1년간 자동갱신된다.

20 . . .

주식회사 ○○대표이사 (인)

근로자대표 ○○○ (인)

3) 간주근로시간제 관련 체크포인트

● 출장에 대한 간주근로시간제 적용

① 출장의 경우 이동시간의 근로시간 인정 여부와 출장지에서의 업무수행시간을 몇 시간으로 인정할 것인지에 대한 분쟁이 많이 발생한다.

② 따라서, 국내 출장이나 해외 출장 등 거리 및 이동시간, 기타 업무상의 특성을 고려하여 유형별로 근로자대표와의 서면 합의를 통해 간주근로시간을 정하는 것이 바람직할 것이다.

● 간주근로시간제와 연장·야간·휴일근로

① 간주한 근로시간에 연장·야간·휴일근로가 포함되어 있다면 해당 시간에 대해서는 가산수당을 지급해야 한다. 또한, 간주한 근로시간에 야간 · 휴일근로가 포함되어 있지 않더라도 사용자의 지시나 승인으로 실제 연장·야간·휴일근로가 발생하였다면 이러한 시간에 대해서는 가산수당을 지급해야 한다.

② 한편, 간주근로시간제를 통해 간주하는 근로시간은 실근로시간이 아니라 근로시간의 산정이 곤란하여 일정 시간을 근로한 것으로 간주하는 것이지만 노사 합의로 정한 간주근로시간이 주52시간을 초과하는 경우 주12시간 연장근로 제한 위반의 논란이 발생할 수 있으므로 주52시간 이내로 정해야 할 것이다.

CHAPTER 6

주52시간제 관련 정부 보완대책

① 특별연장근로의 인가 사유 확대

① 근로기준법 제53조제4항은 특별한 사정이 있는 경우 고용고용노동부장관의 인가와 근로자의 동의를 받아 주12시간을 초과하는 연장근로를 할 수 있도록 규정하고 있는데, 여기서 '특별한 사정이 있는 경우'에 대해 구 근로기준법시행규칙 제9조제2항은 '자연재해와 재난 또는 이에 준하는 사고가 발생하여 이를 수습하기 위한 경우'로 사유를 한정하고 있었다.

② 그러나 중소기업들은 원청·하청구조 등으로 인해 업무량을 자율적으로 통제하기 어려운 경우가 많고 인건비와 구인난으로 신규채용에 애로가 많아 주52시간제를 준수하기 어렵다는 점을 고려하여 다음과 같이 근로기준법시행규칙을 개정하여 2020.1.31.부터 특별연장근로의 인가 사유를 확대 시행하게 되었다. 돌발적인 업무량 증가나 기계 또는 설비의 고장 등의 경우에 대처할 방법이 생겼다는 점에서 의미가 있다.

② 관련 법규

〈 근로기준법 〉
제53조(연장 근로의 제한) ④ 사용자는 특별한 사정이 있으면 고용고용노동부장관의 인가와 근로자의 동의를 받아 제1항과 제2항의 근로시간을 연장할 수 있다. 다만, 사태가 급박하여 고용노동부장관의 인가를 받을 시간이 없는 경우에는 사후에 지체없이 승인을 받아야 한다.
⑤ 고용노동부장관은 제4항에 따른 근로시간의 연장이 부적당하다고 인정하면 그 후 연장시간에 상당하는 휴게시간이나 휴일을 줄 것을 명할 수 있다.

〈 근로기준법 시행규칙 〉

제9조(특별한 사정이 있는 경우의 근로시간 연장 신청 등) ① 법 제53조제4항 본문에서 "특별한 사정"이란 다음 각호의 어느 하나에 해당하는 경우를 말한다. 〈신설 2020.1.31.〉

1. 재난 및 안전관리 기본법에 따른 재난 또는 이에 준하는 사고(이하 이 호에서 "재난등"이라 한다)가 발생하여 이를 수습하기 위한 조치가 필요하거나 재난등의 발생이 예상되어 이를 예방하기 위하여 긴급한 조치가 필요한 경우
2. 인명을 보호하거나 안전을 확보하기 위하여 긴급한 조치가 필요한 경우
3. 갑작스런 시설·설비의 장애·고장 등 돌발적인 상황이 발생하여 이를 수습하기 위한 긴급한 조치가 필요한 경우
4. 통상적인 경우에 비해 업무량이 대폭적으로 증가한 경우로서 이를 단기간 내에 처리하지 않으면 사업에 중대한 지장이 초래되거나 손해가 발생되는 경우
5. 소재·부품전문기업 등의 육성에 관한 특별조치법 제2조제1호 및 제1호의2에 따른 소재·부품 및 소재·부품 생산설비의 연구개발 등 연구개발을 하는 경우로서 고용노동부장관이 국가경쟁력 강화 및 국민경제 발전을 위하여 필요하다고 인정하는 경우

② 사용자는 법 제53조제4항에 따라 근로시간을 연장하려는 경우와 연장한 경우에는 별지 제5호서식의 근로시간 연장 인가 또는 승인 신청서에 근로자의 동의서 사본 및 근로시간 연장의 특별한 사정이 있음을 증명할 수 있는 서류 사본을 첨부하여 관할 지방고용노동관서의 장에게 제출해야 한다. 〈개정 2020.1.31.〉

③ 관할 지방고용노동관서의 장은 제2항에 따른 근로시간 연장 인가 또는 승인 신청을 받은 날부터 3일 이내에 신청을 반려하거나 별지 제6호서식의 근로시간 연장 인가서 또는 승인서를 신청인에게 내주어야 한다. 다만, 부득이한 사유로 본문의 처리기간을 준수하지 못하는 경우에는 신청인에게 그 사유와 예상되는 처리기간을 알려주고 처리기간을 연장할 수 있다. 〈개정 2020.1.31.〉

④ 관할 지방고용노동관서의 장은 제3항에 따라 근로시간 연장 인가 또는 승인을 하는 경우, 근로시간을 연장할 수 있는 기간은 특별한 사정에 대처하기 위하여 필요한 최소한으로 하고, 사용자가 근로자의 건강을 보호하기 위한 적절한 조치를 하도록 지도할 수 있다.

PART
04

효율적인
최저임금과 임금의
관리방법

CHAPTER 1

임금의 개념과 판단기준의 이해

① 임금의 정의

① "임금"이란 사용자가 근로의 대가로 근로자에게 임금, 봉급, 그 밖에 어떠한 명칭으로든지 지급하는 일체의 금품을 말한다(근기법 제2조제1항제5호).

② 즉, 명칭을 불문하고 근로자가 사용자로부터 '근로의 대가'로 받은 금품이 임금이며, 임금성이 인정되어야 통상임금이나 평균임금에 해당하는지를 논할 수 있다.

③ 문제는 사용자로부터 받은 모든 금품이 임금이 아니라 '근로의 대가'로 받은 것이어야 하는데, '근로의 대가'인지를 판단하는 것이 매우 어렵다는 점이다. 이에 대한 자세한 설명은 뒤에서 하기로 한다.

② 임금과 근로소득의 구별

① 임금의 개념을 정확히 이해하지 못함으로 인해 실무적으로 많이 발생하는 대표적인 문제가 임금과 근로소득을 구별하지 못하는 것이다. "임금은 근로소득이다."라는 말은 맞는 말이지만, "근로소득은 임금이다."라는 말은 반드시 맞는 말은 아니다.

② 예를 들어, 회사(법인)의 대표이사가 회사로부터 받는 연봉(보수)은 임금은 아니지만, 근로소득에는 해당한다는 점을 상기해 보면 이를 알 수 있을 것이다. 따라서, 임금은 근로기준법상의 개념이고 근로소득은 소득세법상의 개념으로서 서로 다른 개념이라는 점을 이해하여 '근로소득이니까 임금이다.'라고 오해하지 않아야 한다.

❸ 임금성 판단기준의 이해

> • 임금성 판단기준 : 「사용자에게 지급의무가 있고, 그 지급의무의 발생이 근로의 제공과 직접적이거나 밀접한 관련이 있을 것」

① 대법원은 사용자가 근로자에게 지급하는 어떤 금품이 근로의 대가인 임금에 해당하는지를 판단할 때, "사용자에게 해당 금품의 지급의무가 있는지", "해당 금품 지급의무의 발생이 근로의 제공과 직접적이거나 밀접한 관련이 있는지"를 기준으로 판단하고 있다(대법원 1995.5.12.-94다55934, 2011.7.14.-2011다23149, 2019.4.23.-2014다27807).

② 대법원이 이와 같은 기준으로 임금성 여부를 판단하는 이유는, 근로의 제공과 임금의 지급이라는 쌍무계약인 근로계약의 본질상 근로의 제공에 대한 반대급부인 임금은 당연히 근로의 제공과 직접적이거나 밀접한 관련성에 의해 지급의무가 발생하여야 근로의 제공에 대한 반대급부로서의 성질을 가지기 때문이다.

③ 따라서 어떤 금품의 임금성 여부를 판단하려면, 먼저 단체협약이나 취업규칙, 근로계약서, 사용자의 방침 등에 의해 지급의무가 인정되는지, 계속적·정기적으로 지급되어 노동관행(묵시적인 규범)으로 지급의무가 인정될 수 있는지를 살펴 사용자에게 해당 금품의 지급의무가 있는지를 판단하고, 다음으로 그 지급의무의 발생이 근로의 제공과 직접적이거나 밀접한 관련성을 가지는지 아니면 근로의 제공과 무관하거나 관련이 있더라도 밀접한 정도에 이르지 않는 다른 사정으로 좌우되는지를 판단해야 한다. 이에 따라 판단하여 지급의무가 없거나 지급의무가 있더라도 그 지급의무의 발생이 근로의 제공과 직접적이거나 밀접한 관련성이 없는 다른 사정 때문에 좌우된다면 임금으로 인정할 수 없다.

④ 대법원 판례를 보면, "사용자에게 자가운전보조비 지급의무가 있더라도 그 자가운전보조비가 일정 직급 이상의 직원 중 자기 차량을 보유

하여 운전한 자에 한하여 지급되는 것이라면 이는 그 지급 여부가 '일정 직급 이상의 직원이 자기 차량을 보유하여 운전하고 있는지'라는 근로의 제공과 직접적이거나 밀접한 관련이 없는 사정 때문에 결정되는 것이므로 근로의 대가인 임금으로 볼 수 없다(대법원 1995. 5. 12. 선고 94다55934 판결)."라고 판시하고 있다.

◉ 관련 판례

〈 대법원 1995.5.12. 선고 94다55934 판결 〉

(가) 사용자가 근로자에게 지급하는 금품이 평균임금 산정의 기초가 되는 임금총액에 포함될 수 있는 임금에 해당하려면 먼저 그 금품이 근로의 대상으로 지급되는 것이어야 하므로 비록 그 금품이 계속적·정기적으로 지급된 것이라 하더라도 그것이 근로의 대상으로 지급된 것으로 볼 수 없다면 임금에 해당한다고 할 수 없는데, 여기서 어떤 금품이 근로의 대상으로 지급된 것이냐를 판단함에 있어서는 그 금품지급의무의 발생이 근로제공과 직접적으로 관련되거나 그것과 밀접하게 관련된 것으로 볼 수 있어야 하고, 이러한 관련 없이 그 지급의무의 발생이 개별 근로자의 특수하고 우연한 사정에 의하여 좌우되는 경우에는 그 금품의 지급이 단체협약·취업규칙·근로계약 등이나 사용자의 방침 등에 의하여 이루어진 것이라 하더라도 그러한 금품은 근로의 대상으로 지급된 것으로 볼 수 없다.

(나) 자가운전보조비 명목의 금원이 일정 직급 이상의 직원 중 자기 차량을 보유하여 운전한 자에 한하여 지급되고 있다면 이는 단순히 직급에 따라 일률적으로 지급된 것이 아니고 그 지급 여부가 근로제공과 직접적으로 또는 밀접하게 관련됨이 없이 오로지 일정 직급 이상의 직원이 자기 차량을 보유하여 운전하고 있는지 여부라는 개별 근로자의 특수하고 우연한 사정에 따라 좌우되는 것이므로, 그 자가운전보조비 중 회사가 그 직원들에게 자기 차량의 보유와 관계없이 교통비 명목으로 일률적으로 지급하는 금원을 초과하는 부분은 비록 그것이 실제 비용의 지출 여부를 묻지 아니하고 계속적·정기적으로 지급된 것이라 하더라도 근로의 대상으로 지급된 것으로 볼 수 없다.

❀ 경영성과급의 임금성 해당 여부

① 이러한 임금성 판단기준을 적용하여 경영성과급이 임금에 해당하는지 살펴보면, 매출액 등 경영성과 달성 여부에 따라 지급하는 경영성과급이 임금에 해당하지 않는 이유를 확인할 수 있다.

② 어느 회사에서 매년 매출액이나 영업이익 등의 목표를 설정하고, 해당 목표의 달성 여부에 따라 경영성과급을 지급하기로 하였다면 해당 지표 달성 시 경영성과급 지급의무는 발생할 것이지만, 경영성과급 지급의무 발생이 근로의 제공과 직접적이거나 밀접한 관련성이 있다고 보기는 어려울 것이다.

③ 왜냐하면, 이 경우 매출액이나 영업이익 목표를 달성하여야 경영성과급 지급의무가 발생하는데, 매출액이나 영업이익은 근로의 제공 이외에 많은 요인이 작용하여 달성 여부가 결정될 수 있기 때문이다.

④ 예를 들어, 직원들은 전년도보다 특별히 더 많은 근로의 제공이나 노력을 하지 않았지만, 사용자가 거래업체와 유리한 계약을 체결하거나 새로운 거래처 확보로 재고제품을 일시에 처분하거나 환율 등 시장 상황에 의해 목표 이상의 매출액이나 영업이익을 달성할 수도 있고, 반대로 직원들이 더 많은 근로의 제공과 최선의 노력을 다하였음에도 불구하고 시장 상황 등 외부적 요인에 의해 매출액이나 영업이익 목표를 달성하지 못할 수도 있으므로, 매출액이나 영업이익이라는 경영목표의 달성은 근로의 제공과 관련성은 있지만, 그것이 직접적이거나 밀접한 정도의 관련성이 있다고 볼 수는 없다.

⑤ 따라서, 이러한 방식으로 지급되는 경영성과급은 근로의 대가인 임금으로 볼 수 없다.

❀ 공공기관의 경영성과급과 민간기업의 경영성과급 차이

① 최근 공공기관의 경영성과급에 대해 임금성을 인정하는 대법원 판결(대법원 2018.12.13. 선고 2018다231536 판결 등)이 있어 많은 기업이

경영성과급을 임금으로 보아야 하는지 혼란스러워하고 있고, 관련 소송들이 다수 발생하고 있다.

② 경영실적 평가결과에 따라 지급받지 못할 수도 있는 공공기관의 경영성과급에 대하여 임금성을 인정하였다는 점에서 대법원이 기존 판례법리를 변경한 것이 아닌지 의문이 있을 수 있다. 이 판결은 임금성 판단기준 중 '해당 금품 지급의무의 발생이 근로의 제공과 직접적이거나 밀접한 관련이 있는지'라는 요건을 구체적으로 판단하지 않았으나,

③ 이 판결 이후인 2019년 대법원 판결(대법원 2019.4.23.선고 2014다27807판결)에서도 근로의 제공과의 관련성 요건을 명시하고 있다는 점에서 임금성 판단 시 이 요건을 배제하는 것으로 판례법리가 변경된 것은 아니라는 것을 확인할 수 있다. 그렇다면 이 판결이 근로의 제공과 직접적이거나 밀접한 관련성이 없는 것으로 보이는 '경영실적 평가결과'로 지급 여부가 달라지는 경영성과급을 임금으로 인정한 것은 아래와 같은 특별한 이유가 있었기 때문이라고 보아야 할 것이다.

④ 이 판결의 공공기관은 직원연봉규정에 의해 경영성과급을 평균임금 산정에 포함하고 있었던 점, 2012년 이전까지는 최저등급을 받더라도 최저지급률에 해당하는 경영성과급을 보장받았었다는 점, 실제 근무일수에 따라 일할계산하여 지급하였다는 점에서 임금성이 인정될 수 있는 소지가 컸다고 보이며,

⑤ 공공기관의 경영성과급은 법률과 정부의 지침에 의해 정해지고 예산 편성과 집행이 이루어지기 때문에 사용자의 재량으로 그 제도의 존폐 여부를 결정할 수 없어서 경영평가 결과가 일정 등급 이상이면 경영성과급을 지급받는다는 것이 사용자와 직원들 사이에 확고한 사실로 인식되어 있다는 점에서 사용자의 재량에 따라 경영성과급 지급 제도의 실시나 폐지를 결정할 수 있는 민간기업의 경영성과급과는 성질이 달라 임금성이 인정될 수 있었던 것으로 보인다.

즉, 경영성과의 배분 여부가 사용자의 재량에 맡겨진 민간기업과 달리 경영성과의 배분을 반드시 해야 하는 공공기관의 특성이 반영된 것으로 보이기 때문에 이 판결의 내용을 민간기업의 경영성과급에 일반화하여 적용하는 것은 타당하지 않을 것이다.

⑥ 그런데, 민간기업의 경영성과급(PI 및 PS)의 임금성 여부에 대해 최근 하급심 법원의 판단은 서로 엇갈리고 있다.

먼저 임금성을 인정하는 판결(서울중앙지법 2021.04.15. 선고 2019가합538253 판결, 서울중앙지방법원 2021.6.17. 선고 2019가합542535 판결 등)은 ⅰ) 근로자들은 경영성과급 지급을 전제로 생활을 계획하고 영위하여 생활임금으로 기능한다는 점, ⅱ) 근로자 집단에 대하여 회사의 목표나 성과달성을 위한 근로 동기와 의욕을 고취하고 장려하기 위하여 집단적인 성과급을 지급하였다면, 이는 협업의 질까지 포함하여 회사가 요구하는 근로의 질을 높인 것에 대한 대가로 볼 수 있다는 점을 논거로 들고 있다.

⑦ 이에 반해, 임금성을 부정하는 판결(수원지법 여주지원 2020.01.21. 선고 2019가단50590판결, 수원지방법원 2021.2.4. 선고 2020나55510 판결, 서울남부지방법원 2021.8.20.선고 2020나72056 판결)은 ⅰ) 경영성과급은 경영상 목적을 위해 주주의 이익을 일부 희생하여 경영성과를 근로자들에게 배분하는 것이고, 근로자의 근로제공이 경영성과에 기여한 것에 대한 대가는 이미 급여에 반영되어 있다는 점, ⅱ) 기획재정부장관이 경영실적을 평가하여 지급하는 공공기관 경영성과급은 공기업·준정부기관과 설립 근거와 운영원리가 다른 민간기업이 내부적 경영의사결정에 따라 재량으로 지급하는 경영성과급과는 성질이 다르다는 점을 논거로 들고 있다.

⑧ 이러한 하급심 판결의 대립은 향후 대법원 전원합의체 판결로 정리가 될 것으로 보인다.

CHAPTER 2
통상임금과 평균임금의 이해

① 통상임금의 이해

① 통상임금은 기본급, 기타 명칭을 불문하고 근로계약에서 정한 소정근로를 제공하면 확정적으로 지급되는 임금, 즉 기본급처럼 1일을 근로하면 1일분, 1시간을 근로하면 1시간분이 확정적으로 지급되는 임금을 말한다.

- 소정근로를 제공하면 확정적으로 지급되는 임금

② 통상임금은 연장·야간·휴일근로 시 가산임금을 산정하기 위한 기초가 되는 임금이므로 실제로 초과근로를 제공하기 전에 미리 확정되어 있어야 한다. 그래야만 실제 초과근로가 제공될 때 사전에 확정된 통상임금을 기초로 하여 가산임금을 곧바로 산정할 수 있기 때문이다.

- 연장·야간·휴일근로 시 가산임금을 산정하기 위한 기초가 되는 임금

② 통상임금의 요건

통상임금에 해당하려면 근로의 대가로서의 임금이 다음의 요건을 을 모두 갖추고 있어야 한다(대법원 2013.12.18.선고 2012다89399 전원합의체 판결 등).

1. 정기성
2. 일률성
3. 고정성

❖ 정기성

① 정기성은 미리 정해진 일정한 기간마다 정기적으로 지급되는 임금이어야 함을 말한다. 여기서 정기성은 반드시 1개월 이내의 기간일 것을 요구하는 것은 아니고 1개월을 초과하는 기간마다 지급이 되더라도 일정한 기간마다 정기적으로 지급되는 것이면 정기성이 인정된다.

② 참고로 과거 고용노동부는 정기성의 의미를 1개월 이내의 기간마다 정기적이어야 한다고 해석하였으나, 대법원은 근로기준법 등에 이러한 제한이 없으므로 1개월을 초과하더라도 정기성이 인정된다는 판결을 계속 내려 실무상 많은 혼란이 있었다.

❖ 일률성

① 일률성은 반드시 '모든 근로자'에게 일률적이어야 한다는 의미는 아니고, '모든 근로자' 또는 '일정한 조건이나 기준에 달한 모든 근로자'에게 일률적으로 지급되는 것이면 일률성이 인정된다.

② 즉, 모든 근로자에게 지급되는 것은 아니더라도 일정한 조건이나 기준에 달한 근로자들에게는 모두 지급되는 것이면 일률성이 인정된다는 것이다.

③ 예를 들어, 자격수당을 지급하는 경우 모든 근로자에게 지급되는 것은 아니지만 일정 자격을 가진 자 모두에게 지급되는 것이라면 일률성이 인정된다.

❖ 고정성

① 고정성은 초과근로를 제공할 당시에, 그 지급 여부가 업적, 성과 기타 추가적인 조건과 관계없이 사전에 이미 확정된 것이어야 함을 의미한다. 따라서 고정적인 임금이란, 명칭을 불문하고 소정근로시간을 근무한 근로자가 그다음 날 퇴직한다 하더라도 근로의 대가로 당연하고도 확정적으로 지급받게 되는 최소한의 임금을 말하며, 통상임금 여부를 판

단함에 있어서 가장 핵심적인 쟁점이 되는 요건이다.

② 어떤 임금이 고정성이 없다면 통상임금에 해당하지 않는데, 근로 제공 이외에 추가적인 조건(초과근무를 하는 시점에 성취 여부가 불분명한 조건)이 충족되어야 지급되는 임금은 고정성이 없는 것이며, 예를 들어, 실제 근무성적에 따라 지급 여부나 지급액이 달라지는 성과급과 같은 임금이 고정성이 없어 통상임금이 될 수 없는 대표적인 경우라고 할 수 있다.

③ 다만, 이 경우에도 최소한도로 보장되는 부분이 있다면 그 부분만 큼은 근무성적과 무관하게 누구나 받을 수 있는 고정적인 것이므로 통상임금이 될 수 있다.

④ 또 다른 예로, 해당 월의 소정근로일을 만근해야 지급되는 만근수당이 있다면 해당 월의 마지막 소정근로일의 근로를 마칠 때까지는 만근수당의 지급 여부가 확정될 수 없으므로 해당 월의 중간에 초과근로가 발생하였을 때 그 초과근로에 대한 가산임금 산정 시 만근수당을 포함할 수 없다는 점에서 만근수당은 고정성이 결여되어 통상임금에 해당하지 않는 것이다.

● 통상임금의 요건 정리

연장·야간·휴일 근무 등 초과근로수당 산정 등의 기준이 되는 통상임금이 되기 위해서는 초과근무를 하는 시점에서 판단하였을 때 근로계약에서 정한 근로의 대가로 지급될 어떤 항목의 임금이 다음의 요건을 모두 갖추면 그 명칭과 관계없이 통상임금에 해당한다.

1. (정기성) 일정한 주기에 따라 정기적으로 지급
2. (일률성) '모든 근로자'나 '근로와 관련된 일정한 조건 또는 기준에 해당하는 모든 근로자'에게 일률적으로 지급
3. (고정성) 그 지급 여부가 업적이나 성과 기타 추가적인 조건과 관계없이 '사전에 이미 확정되어 있는 것'

③ 임금유형별 통상임금 정리

① 대법원은 각종 임금에 대해 다음과 같이 통상임금성 해당 여부를 정리하였다(대법원 2013.12.18.선고 2012다89399 전원합의체 판결 등).

② 여기서 유의할 점은 '명칭'은 아무런 상관이 없다는 점과 아래 임금 중 통상임금성을 인정한 임금유형들은 기본급처럼 근로일수에 따라 일할 계산되어 지급된다는 점을 전제로 하고 있다는 것이다.

명칭	임금의 특징	통상임금 여부 해당(○), 비해당(×)
기술수당	기술이나 자격보유자에게 지급되는 수당(자격수당, 면허수당 등)	○
근속수당	근속기간에 따라 지급여부나 지급액이 달라지는 임금	○
가족수당	부양가족 수에 따라 달라지는 가족수당	× (근로와 무관한 조건)
	부양가족 수와 관계없이 모든 근로자에게 지급되는 가족수당 분	○ (명목만 가족수당, 일률성 인정)
성과급	근무실적을 평가하여 지급 여부나 지급액이 결정되는 임금	× (조건에 좌우됨, 고정성 인정×)
	최소한도가 보장되는 성과급	○ (그 최소한도만큼만 통상임금, 그만큼은 일률적, 고정적 지급)
상여금	정기적인 지급이 확정된 상여금 (정기상여금)	○
	기업실적에 따라 일시적, 부정기적, 사용자 재량에 따른 상여금 (경영성과분배금, 격려금, 인센티브)	× (사전 미확정, 고정성 인정×)

명칭	임금의 특징	통상임금 여부 해당(○), 비행당(×)
특정 시점 재직 시에 만 지급하 는 금품	특정 시점에 재식 중인 근로자만 지급받는 금품(명절 귀향비나 휴가비의 경우 그러한 경우가 많음)	× (근로의 대가×, 고정성×)
	특정 시점이 되기 전 퇴직 시에는 근무일수 비례하여 지급되는 금품	○ (근무일수 비례하여 지급되는 한도에서는 고정성 ○)

4 평균임금 산정방법과 사유

개념

평균임금이란 이를 산정하여야 할 사유가 발생한 날 이전 3개월 동안에 그 근로자에게 지급된 임금의 총액을 그 기간의 총일수로 나눈 금액을 말한다(근기법 제2조제1항제6호). 이러한 평균임금 제도의 취지는 산정사유 발생 당시 근로자의 통상적인 생활임금을 가장 정확하게 반영하려는데 있다.

산정사유

평균임금 산정이 필요한 사유로는 ① 퇴직금, ② 휴업수당, ③ 연차수당(통상임금 또는 평균임금으로 산정), ④ 재해보상금, ⑤ 감급(봉) 제재의 기준 등이 있다.

산정방법

① 산정사유 발생일 이전 3개월 동안에 그 근로자에게 지급된(실제 지급되지 않았지만 지급될 것이 확정된 임금 포함) 임금총액을 그 기간의 총일수로 나누어 산정하되, 근로자가 취업 후 3개월 미만이면 그 기간의 임금을 그 기간의 총일수로 나누어 산정한다.

② 예를 들어, 2일 근로 후 평균임금 산정사유(예: 산재, 휴업, 감급제재)가 발생하였다면 2일 동안의 임금을 2일로 나누어 산정하는 것이다. 한편, 이처럼 산정한 평균임금이 통상임금보다 적을 때에는 그 통상임금(일급 통상임금을 말함)을 평균임금으로 한다(근기법 제2조제2항).

❺ 평균임금 산정 시 제외되는 기간 및 임금

평균임금 산정기간 중 아래의 기간이 있으면 이를 제외하고 나머지 기간에 지급된 임금으로 산정한다. 평균임금 산정대상기간이 전부 아래에 해당하면 아래 사유 발생 전 3개월로 평균임금을 산정한다.

❖ 근로기준법시행령 제2조에 규정된 기간

1. 수습 중인 기간(3개월 이내)
2. 사용자의 귀책사유로 인한 휴업기간
3. 출산전후휴가기간
4. 업무상 재해로 인한 휴업기간
5. 육아휴직기간
6. 적법한 쟁의행위기간
7. 병역의무, 예비군훈련, 민방위 훈련 등으로 휴직하거나 근로하지 못한 기간(그 기간 중 임금 받은 경우는 제외)
8. 업무 외 부상이나 질병, 기타의 사유로 인하여 사용자의 승인을 받아 휴업한 기간

❖ 남녀고용평등과 일·가정 양립 지원에 관한 법률에 규정된 기간

1. 육아기 근로시간 단축기간(제19조의3 제4항)
2. 가족돌봄휴직 및 가족돌봄휴가기간(제22조의2 제6항)
3. 가족돌봄 등을 위한 근로시간 단축기간(제22조의4 제4항)

⑥ 특이사항별 평균임금 산정방법

● 평균임금 산정 시 연차수당 산입방법

① 평균임금 산정 시 연차수당을 산입하는 방법에 대해 고용노동부와 대법원의 판단이 차이가 있으나, 법리적으로는 대법원의 입장이 타당하다.

② 평균임금은 평균임금 산정기간의 근로의 대가(임금)를 반영하는 것이라는 점, 연차휴가는 1년간의 근로에 대한 대가로 유급휴가권(임금+휴가)이 발생하는 것이므로 그 1년간의 기간 중에 평균임금 산정기간에 포함되는 기간이 있다면 그 기간의 근로의 대가를 평균임금에 반영해야 한다는 점, 연차수당 지급청구권의 발생 시기와 그것이 어느 기간의 근로에 대한 대가인지는 다른 문제라는 점 때문이다. 다만, 실무적으로는 고용노동부의 입장이 근로자에게 유리한 경우가 많고 비교적 산정이 간편하다.

○ 고용노동부의 행정해석

고용노동부는 '퇴직 전 이미 발생한 연차수당'은 그 금액의 3/12을 평균임금 산정 기준임금에 포함하고, '퇴직으로 인해 비로소 지급사유가 발생한 연차수당'은 평균임금의 정의상 '산정사유 발생일 이전에 그 근로자에 대하여 지급된 임금'이 아니므로 포함되지 않는다고 해석한다(임금근로시간정책팀-3295, 2007.11.5.).

○ 대법원의 판단

① 대법원은 연차수당은 퇴직하는 해의 전 해 1년간의 근로에 대한 대가이지 퇴직하는 그 해의 근로에 대한 대가가 아니므로, 연차휴가권 발생의 기초가 된 1년간의 근로 일부가 퇴직한 날 이전 3개월간 내에 포함되는 경우에 그 포함된 부분에 해당하는 연차수당만이 평균임금 산정의 기준이 되는 임금총액에 산입된다고 한다(대법원 2011.10.13, 2009

다86246 등).

② 대법원 판결에 따르면 연차산정기간이 1월~12월이라고 할 때,

1. 1월 1일지로 퇴시히는 경우 평균임금 신정기간(10월~12월)에 연차산정기간 중 10월~12월이 포함되므로 3개월분에 해당하는 연차수당이 평균임금에 산입되고,

2. 2월 1일자로 퇴사하는 경우에는 평균임금 산정기간(11월~1월)에 연차산정기간 중 11월~12월이 포함되므로 2개월분에 해당하는 연차수당이 평균임금에 산입되며,

3. 4월 1일자로 퇴사하는 경우라면 평균임금 산정기간(1월~3월)에 연차산정기간이 전혀 포함되지 않으므로 평균임금에 산입되는 연차수당은 전혀 없게 된다(1월~3월은 퇴직연도의 연차산정기간에 포함되는 기간인데 1년간 재직하지 않고 퇴사하였으므로 퇴직연도의 근로에 대한 연차휴가가 발생하지 않아 평균임금에 연차수당이 반영될 여지가 없음).

● 평균임금 산정 시 상여금 처리방법

① 연간 월 기본급의 600%를 격월 또는 분기로 분할하여 지급하는 등 상여금이 단체협약, 취업규칙 등에 미리 지급조건이 명시되어 있거나 관례로서 계속 지급되어온 것으로서 임금으로 인정되는 것이라면 평균임금 산정사유 발생일 전 3개월간에 지급되었는지와 관계없이 사유 발생일 전 12개월 중에 지급받은 전액을 12개월로 나누어 3개월분을 평균임금의 산정범위에 산입하면 된다(대법원 1978.2.14.선고, 77다1321판결).

② 만약, 근로자가 근로를 제공한 기간이 1년 미만이면 그 기간 지급받은 상여금 전액을 해당 근로 개월 수로 분할 계산하여 평균임금의 산정범위에 산입하면 된다(평균임금 산정상의 상여금 취급요령-고용노동부 예규 제96호).

③ 이는 상여금이 일반적인 임금지급주기를 벗어나 지급되었을 경우

이를 조정함으로써 평균적인 임금을 사실대로 산정하기 위한 평균임금의 기본취지를 반영하도록 하기 위한 것이다(근로기준정책과-1217, 2017-02-15).

🌐 임금 삭감·반납 시 평균임금 산정방법

실무에서 임금 삭감과 반납을 잘 구별하지 않고 혼용하여 사용하는 때가 있는데, 임금 삭감과 반납은 개념과 절차, 법률적 효과도 전혀 다르므로 정확히 구별해야 한다.

① 임금 삭감은 장래 일정한 시점부터 종전보다 임금을 낮추는 것을 말하며, 근로자 과반수의 동의 등 집단적 의사결정에 따라 전체 근로자에게 적용할 수 있다. 임금을 삭감하게 되면 삭감된 임금으로 평균임금을 산정하게 되므로 퇴직금이 하락할 수 있다.

② 임금 반납은 적법하게 발생한 임금청구권을 포기하거나 지급받은 임금을 반납하는 것을 말하며, 이는 근로자 과반수의 동의 등 집단적 의사결정으로는 불가능하고 개별 근로자와의 합의가 반드시 필요하며 반납에 동의한 근로자에게만 적용할 수 있다.

③ 임금 반납의 경우 반납 전의 임금으로 평균임금을 산정하게 되므로 퇴직금이 하락하지 않는다(임금반납·삭감·동결 해석기준, 2009.3.26, 근로기준과-797 참조).

🌐 퇴사 후 임금인상 소급 시 평균임금 산정방법

노조와 임금협상이 지연되어 임금인상 시점을 협약체결일 이전으로 소급하기로 합의하는 경우 단체협약 등에 특별한 정함이 없다면 임금인상의 소급 적용대상자는 재직근로자에 한하며, 이미 퇴직한 근로자가 소급기준일 이후 협약체결일 이전에 퇴직하였다면 임금인상을 소급 적용하여 퇴직금을 다시 산정해 줄 필요는 전혀 없다(대법원 1992.7.24.선고 91다34073판결).

CHAPTER 3

최저임금 산입범위와 위반 판단기준

① 최저임금의 산입범위에 대한 이해

① 최저임금 위반 여부를 판단하기 위해서는 먼저 최저임금에 산입하는 임금을 확정하고, 그 임금액을 최저임금 적용기준 시간수로 나누어 해당 연도의 최저시급에 미달하는지를 살펴야 한다.

② 따라서 가장 먼저 이해해야 할 것은 최저임금에 산입하는 임금이 어떤 것인지 산입하지 않는 임금은 어떤 것인지의 구별방법이다.

● 관련 법규

〈 최저임금법 〉

제6조(최저임금의 효력) ④ 제1항과 제3항에 따른 임금에는 매월 1회 이상 정기적으로 지급하는 임금을 산입(算入)한다. 다만, 다음 각 호의 어느 하나에 해당하는 임금은 산입하지 아니한다.

1. 근로기준법 제2조제1항제8호에 따른 소정(所定)근로시간(이하 "소정근로시간"이라 한다) 또는 소정의 근로일에 대하여 지급하는 임금 외의 임금으로서 고용노동부령으로 정하는 임금
2. 상여금, 그 밖에 이에 준하는 것으로서 고용노동부령으로 정하는 임금의 월 지급액 중 해당 연도 시간급 최저임금액을 기준으로 산정된 월 환산액의 100분의 25에 해당하는 부분
3. 식비, 숙박비, 교통비 등 근로자의 생활 보조 또는 복리후생을 위한 성질의 임금으로서 다음 각 목의 어느 하나에 해당하는 것
   가. 통화 이외의 것으로 지급하는 임금
   나. 통화로 지급하는 임금의 월 지급액 중 해당 연도 시간급 최저임금액을 기준으로 산정된 월 환산액의 100분의 7에 해당하는 부분

1) 최저임금에 산입하는 임금의 기준

● 기본급 기타 명칭을 불문하고 소정근로시간 또는 소정의 근로일에 대하여 매월 1회 이상 정기적으로 지급하는 임금

① 최저임금법 제6조제4항 및 제1호의 규정을 보면, 최저임금에 산입하는 임금은 '매월 1회 이상 정기적으로 지급하는 임금으로서 소정근로시간 또는 소정의 근로일에 대하여 지급하는 임금'임을 알 수 있다.

② 여기서 주의할 것은 이러한 요건에 해당하면 기본급이든 기타 어떤 명칭의 수당이든 임금의 명칭은 상관이 없다는 점과 매월 1회 이상 지급이라는 정기성만 요구할 뿐 통상임금의 요건 중 일률성, 고정성을 요구하지 않는다는 점이다.

1. 기본급
2. 매월 지급하는 근속수당, 직책수당, 자격수당, 기타 수당
3. 매월 판매실적이나 생산고에 따라 지급하는 판매수당 등 성과급 급하는 판매수당 등 성과급

2) 최저임금에 산입하지 않는 임금의 범위

● 1개월을 초과하는 기간마다 지급하는 임금

최저임금법 제6조제4항에 따르면 격월, 분기, 반기 등 1개월을 초과하는 기간마다 지급되는 임금은 당연히 최저임금에 산입할 수 없으며, 매월 1회 이상 정기적으로 지급하는 임금이라고 하더라도 다음에 해당하는 임금은 최저임금에 산입할 수 없다.

● 매월 지급하는 임금 중 소정근로시간 또는 소정근로일에 대한 임금이 아닌 것

최저임금법 제6조제4항제1호에 따라 고용노동부령인 최저임금법시행

규칙 제2조제1항은 다음과 같이 연장·야간·휴일근로에 대한 임금, 연차수당 등 소정근로시간 또는 소정근로일에 대한 임금이 아닌 것을 최저임금 산입 임금 범위에서 제외하고 있다.

1. 연장근로 또는 휴일근로에 대한 임금 및 연장·야간 또는 휴일 근로에 대한 가산임금
2. 연차유급휴가의 미사용수당
3. 유급으로 처리되는 휴일(유급주휴일은 제외)에 대한 임금
4. 그 밖에 명칭과 관계없이 제1호부터 제3호까지의 규정에 준하는 것으로 인정되는 임금

⬡ 매월 지급하는 임금 중 상여금 등 1개월을 초과하는 산정사유로 지급하는 임금의 일정 비율 해당 금액

① 최저임금법 제6조제4항제2호에 따라 고용노동부령인 최저임금법시행규칙 제2조제2항은 아래와 같이 1개월을 초과하는 산정사유로 지급하는 임금은 매월 1회 이상 정기적으로 지급한다고 하더라도 그 월 지급액에서 해당 연도 최저임금 월 환산액의 25%에 해당하는 금액은 최저임금에 산입하지 않도록 하고, 연차별로 그 비율을 단계적으로 축소하여 2024년 이후에는 모두 산입하도록 개정하였다.

② 주의해야 할 점은 상여금, 장려가급, 능률수당, 근속수당, 정근수당 등 명칭은 전혀 중요하지 않고, 산정사유가 1개월을 초과하는 사유이어야 한다는 것이다.

1. 1개월을 초과하는 기간에 걸친 해당 사유에 따라 산정하는 상여금, 장려가급, 능률수당 또는 근속수당
2. 1개월을 초과하는 기간의 출근성적에 따라 지급하는 정근수당

〈 최저임금 산입에서 제외되는 비율 〉

연도별 적용	2019년	2020년	2021년	2022년	2023년	2024년
상여금 등	25%	20%	15%	10%	5%	0%

💠 매월 지급하는 임금 중 식비, 숙박비, 교통비 등 근로자의 생활 보조 또는 복리후생을 위한 성질의 임금

　매월 지급하는 식비, 교통비 등 복리후생적 성질의 임금도 월 지급액에서 해당 연도 최저임금 월 환산액의 7%에 해당하는 금액은 최저임금에 산입하지 않도록 하고, 연차별로 그 비율을 단계적으로 축소하여 2024년 이후에는 모두 산입하도록 개정하였다.

> 1. 통화 이외의 것으로 지급하는 임금
> 2. 통화로 지급하는 임금의 월 지급액 중 해당 연도 시간급 최저임금액을 기준으로 산정된 월 환산액의 100분의 7에 해당하는 부분

〈 최저임금 산입에서 제외되는 비율 〉

연도별 적용	2019년	2020년	2021년	2022년	2023년	2024년
식비 등 복리후생비	7%	5%	3%	2%	1%	0%

3) 최저임금 산입범위 확대

💠 최저임금 산입범위 확대에 대한 평가

　① 이처럼 매월 정기적으로 지급되지만 1개월을 초과하는 산정사유로 지급하는 임금과 현금으로 지급하는 복리후생적 임금을 단계적으로 최저임금에 산입하기로 한 법령 개정에 대해 최저임금 산입범위를 확대하였다고 평가하고 있다.

　② 그러나 복리후생적 임금에 한해서는 적절한 평가이지만 상여금 등에 대해서는 적절하지 못한 평가이며, 오히려 최저임금 산입범위가 축소된 것으로서 이는 고용노동부의 법령 해석의 오류에서 비롯된 것이다.

　③ 과거 고용노동부는 상여금을 연간 단위(ex : 연간 월 기본급의 600% 등)로 정하는 등 1개월을 초과하는 기간에 걸친 사유에 의하여 산

정하는 경우에는 비록 매월 분할하여 지급된다 하더라도 최저임금에 산입되지 않는다고 해석하였는데(근로개선정책과-2901, 2012-06-04), 이는 다음과 같은 문제가 있다.

④ 개정 전 최저임금법 제6조제4항제1호는 "매월 1회 이상 정기적으로 지급하는 임금 외의 임금으로서 고용노동부장관이 정하는 것"을 최저임금 산입범위에서 제외하도록 하고 있었고, 이에 따라 개정 전 최저임금법시행규칙 제2조 별표1은 "매월 1회 이상 정기적으로 지급하는 임금 외의 임금"에 대한 예시로 "1개월을 초과하는 기간의 출근성적에 따라 지급하는 정근수당, 1개월을 초과하는 기간에 걸친 해당 사유에 따라 산정하는 상여금" 등을 명시하고 있었다.

⑤ 즉, 개정 전 최저임금법이나 시행규칙 어디에도 산정사유가 1개월을 초과하는 임금을 최저임금 산입범위에서 제외한다는 규정은 없었고, 산정사유의 기간과 관계없이 지급주기가 1개월을 초과하는 임금만을 제외하고 있었을 뿐이다.

⑥ 만약, 고용노동부의 해석처럼 매월 지급되더라도 산정사유가 1개월을 초과하면 최저임금에 산입할 수 없다고 한다면 연봉제의 경우 연단위로 임금을 산정하여 매월 분할 지급하므로 최저임금에 산입되는 임금이 전혀 없다는 불합리한 결론이 나올 것이다.

🔅 최저임금 산입을 위한 취업규칙 변경 방법

① 최저임금에 산입되는 임금에 포함시키기 위해 1개월을 초과하는 주기로 지급하는 임금을 총액의 변동 없이 매월 지급하는 것으로 취업규칙을 변경할 경우 과반수 노동조합 또는 과반수 근로자의 의견 청취만으로 가능하도록 다음과 같은 규정을 신설하였다.

② 그러나 이러한 취업규칙의 변경은 원래 불이익변경이 아니기 때문에 과반수 노동조합 또는 과반수 근로자의 동의가 필요하지 않고 의견 청취만으로 가능하다는 점에서 근로기준법 제94조제1항의 의미를 재확

인하는 의미에 불과하다고 할 것이다.

⟨ 최저임금법 ⟩

제6조의2(최저임금 산입을 위한 취업규칙 변경절차의 특례) 사용자가 제6조제4항에 따라 산입되는 임금에 포함시키기 위하여 1개월을 초과하는 주기로 지급하는 임금을 총액의 변동 없이 매월 지급하는 것으로 취업규칙을 변경하려는 경우에는 「근로기준법」 제94조제1항에도 불구하고 해당 사업 또는 사업장에 근로자의 과반수로 조직된 노동조합이 있는 경우에는 그 노동조합, 근로자의 과반수로 조직된 노동조합이 없는 경우에는 근로자의 과반수의 의견을 들어야 한다.

❂ 최저임금 산입범위 확대에 따른 영향

개정된 최저임금법 및 시행규칙에 따라 최저임금에 미달하지 않는 임금지급액이 얼마인지 1일 8시간, 1주 40시간, 토요일 무급휴무의 경우를 전제로 살펴보자.

개정된 최저임금법 및 시행규칙에 따라 최저임금법에 위반되지 않는 임금 지급액이 얼마인지 1일 8시간, 1주 40시간, 토요일 무급휴무의 경우를 전제로 살펴보자.

① 2021년에는 2020년 월 최저임금 1,795,310원을 기본급으로 유지하고 복리비(식대) 10만원을 지급할 경우 월 지급 상여금이 없어도 최저임금 위반이 아니다.

- 2021년 최저임금 월 환산액 : 1,822,480원(8,720×209)
- 2021년 최저임금 월 환산액의 15% : 273,372원(1,822,480×15%)
- 2021년 최저임금 월 환산액의 3% : 54,675원(1,822,480×3%)
- 복리비 100,000원 지급 시 최저임금 산입금액

   : 45,325원(100,000-54,675)

- 최저임금 산입 임금 총액

  : 기본급 1,795,310원+복리비 45,325원=1,840,635원 → 적법

② 2022년에는 기본급을 1,822,480원으로 유지한다면 복리비(식대) 10만원과 월 상여금을 최소 221,693원 이상 지급하거나 상여금을 지급하지 않고 복리비를 130,249원 이상 지급하면 최저임금에 미달하지 않는다.

- 2022년 최저임금 월 환산액 : 1,914,440원(9,160×209)
- 2022년 최저임금 월 환산액의 10% : 191,444원(1,914,440×10%)
- 2022년 최저임금 월 환산액의 2% : 38,289원(1,914,440×2%)
- 상여금 221,693원 지급 시 최저임금 산입금액

  : 30,249원(221,693-191,444)
- 복리비 100,000원 지급 시 최저임금 산입금액

  : 61,711원(100,000-38,289)
- 최저임금 산입 임금 총액 : 기본급 1,822,480원+상여금 30,249원+복리비 61,711원=1,914,440원 → 적법

최저임금 월환산액	최저임금산입제외 비율과 금액		월 임금 지급 내역			최저임금 위반 여부 판단				
	상여금	복리비	기본급	상여금	복리비	산입상여금	산입복리비	산입임금합계	시급	위반여부
(2021년) 1,822,480	(15%) 273,372	(3%) 54,675	1,795,310	0	100,000	0	45,325	1,840,635	8,807	적법
(2022년) 1,914,440	(10%) 191,444	(2%) 38,289	1,822,480	221,693	100,000	30,249	61,711	1,914,440	9,160	적법
			1,822,480	0	130,249	0	91,960	1,914,440	9,160	적법

③ 위 내용은 1개월을 초과하는 기간에 걸친 사유에 따라 산정하는 상여금을 매월 지급하는 경우를 전제로 한 것인데, 뒤에서 설명하는 바와 같이 상여금 설계를 어떻게 하느냐에 따라 월 지급 상여금 전체가 최저임금 산입범위에 포함될 수도 있다.

4) 비통상임금의 최저임금 산입 여부

❖ 통상임금이 아닌 임금도 최저임금에는 산입 가능

① 최저임금에 대한 오해 중의 하나가 통상임금에 해당해야 최저임금에 산입할 수 있다고 생각하는 것이다. 그러나 통상임금에 해당하지 않아도 매월 지급되는 임금이라면 최저임금에 산입할 수 있다.

② 앞에서 보았듯이 최저임금에 산입하는 임금은 매월 1회 이상 지급이라는 정기성만 요구할 뿐 통상임금의 요건 중 일률성, 고정성을 요구하지 않기 때문이다.

③ 따라서, 매월 1회 이상 정기적으로 지급되고 연장근로 등이 아닌 소정근로에 대해 지급하는 임금이라면 통상임금에 해당하지 않더라도 최저임금에 산입한다. 아래 판례에서도 이러한 사실을 확인할 수 있다.

○ 관련 판례

〈 대법원 2007.1.11.선고 2006다64245판결 〉

위와 같은 근속수당은 소정의 근로시간 또는 근로일에 대하여 매월 1회 이상 정기적으로 지급되는 임금이고, 근로자의 생활보조 혹은 복리후생을 위한 성질의 임금은 아니라고 하겠으므로, 최저임금법 제6조 제4항 및 같은 법 시행규칙 [별표 1]이 정하는 '비교대상 임금에 산입되지 않는 임금 또는 수당'의 어디에도 해당되지 아니하여, '비교대상 임금'에 산입된다고 보아야 할 것이다.

그럼에도 원심은 최저임금과 비교할 '비교대상 임금'을 근로기준법상의 통상임금과 혼동한 나머지, 이 사건 근속수당은 근로자의 실제 근무 일수에 따라 그 지급액이 달라지고 고정적 임금이 아니어서 통상임금으로 볼 수 없으므로 최저임금과 비교할 '비교대상 임금'에 산입되지 않는다고 판단하였는바, 이와 같은 원심의 판단은 최저임금법상의 '비교대상 임금'에 관한 범위를 오해하여 판결 결과에 영향을 미친 위법이 있다.

🔅 통상시급과 최저시급의 관계

① 최저임금과 통상임금의 관계에서 또 한 가지 오해는 통상시급이 반드시 최저시급 이상이어야 한다고 생각하는 것이다. 그러나 통상시급과 최저시급은 그 기능과 산정방법이 다른 별개의 개념이므로 통상시급이 최저시급보다 작더라도 위법한 것은 아니다.

다음 행정해석과 대법원 판례도 같은 입장이다.

♻ 행정해석

〈 근로기준과-2021, 2009.6.17. 〉

○ 최저임금법 제6조제4항 및 같은 법 시행규칙 제2조에서 최저임금에 산입되는 임금의 범위를 정하고 있으며, 같은 법에서 정하고 있는 최저임금은 근로기준법 시행령 제6조에서 정하고 있는 통상임금과는 별개로서 통상임금을 최저임금 이상으로 정해야 하는 것은 아님.

○ 따라서, 연장근로와 야간근로에 대해서는 근로기준법 제56조에 따라 통상임금의 100분의 50 이상을 가산하여 지급하여야 하나, 시급으로 정한 통상임금이 최저임금에 미달한다 하여 최저임금을 기초로 연장근로수당 및 야간근로수당을 지급하여야 할 필요는 없음.

♻ 관련 판례

〈 대법원 2017.12.28. 선고 2014다49074 판결 〉

최저임금이나 최저임금의 적용을 위한 비교대상 임금은 통상임금과는 그 기능과 산정 방법이 다른 별개의 개념이므로, 사용자가 최저임금의 적용을 받는 근로자에게 최저임금액 이상의 임금을 지급하여야 한다고 하여 곧바로 통상임금 자체가 최저임금액을 그 최하한으로 한다고 볼 수 없다. 다만 최저임금의 적용을 받는 근로자에게 있어서 비교대상 임금 총액이 최저임금액보다 적은 경우에는 비교대상 임금 총액이 최저임금액으로 증액되어야 하므로, 이에 따라 비교대상 임금에 산입된 개개의 임금도 증액되고 그 증액된 개개의 임금 중 통상임금에 해당하는 임금들을 기준으로 통상임금이 새롭게 산정될 수는 있을 것이다.

---

② 이러한 내용을 구체적으로 살펴보면 다음과 같은 예를 생각할 수 있을 것이다.

↻ 〈예시〉

> 〈 예시 : 2022년 기준 〉
> ▷1일 8시간, 1주 40시간 근로, 토요일 무급휴무
> ▷매월 기본급 170만원과 ○○수당(비통상임금) 30만원 지급
> • 통상시급 : 170만원 ÷ 209시간 = 8,134원
> • 최저시급 비교 : (170만원+30만원)÷209시간 = 9,569원 〉 9,160원 : 적법
> ⇒ 통상시급(8,134원) 〈 2022년 최저시급(9,160원) : 적법

③ 그런데, 유의해야 할 점은 이러한 임금구조가 '적법'하다고 하여 '적절'하다는 평가를 할 수 있을지는 의문이라는 것이다.

임금은 단순히 적법성만이 아니라 노사관계, 타 기업 등 노동시장에서의 임금 상황 등을 고려하여 합리적이고 적정하게 결정되어야 할 것이 요구되기 때문에 신중한 판단이 필요하다.

5) 성과급의 최저임금 범위 산입 여부

다음 최저임금법시행령과 행정해석에서 보는 바와 같이, 영업사원이 매달 판매실적에 따라 지급받는 판매수당 등 생산고에 따른 임금도 최저임금에 산입된다.

↻ 관련 법규

〈 최저임금법 시행령 〉

제5조(최저임금의 적용을 위한 임금의 환산) ② 생산고에 따른 임금지급제나 그 밖의 도급제로 정해진 임금은 그 임금 산정기간(임금 마감일이 있는 경우에는 임금 마감기간을 말한다. 이하 이 항에서 같다)의 임금 총액을 그 임금 산정기간 동안의 총근로시간수로 나눈 금액을 시간에 대한 임금으로 한다.

○ 행정 해석1

❖ 기본급은 있고 판매실적에 따라 발생하는 성과급이 없는 경우 최저임금 위반 여부(임금정책과-801, 2005-02-26)

▶[질 의]

월 기본급 50만원과 PC 판매실적에 따라 발생하는 성과급을 합하여 월 급여가 책정되는 영업사원이 어떤 월에 PC 판매실적이 발생하지 않아 기본급 50만원만 지급받는 경우 최저임금법 위반 여부

▶[회 시]

판매실적에 따라 매월 금액이 달라지는 판매에 대한 성과급은 최저임금법시행령 제5조제2항에서 정하고 있는 생산고에 따른 임금에 해당된다 할 것이므로, 동법 제5조의2 및 동법 시행령 제5조제3항에 의거 당해 월 총 근로시간수로 나눈 금액과 월 기본급을 월 소정근로시간수로 나눈 금액을 합산하여 시간급 최저임금액과 비교하여 최저임금법 위반 여부를 판단하여야 할 것임.

○ 행정 해석2

❖ 성과급의 최저임금 산입 여부 등 관련(근로기준과-5092, 2009.12.1.)

▶[질 의]

○ 최저임금 유권해석 및 고용노동부 관련 판례에 의하면 행정해석 임금 32240-21666에서는 능률에 따라 지급되는 생산장려수당 등은 최저임금 적용을 위한 임금에 산입되지 않으나, 이러한 임금이 1월 미만의 기간에 걸친 사유에 의해 매월 일정액 지급된다면 산입된다고 해석함.

○ 한편, 월간 판매실적 기준으로 지급하는 판매수당, 능률수당은 통상임금에는 해당하지 않으나, '생산고에 따른 임금'으로 최저임금 계산시 산입되는 것으로 해석하고 있음

○ '1월 미만의 기간에 걸친 사유에 의해 매월 일정액 지급된다면 산입된다'와 '월간 판매실적 기준으로 지급하는 판매수당은 최저임금 계산시 산입된다'는 해석에서 ①1월 미만의 기간에 걸친 사유에서의 '1월 미만'과 월간 판매실적 기준에서의 '월간'을 동일하게 해석할 경우, 1월의 기간에 걸친 사유도 이와 동일하게 볼 수 있을지 여부 ②'일정액'의 의미가 고정액에 한정한 것인지, 변동액도 포함하는 의미인지 여부

○ 또한, 당사의 성과급이 상기의 '생산고에 따른 임금'에 해당하여 최저임금 계산 시 산입할 수 있는지 여부

▶[회 시]

○ 최저임금 적용을 위한 임금에 산입하는 임금의 범위에서 매월 '일정액'의 해석기준과 관련하여서는 매월 동일한 금액을 지급하는 경우만을 의미하는 것이 아니라 소정근로에 대하여 미리 정하여진 지급조건과 지급률에 따라 정하여진 금액을 지급하는 경우라고 해석하는 것이 타당함

○ 귀 질의의 판매실적에 따라 매월 지급하는 성과급은 최저임금법 시행령 제5조제2항에서 정하고 있는 생산고에 따른 임금에 해당된다 할 것이므로 최저임금의 적용을 위한 임금에 산입될 수 있다고 사료됨.

② 최저임금 적용 기준시간수

◉ 최저임금 위반 판단을 위한 최저임금 적용 기준시간수

① 월급제는 매월 지급받은 임금 중 최저임금에 산입되는 임금이 확정되면 그 금액을 시간수로 나누어 해당 연도 최저시급과 비교하여 최저임금 위반 여부를 판단하게 되는데, 이때 그 금액을 어떤 시간수로 나누어야 하는지가 문제이다.

② 개정 최저임금법시행령은 월 단위로 정해진 임금을 해당 기간 동안의 소정근로시간과 유급주휴일에 해당하는 시간을 합산한 시간수로 나누도록 개정하였다.

〈개정 최저임금법시행령〉

제5조(최저임금의 적용을 위한 임금의 환산) ① 근로자의 임금을 정하는 단위가 된 기간이 그 근로자에게 적용되는 최저임금액을 정할 때의 단위가 된 기간과 다른 경우에는 그 근로자에 대한 임금을 다음 각 호의 구분에 따라 시간에 대한 임금으로 환산한다.

1. 일(日) 단위로 정해진 임금: 그 금액을 1일의 소정근로시간수로 나눈 금액
2. 주(週) 단위로 정해진 임금: 그 금액을 1주의 최저임금 적용기준 시간수(1주 동안의 소정근로시간수와 근로기준법 제55조제1항에 따라 유급으로 처리되는 시간수를 합산한 시간수를 말한다)로 나눈 금액

3. 월(月) 단위로 정해진 임금: 그 금액을 1개월의 최저임금 적용기준 시간수(제2호에 따른 1주의 최저임금 적용기준 시간수에 1년 동안의 평균의 주의 수를 곱한 시간을 12로 나눈 시간수를 말한다)로 나눈 금액
4. 시간·일·주 또는 월 외의 일정 기간을 단위로 정해진 임금: 제1호부터 제3호까지의 규정에 준하여 산정(算定)한 금액

③ 이에 따라 월 최저임금 적용 기준시간수를 산정하여 보면 아래와 같다.

---

1. 월 소정근로시간 : 8시간×5일÷7일×365일÷12월≒174
2. 월 유급주휴시간 : 8시간÷7일×365일÷12월≒35
3. 합계 : ①+② = 209
   ※ 소정근로시간에 따라 최저임금 적용 기준시간수도 달라짐.

---

④ 위 산정내용을 보면 월 통상임금 산정 기준시간과 같은 것으로 보이지만, 경우에 따라서는 같은 조건에서도 서로 다르게 산정되는 다른 개념이다.

⑤ 아래 예를 보면, 유급휴일인 토요일 4시간은 월 통상임금 산정 기준시간에는 포함되지만, 월 최저임금 적용 기준시간에는 포함되지 않는다.

⑥ 즉, 최저임금 적용 기준시간에는 유급주휴시간만 포함되고, 통상임금 산정 기준시간에는 유급주휴시간 이외의 유급처리(주휴일 이외의 유급휴일 등)시간까지 포함되는 것이다.

〈 1일 8시간, 주40시간 근로, 토요일 4시간 유급휴일, 일요일 8시간 유급주휴 〉
① 월 통상임금 산정 기준시간
   1. 월 소정근로시간 : 8시간×5일÷7일×365일÷12월≒174
   2. 월 유급처리시간 : (4시간+8시간)÷7일×365일÷12월≒52
   3. 합계 : 1+2 = 226
② 월 최저임금 적용 기준시간

> 1. 월 소정근로시간 : 8시간×5일÷7일×365일÷12월≒174
> 2. 월 유급주휴시간 : 8시간÷7일×365일÷12월≒35
> 3. 합계 : 1+2 = 209

🌐 최저임금 적용 기준시간수 변경의 배경

① 개정 전 최저임금법시행령은 최저임금 적용 기준시간수 산정방법을 다음과 같이 「소정근로시간」으로만 산정하도록 규정하고 있었는데, 2019년 시행령 개정을 통해 「소정근로시간+유급주휴시간」으로 변경하였다.

〈개정 전 최저임금법시행령〉

제5조(최저임금의 적용을 위한 임금의 환산) ① 근로자의 임금을 정하는 단위가 된 기간이 그 근로자에게 적용되는 최저임금액을 정할 때의 단위가 된 기간과 다른 경우에는 그 근로자에 대한 임금을 다음 각 호의 구분에 따라 시간에 대한 임금으로 환산한다.

1. 일(日) 단위로 정해진 임금 : 그 금액을 <u>1일의 소정근로시간수</u>(일에 따라 소정근로시간수가 다른 경우에는 1주간의 1일 평균 소정근로시간수)로 나눈 금액
2. 주(週) 단위로 정해진 임금 : 그 금액을 <u>1주의 소정근로시간수</u>(주에 따라 소정근로시간수가 다른 경우에는 4주간의 1주 평균 소정근로시간수)로 나눈 금액
3. 월(月) 단위로 정해진 임금 : 그 금액을 <u>1개월의 소정근로시간수</u>(월에 따라 소정근로시간수가 다른 경우에는 1년간의 1개월 평균 소정근로시간수)로 나눈 금액
4. 시간·일·주 또는 월 외의 일정 기간을 단위로 정해진 임금: 제1호부터 제3호까지의 규정에 준하여 산정(算定)한 금액

② 이와 같이 최저임금 적용 기준시간수를 변경한 것은 과거 고용노동부의 최저임금법시행령에 대한 해석의 오류 때문이었다. 고용노동부는

최저임금법시행령에 최저임금 적용 기준시간수가 '소정근로시간'이라고 명시되어 있음에도 불구하고 이를 '통상임금 산정 기준시간수'와 같은 의미(유급주휴시간까지 포함된 시간)라고 해석하였으며, 최저임금위원회도 고용노동부의 해석에 따라 최저임금 월 환산액을 안내하고 있었다.

③ 그러나 대법원은 다음과 같이 최저임금 적용 기준시간수는 '소정근로시간'이므로 '유급주휴시간'까지 포함할 수 없다는 판결을 계속하여 내렸고, 최저임금의 급격한 인상으로 인해 최저임금법에 대한 사회적 관심이 높아져 이러한 문제가 공론화되자 시행령을 개정하였다.

◐ 참고 판례

〈 판례1 : 대법원 2007. 1. 11. 선고 2006다64245 판결 〉

~ 나아가 최저임금법 시행령 제5조 제1항 제2호 및 제3호는 주 단위 또는 월 단위로 지급된 임금에 대하여 '1주 또는 월의 소정근로시간수'로 나눈 금액을 시간에 대한 임금으로 하도록 규정하고 있는바, 주급제 혹은 월급제에서 지급되는 유급휴일에 대한 임금인 이른바 주휴수당은 소정의 근로에 대해 매월 1회 이상 정기적으로 지급되는 임금이라 할 것이어서 최저임금법 제6조 제4항 및 같은 법 시행규칙 [별표 1]이 정하는 '비교대상 임금에 산입되지 않는 임금 또는 수당'에 해당한다고 볼 수 없으므로 비교대상 임금을 산정함에 있어 주휴수당을 가산하여야 하며, 또한 주휴수당 이외에 주별 혹은 월별로 지급된 다른 수당들을 시간에 대한 임금으로 산정함에 있어서는 주휴수당 관련 근로시간을 고려할 필요가 없으므로 여기에서 말하는 '1주 또는 월의 소정근로시간'은 근로기준법 제20조에서 정한 근로시간을 말하고 이는 근로기준법 시행령 제6조 제2항 제3호, 제4호에 의해 산정되는 '1주 또는 월의 통상임금 산정기준시간수'와 같을 수 없음을 아울러 지적해 둔다.

〈 판례2 : 대법원 2017.12.22.선고 2014다82354 판결〉

최저임금법 시행령 제5조제1항제2호 및 제3호는 주 단위 또는 월 단위로 지급된 임금에 대하여 '1주 또는 월의 소정근로시간수'로 나눈 금액을 시간에 대한 임금으로 하도록 규정하고 있다. 그런데 주급제 혹은 월급제에서 지급되는 유급휴일에 대한 임금인 이른바 주휴수당은 소정의 근로에 대해 매월 1회 이상 정기적으로 지급되는 임금이므로 비교대상 임금을 산정함에 있어 주휴수당을 가산하여야 하며, 주휴수당 이외에 주별 혹은 월별로 지급된 다른 수당들을 시간에 대한 임금으로 산정함에 있어서는 주휴수당 관련 근로시간을 고려할 필요가 없으므로 여기에서 말하는 '1주 또는 월의 소정근로시간'은 근로기준법 제2조제1항제7호에서 정한 근로시간을 말하고, 이는 근로기준법 시행령 제6조제2항제3호, 제4호에 의해 산정되는 '1주 또는 월의 통상임금 산정기준시간수'와 같을 수 없다(대법원 2007.1.11. 선고 2006다64245 판결 참조).

※ 대법원은 주휴수당은 최저임금에 산입되는 임금이므로 주휴수당을 포함한 금액을 소정근로시간수로 나누어야 한다는 것임.

④ 사용자가 최저임금에 미달하는 임금을 지급한 경우 최저임금법 제28조제1항에 따라 '3년 이하의 징역 또는 2천만원 이하의 벌금'에 처해질 수 있는 범죄행위가 된다는 점에서 과거 고용노동부의 해석은 명백한 죄형법정주의(유추해석금지 또는 확장해석금지) 위반이라고 할 것이다.

⑤ 다음의 예를 보면, 형사처벌의 대상이 아닌 경우임에도 불구하고 고용노동부의 해석을 적용하면 형사처벌 대상이 되는 것을 알 수 있는데, 2018년(최저시급 7,530원)에 월 기본급 150만원을 지급한 경우 당시 최저임금법시행령과 대법원 판례에 따르면 최저임금 미달이 아니지만, 고용노동부의 해석에 따르면 최저임금 미달이 된다.

구 분	대법원 판결	고용노동부 해석
	소정근로시간	최저임금 적용 기준시간 (=통상임금 산정 기준시간)
1일 8시간, 1주 40시간 근무	(8시간×5일)÷7일×365일÷12월= 174시간	(8시간×5일+8시간)÷7일×365일÷12월= 209시간
2018년 월 기본급 1,500,000만원 (주휴수당 포함)	1,500,000÷174= 8,621원 (적법)	1,500,000÷209= 7,177원 (위법)

CHAPTER 4

최저임금과 통상임금 문제를 해결하는 임금설계방법

① 상여금의 최저임금과 통상임금 문제를 해결하는 방법

✦ 상여금 전액이 최저임금에 산입되도록 설계하는 방법

① 1개월을 초과하는 주기로 지급하는 임금을 총액의 변동 없이 매월 지급하는 것으로 취업규칙을 변경할 경우 과반수 노동조합 또는 과반수 근로자의 의견 청취만으로 가능한데, 이 경우 어떤 방법으로 변경하느냐에 따라 매월 지급하는 금액의 일부만 최저임금에 산입될 수도 있고 매월 지급액 전액이 최저임금에 산입될 수도 있다.

② 예를 들어, 연간 월 기본급의 600%를 100%씩 격월로 지급하던 정기상여금을 월 기본급의 50%씩 매월 지급하는 것으로 변경하는 경우 다음과 같이 〈방법 1〉의 경우에는 일부만 최저임금에 산입되지만 〈방법 2〉의 경우에는 전액이 산입된다.

③ 매월 기본급의 50%씩 지급받는다는 실질은 동일한데 표현만 약간 달리하여 전혀 다른 결과가 나오도록 할 수 있다는 것이 잘 이해되지 않을 수도 있으나, 현행 법령상으로는 이러한 결과가 된다.

♻ 설계 방법

〈방법 1〉

〈변경 전〉 "정기상여금은 연간 월 기본급의 600%를 100%씩 분할하여 격월로 지급한다."

〈변경 후〉 "정기상여금은 연간 월 기본급의 600%를 50%씩 분할하여 매월 지급한다."

⇒ 최저임금 월 환산액 20%(2020년 기준) 초과 금액만 최저임금에 산입

※ 정기상여금의 산정사유가 1개월을 초과하는 기간(연간)으로 되어 있어 최저임금법시행규칙 제2조제1항제1호에 따라 일정 비율 초과 금액만 최저임금에 산입됨.

〈방법 2〉

〈변경 전〉 "정기상여금은 연간 월 기본급의 600%를 100%씩 분할하여 격월로 지급한다."

〈변경 후〉 "정기상여금은 월간 기본급의 50%씩 매월 지급한다."

⇒ 월 지급 상여금 전액 최저임금에 산입

※ 1개월을 초과하는 기간에 걸친 사유에 따라 산정하는 상여금이 아니라 1개월 단위로 산정하는 상여금이므로 100% 산입됨.

● 상여금의 통상임금 문제를 해결하는 방법

① 통상임금에 해당하려면 다음의 요건을 모두 갖추어야 하며, 어느 하나라도 충족하지 못하면 통상임금에 해당하지 않는다.

1. 정기성
2. 일률성
3. 고정성

② 정기성이나 일률성 요건은 현실적으로 배제하기 어렵다는 점에서 고정성 요건을 배제하는 방법으로 상여금의 통상임금 문제를 해결해야 할 것이다.

③ 다음과 같이 해당 월의 출근율에 따라 일정 기준의 출근율에 미달하면 상여금을 지급하지 않고 출근율에 따라 차등 지급한다면 일정 비율 이상의 출근율 달성이라는 조건을 성취해야 지급되는 임금이라는 점에서 고정성이 없으므로 통상임금에 해당하지 않게 될 것이다.

○ 지급목적 : 사원의 근로를 치하하고 근무 의욕을 고취하기 위해 지급
○ 지급기준 : 매월 출근율에 따라 차등 지급
  - 출근율 90% 이상 : 월 기본급의 50% 지급
  - 출근율 80~90% 미만 : 월 기본급의 45% 지급
  - 출근율 70~80% 미만 : 월 기본급의 40% 지급
  - 출근율 70% 미만 : 없음
  ※ 근속 3개월 미만 : 위 지급률의 각 25% 지급

④ 이처럼 고정성을 배제하는 방법을 설정할 때 유의해야 할 사항은 다음과 같은 점이 있다.

  1. 상여금을 지급하지 않는 것이 목적이 아니므로 최대한 많은 근로자가 상여금을 지급받을 수 있도록 해야 한다

  2. 상여금을 지급하지 않는 기준은 상여금 지급목적에 비추어 노사가 공히 인정할 수 있는 합리적인 기준을 설정해야 한다

그렇지 않으면 제도 변경에 대한 근로자 과반수의 동의를 받기 어려울 뿐만 아니라 불합리한 임금제도로 인한 노사 갈등까지 발생할 수 있기 때문이다.

② 각종 수당의 최저임금과 통상임금 문제를 해결하는 방법

① 각종 수당의 경우 대부분 1개월 이내 단위로 정기적으로 지급하기 때문에 최저임금에 산입되는 데는 문제가 없을 것이다.

② 문제는 통상임금 해당 여부인데, 앞서 상여금의 통상임금 문제 해결방법에서 보았듯이 각종 수당의 지급목적에 부합하는 지급기준을 설정하는 것이 중요하다.

③ 각종 수당 항목은 단순히 임금총액 수준을 맞추기 위한 요소가 되어서는 안 되고, 수당 지급의 필요성과 지급목적에 부합하도록 수당 명칭과 지급기준을 설정해야 한다.

④ 예를 들어 생산직 근로자에게 품질수당을 지급한다면, 품질사고 예방을 장려하기 위해 지급한다는 품질수당의 지급목적을 명확히 하고, 지급목적에 부합하도록 품질사고 발생 건수에 따른 지급기준을 설정해야 할 것이다.

명칭	지급목적	지급기준	비고
품질수당	품질사고 예방을 장려하기 위해 지급	▷ 기준금액 : _____원/월 • 1월간 품질사고 없음 : 기준금액 100% 지급 • 1월간 품질사고 1회: 기준금액 50% 지급 • 1월간 품질사고 2회 이상: 없음 ※ 월 중도 입·퇴사자: 없음(일할계산 없음)	최저임금 포함 통상임금 불포함
성과급 (판매수당)	사원의 판매실적에 따라 지급하는 임금	▷ 지급기준 : 매월 판매실적에 따라 차등 지급 • 판매실적 000원 이상 : 0000원(또는 00%) • 판매실적 000~000원미만 : 0000원(또는 00%) • 판매실적 000~000원미만 : 0000원(또는 00%) • 판매실적 000원 미만 : 없음 ※ 판매실적 부진으로 최저임금에 미달하는 경우 최저임금 차액분은 보전수당으로 지급	최저임금 포함 통상임금 불포함

⑤ 매월 판매실적에 따라 지급하는 판매수당도 최저임금에 산입되는 것은 이미 확인하였다. 또한, 판매실적이 일정 금액 이상인 경우에만 판매수당을 지급하는 것으로 지급기준을 정하면 통상임금의 고정성 요건이 충족되지 않아 통상임금에서도 제외될 수 있다(판매실적과 관계없이 판매수당의 최소 지급액이 정해져 있다면 그 최소 금액만큼은 통상임금에 해당한다는 점을 유의해야 함).

⑦ 문제는 판매실적 부진으로 판매수당을 지급받지 못하거나 소액의 판매수당만 지급받아 해당 월에 지급받은 임금이 최저임금에 미달하게 되면 어떻게 해야 하는지 이다.

⑧ 이 경우에는 최저임금에 미달하는 차액을 보전수당으로 지급해야 최저임금에 위반되지 않을 것이며, 이때 지급하는 보전수당은 고정성이 없어 통상임금에 해당하지 않는다.

CHAPTER 5

임금의 계산방법

① 기본급 및 통상임금 산정방법

① 흔히 월 기본급은 '통상시급×209시간분'이라고 알고 있는 경우가 많은데, 기본급을 이렇게 산정해야 한다는 법률 규정은 없다. 물론, 기본급을 이처럼 산정하는 것이 문제가 되는 것은 아니며, 임의의 금액으로 책정하는 것도 문제가 되지 않는다.

② 기본급이 어떻게 산출되었는지, 금액이 얼마인지와 관계없이 통상시급 산정 시 기본급과 통상임금에 해당하는 다른 임금항목(각종 수당)을 합산하여 적법한 통상시급을 산정하고 이에 따라 연장·야간·휴일근로수당을 적법하게 계산하여 지급하면 되고, 기본급과 최저임금에 산입하는 다른 임금항목을 합산하여 최저임금 이상이면 된다.

〈예시〉 통상시급 산정과 최저임금 위반 여부

2022년 임금을 다음과 같이 지급할 때 통상시급 및 연장근로수당 산정과 최저임금 위반 여부

> • 월 기본급 1,650,000원, 월 직무수당 200,000원
> • 만근수당 100,000원(월 소정근로일 만근 시에만 지급)

❖ 통상시급 산정
- (기본급 1,650,000원 + 직무수당 200,000원) ÷ 209 = 8,852원
- 연장근로수당 : 8,852원 × 연장근로시간 × 1.5 (적법)

❖ 최저임금 위반 여부 판단
- (기본급 1,650,000원 + 직무수당 200,000원 + 만근수당 100,000원)
  ÷ 209 = 9,330원 (〉 최저시급 9,160원 : 적법)

② 연장·야간·휴일근로수당 계산방법

① 연장근로는 법정근로시간(1일 8시간, 1주 40시간)을 초과하는 근로, 야간근로는 22시~나음닐 06시까지의 근로, 휴일근로는 법정휴일 또는 약정휴일의 근로를 말한다.

② 이러한 연장·야간·휴일근로시간에 대해서는 각각 통상시급의 50%를 가산하여 지급하여야 하며, 연장, 야간, 휴일근로가 중복되는 경우에는 그 중복되는 시간은 중복 가산을 해야 한다.

③ 그런데, 휴일근로와 연장근로가 중복되는 경우에는 휴일 당일의 근로가 8시간을 초과하는 경우에만 중복 가산을 한다는 점을 유의해야 한다.

● 〈예시〉 휴일근로수당의 계산

예를 들어, 월~금까지 주40시간 근로를 한 근로자가 휴일인 일요일에 다음과 같이 근로를 하였을 때, 휴일근로는 주40시간을 초과한 연장근로에도 해당하지만, 휴일 당일 8시간 근로까지는 50%만 가산하고 8시간을 초과한 시간부터 연장근로 가산을 중복한다(근기법 제56조제2항).

〈예시〉 주40시간 근로 + 휴일·연장근로시간
- 월~금까지 주40시간 근로
- 휴일에 09시~24시까지 13시간 근무(점심, 저녁 각 1시간씩 휴게시간)
- 통상시급 1만원
---

① 휴일기본근로 09시~18시(8시간) : 1만원 × 8시간 × 1.5 = 12만원
② 휴일연장근로 19시~22시(3시간) : 1만원 × 3시간 × 2.0 = 6만원
③ 휴일연장야간근로 22시~24시(2시간) : 1만원 × 2시간 × 2.5 = 5만원
④ 합계 : 23만원

❸ 통상시급 산정방법 관련 판결의 쟁점사항 분석

1) 최근 대법원 판결

① 최근 대법원은 통상시급 산정방법과 관련하여 "근로기준법이 정한 기준근로시간을 초과하는 약정 근로시간에 대한 임금으로서 월급 또는 일급 형태로 지급되는 고정수당을 시간급 통상임금으로 환산하는 경우, 시간급 통상임금 산정의 기준이 되는 총근로시간수에 포함되는 약정 근로시간수를 산정할 때는 특별한 정함이 없는 한 근로자가 실제로 근로를 제공하기로 약정한 시간수 자체를 합산하여야 하는 것이지, 가산수당 산정을 위한 '가산율'을 고려한 연장근로시간수와 야간근로시간수를 합산할 것은 아니다."라고 판시(대법원 2020.1.22.선고 2015다73067 전원합의체 판결)함으로써 기존 대법원 판결(대법원 2012.3.29.선고 2010다91046 판결, 대법원 2012.7.26.선고 2011다6106 판결, 대법원 2014.8.28. 선고 2013다74363 판결 등)의 입장을 변경하였다.

② 이 판결의 의미에 대해, '고정연장근로수당도 통상임금에 해당하므로 통상시급을 산정할 때 고정연장근로수당을 포함한 금액을 가산율을 적용하지 않은 시간수로 나누어야 한다.'는 의미로 오해하는 경우가 많은데, 이 판결은 그러한 내용이 아니다. 기존 판결과 변경 판결의 주요 차이점을 구체적 예시를 통해 살펴보자.

2) 기존 대법원 판결과 변경된 판결의 비교 분석

⚙ 위 판결들이 적용되기 위한 전제 조건

❖ 기본근로 이외에 고정적인 연장근로나 야간근로를 하기로 약정한 경우일 것

예를 들어, 1일 8시간 기본근로 이외에 1시간의 연장근로를 하기로 약정한 경우(출근 08시, 퇴근 18시, 점심시간 1시간)에 적용되는 판결이므로, 기본근로 이외에 연장근로가 발생할 가능성이 있음을 전제로 일정 시간 분(예: 월 30시간분)의 고정연장근로수당을 포함하여 지급하는 포괄임금제(뒤에서 볼 부진정 포괄임금제)의 경우는 해당하지 않는다.

❖ 법정수당 이외에 회사에서 임의로 정한 통상임금에 해당하는 고정적인 정액 수당을 지급하는 경우일 것

예를 들어, 기본급과 고정연장근로수당 이외에 통상임금에 해당하는 고정적인 정액 수당(예: 직무수당 100,000원 등)을 지급하는 경우에 적용되는 판결이며, 기본급과 고정연장근로수당만 지급하는 경우는 해당하지 않는다. 고정연장근로수당은 통상임금이 아니므로 이 판결에서 논의의 대상이 아니다.

⚙ 구체적인 예시

〈 근로시간 약정 〉

(1일에 9시간(기본 8시간 + 연장 1시간) 근로, 주5일 근로)
- 기본근로시간 : 8시간×5일÷7일×365일÷12월=174시간
- 유급주휴시간 : 8시간÷7일×365일÷12월=35시간
- 연장근로시간 : 1시간×5일÷7일×365일÷12월=22시간

〈 임금지급 약정 〉

- 기본급 : 2,090,000원/월
- 고정연장근로수당 : 330,000원/월(기본급 2,090,000÷209시간×22시간×1.5)
- 직무수당 : 100,000원/월(근무 일수에 따라 일할계산 지급)

🔅 앞의 예시에 대한 기존 판결과 변경 판결의 적용

① 일반적으로 예시와 같이 직무수당 100,000원이 매월 고정적으로 근로일수에 따라 일할계산되어 지급되는 경우 직무수당은 통상임금에 해당하므로 이를 기본급과 합산하여 다시 산정한

- 통상시급(2,190,000÷209=10,479)으로
- 고정연장근로수당(10,479×22×1.5=345,790)을 구하고
- 기지급된 고정연장근로수당과의 차액(345,790-330,000=15,790)을 추가로 지급해야 한다고 생각한다.

② 그러나 예시의 직무수당은 기본근로와 매일 1시간씩의 연장근로까지 하는 것을 전제로 지급하는 것이라는 점에서 기본근로시간에 대한 임금뿐만 아니라 유급주휴수당과 고정연장근로시간에 대한 임금까지 포함된 금액이라고 보아야 하며, 기존 판결과 변경 판결도 이 점에 대해서는 공통된 입장을 취하고 있다.

③ 다만, 이와 같이 통상임금과 통상임금이 아닌 부분이 혼합된 직무수당을 통상시급으로 환산할 때 통상임금 산정 기준시간수를 어떻게 산정해야 하는지에 대해 입장이 변경된 것이다.

④ 기존 판결은 월 100,000원의 직무수당은 고정연장근로시간(22시간)에 대한 임금이 포함된 것이고, 그 포함된 부분의 금액은 연장근로에 대한 가산율이 적용된 것이라고 보아

- 기본근로시간(174시간)과 유급주휴시간(35시간),
- 고정연장근로시간에 대한 가산율 반영 시간(22시간×1.5=33시간)의 합계 시간(174+35+33=242시간)으로 직무수당을 나누야 한다는 입장이었다.

⑤ 반면, 변경 판결은 고정연장근로시간에 대한 가산율을 반영할 근거가 없다고 보아 실제 연장근로시간인 22시간만 반영하여 산정한 시간(174+35+22=231시간)으로 직무수당을 나누어야 한다는 입장이다.

구분	기존 판결	변경 판결
공통점	직무수당 100,000원 : (기본근로+유급주휴+고정연장근로)에 대한 임금	
고정수당의 통상시급 산정기준시간수	기본근로시간(174)+유급주휴시간(35)+고정연장근로 가산율 반영 시간(22×1.5=33)=242시간	기본근로시간(174)+유급주휴시간(35)+실제고정연장근로시간(22)=231시간
통상시급	①기본급 (2,090,000)÷209=10,000원 ②직무수당(100,000)÷242=413원 ③통상시급(①+②)=10,413원	①기본급 (2,090,000)÷209=10,000원 ②직무수당(100,000)÷231=433원 ③통상시급(①+②)=10,433원

💮 시사점

① 앞의 변경 판결이 쟁점이 되면서 그동안 많은 기업과 고용노동부의 근로감독관들이 잘 모르고 있던 사실이 알려지는 계기가 되었다. 앞 예시와 같은 상황에서 직무수당 100,000원은 그 금액 전체가 통상임금이라고 생각하는 것이 일반적이었으나,

② 앞의 직무수당은 그 금액 전체가 통상임금이 아니고 주휴수당과 고정연장근로수당까지 포함된 금액이므로 오히려 변경 판결을 적용하더라도 그동안 생각해왔던 것보다 통상시급이 더 작다는 것을 알 수 있다. 통상시급을 비교해보면 '기존 판결(10,413원) 〈 변경 판결(10,433원) 〈 일반적으로 알고 있던 상황(10,479원)'의 순서이다.

③ 한편, 변경 판결은 "단체협약이나 취업규칙, 근로계약 등에서 고정수당과 관련하여 기준근로시간 내 소정근로의 시간급이 얼마인지, 연장근로와 야간근로의 시간급이 얼마인지 명확하게 정하는 등의 특별한 사정이 없는 한 ~" 고정연장근로시간에 대한 가산율을 반영할 근거가 없다고 판시하였는바, 해당 사건에서 문제가 된 고정수당에 대해 단체협약

이나 취업규칙, 근로계약 등에서 가산율이 적용된 금액이라는 내용이 없었기 때문에 가산율을 적용해서는 안 된다는 의미이다.

④ 따라서, 앞의 예시의 경우 직무수당에 대해 '기본근로시간 + 유급주휴시간 + 고정연장근로 가산율 반영 시간'이라는 내용을 단체협약이나 취업규칙, 근로계약 등에 명시한다면 기존 판결과 같이 가산율이 적용된 시간으로 통상시급을 산정할 수 있다는 것이다.

CHAPTER 6

포괄임금제에 대한 이해와 관리방법

① 포괄임금제의 개념

① 포괄임금제는 기본근로시간에 대한 기본임금을 결정하고 연장, 야간, 휴일근로 발생 시 이를 기초로 수당을 가산하여 지급하는 방식이 아니라 실제 연장, 야간, 휴일근로 발생 시간과 관계없이 미리 일정액을 포함하여 지급하는 형태의 임금제도로서 대법원 판결에 의해 인정된 것이며,

② 적법한 포괄임금계약으로 인정되면 실제 연장, 야간, 휴일근로시간에 따라 산정한 임금과 포괄임금에 미리 포함하여 지급한 임금의 차액을 추가로 지급할 필요가 없다는 것이 포괄임금제의 가장 중요한 효과이다.

③ 이러한 포괄임금제에 대해 과거 대법원은 '근로시간, 근로 형태와 업무의 성질'뿐만 아니라 '계산의 편의와 직원의 근무 의욕 고취'도 포괄임금제 인정 사유로 판시하였으나, 2010년경부터는 기존의 입장을 변경하여 '감시·단속적 근로자 등과 같이 근로시간의 산정이 어려운 경우'에만 포괄임금제를 인정하고 있다.

• 감시·단속적 근로자 등과 같이 근로시간의 산정이 어려운 경우

🔘 관련 판례

〈과거 판결〉

(판례1) 포괄임금제에 의한 임금지급계약을 체결한 경우 근로자에게 불이익이 없고 제반 사정에 비추어 정당하다고 인정될 때에는 무효가 아니다(대법원 1995.07.28. 선고 94다54542 판결).

근로기준법 제22조, 제46조 내지 제48조 등에 의하면 사용자는 근로계약을 체결함에 있어서 근로자에 대하여 기본임금을 결정하고 이를 기초로 시간 외, 휴일, 야간 근로수당 등 제수당을 가산하여 이를 합산 지급함이 원칙이라 할 것이나 근로시간, 근로 형태와 업무의 성질 등을 참작하거나 계산의 편의와 직원의 근무 의욕을 고취하는 뜻에서 기본임금을 미리 산정하지 아니한 채 시간외근로 등에 대한 제수당을 합한 금액을 월급여액이나 일당 임금으로 정하거나 매월 일정액을 제수당으로 지급하는 내용의 이른바 포괄임금제에 의한 임금지급계약을 체결한 경우에 그것이 근로자에게 불이익이 없고 제반 사정에 비추어 정당하다고 인정될 때에는 이를 무효라고 할 수 없을 것이다.

(판례2) 기준근로시간을 초과한 근로 등에 대해 매월 일정액을 제 수당으로 지급한다는 내용의 임금지급계약이 체결된 경우, 포괄임금으로 지급된 제 수당과 시간외근로 등에 대한 근로기준법의 규정에 의한 수당과의 차액의 지급을 명한 원심에는 포괄임금제에 관한 법리오해의 위법이 있다(대법원 2002.06.14. 선고 2002다16958 판결).

사용자와 근로자 사이에 기준근로시간을 초과한 근로 등에 대하여 매월 일정액을 제수당으로 지급한다는 내용의 포괄임금제에 의한 임금지급계약이 체결된 경우, 근로자가 포괄임금으로 지급받은 연장근로수당 또는 이에 갈음한 시간외수당, 야간근로수당, 휴일근로수당이 모두 포함되어 있다고 볼 것이어서, 근로자의 구체적인 시간외근로수당 등을 인정하고 포괄임금으로 지급된 제 수당과 시간외근로 등에 대한 근로기준법의 규정에 의한 수당과의 차액의 지급을 명한 원심에는 포괄임금제에 관한 법리오해의 위법이 있다고 한 사례

〈변경 판결〉

근로시간수와 상관없이 일정액을 법정수당으로 지급하는 포괄임금제 방식의 임금지급계약을 체결하는 것은 허용될 수 없다(대법원 2010.05.13. 선고 2008다6052 판결).

1. 감시·단속적 근로 등과 같이 근로시간의 산정이 어려운 경우가 아니라면 달리 근로기준법상의 근로시간에 관한 규정을 그대로 적용할 수 없다고 볼 만한 특별한 사정이 없는 한 근로기준법상의 근로시간에 따른 임금지급의 원칙이 적용되어야 할 것이므로, 이러한 경우에도 근로시간수에 상관없이 일정액을 법정수당으로 지급하는 내용의 포괄임금제 방식의 임금지급계약을 체결하는 것은 그것이 근로기준법이 정한 근로시간에 관한 규제를 위반하는 이상 허용될 수 없다.

2. 구 근로기준법(2007.4.11. 법률 제8372호로 전부 개정되기 전의 것) 제22조

(현행법 제15조)에서는 근로기준법에 정한 기준에 미치지 못하는 근로조건을 정한 근로계약은 그 부분에 한하여 무효로 하면서(근로기준법의 강행성) 그 무효로 된 부분은 근로기준법이 정한 기준에 의하도록 정하고 있으므로(근로기준법의 보충성), 근로시간의 산성이 어려운 등의 사정이 없음에도 포괄임금제 방식으로 약정된 경우 그 포괄임금에 포함된 정액의 법정수당이 근로기준법이 정한 기준에 따라 산정된 법정수당에 미달하는 때에는 그에 해당하는 포괄임금제에 의한 임금지급계약 부분은 근로자에게 불이익하여 무효라 할 것이고, 사용자는 근로기준법의 강행성과 보충성 원칙에 의해 근로자에게 그 미달되는 법정수당을 지급할 의무가 있다.

❷ 포괄임금제 금지 논의의 이해

⊛ 포괄임금제의 유형과 인정 범위

① 대법원이 포괄임금제의 인정 범위를 축소함에 따라 실무상 운용되고 있는 포괄임금제는 두 가지 유형으로 구분해서 살펴보아야 한다.

② 먼저, 감시·단속적 근로자 등과 같이 근로시간의 산정이 어려운 경우로서 임금 차액의 지급의무가 없는 '진정 포괄임금제'와 이에 해당하지 않는 경우로서 실제 근로시간에 따른 임금 차액의 추가 지급의무가 있는 '부진정 포괄임금제'로 구분할 수 있다.

⟳ 진정 포괄임금제

1. 감시·단속적 근로 등 근로시간 산정이 어려운 경우 + 고정시간외 수당 포함 지급
2. 실제 근로시간 산정에 따른 차액 지급의무 없음

⟳ 부진정 포괄임금제

1. 근로시간 산정이 어렵지 않은 경우 + 고정시간외수당 포함 지급
2. 고정시간외수당과 실제 근로시간 산정에 따른 임금과의 차액 지급의무 있음

⊛ 포괄임금제 폐지 논의에 대한 전망

① 최근 논의되고 있는 포괄임금제 폐지에 대해 어떻게 결론이 내려질지 관심이 많은데, 특별한 변화는 없을 것으로 예상되고 폐지할 수도 없다고 판단된다. 진정 포괄임금제의 경우 근로시간의 산정이 어렵기 때문에 인정된 제도이므로 근로시간의 산정이 가능함을 전제로 하는 포괄임금제 폐지가 가능하지 않을 것이기 때문이다.

② 그렇다면 부진정 포괄임금제는 폐지할 수 있을까? 이것도 쉽지 않을 것이다. 근로기준법은 기본임금 이외에 일정액의 시간외수당을 미리

포함하는 계약을 금지하고 있지 않으며, 당사자 사이에 이러한 계약을 체결하는 것을 금지하는 것은 계약자유의 원칙에 대한 과도한 제한이 되기 때문에 고정시간외수당을 포함한 계약 자체의 효력을 부정할 수는 없을 것이다.

③ 다만, 부진정 포괄임금제의 경우 포괄임금에 포함된 고정시간외수당이 실제 근로시간을 기준으로 근로기준법에 따라 산정한 임금에 미달한다면 그 차액에 대해서만 지급을 명할 수 있을 것인데, 이는 그동안에도 고용노동부의 실무나 법원의 판결에서 차액 지급을 명해왔다는 점에서 사실상 아무런 차이가 없다.

④ 결국, 포괄임금제 폐지 논의는 포괄임금제에 대한 전면적 폐지는 불가능하므로, 부진정 포괄임금제에 대한 규제(부진정 포괄임금제임에도 불구하고 차액 지급을 하지 않았던 기업들에 대한 차액 지급 명령)를 강화하는 것이 될 것이다.

③ 포괄임금제 관리방법

① 현재 운용하고 있는 포괄임금제가 진정 포괄임금제라면 특별히 문제가 될 것이 없지만 부진정 포괄임금제라면 향후 실제 근로시간에 따라 산정된 임금과의 차액 지급에 대한 관리를 철저히 해야 한다.

② 부진정 포괄임금제의 경우 월급에 반영된 고정시간외근로시간 범위 내에서는 초과근로를 하는 근로자와 정시 퇴근을 하는 근로자 사이에 임금의 차이가 없게 되어 초과근로를 하는 근로자들의 불만과 사기저하가 나타나는 문제점이 있다. 이러한 문제점을 해결함과 동시에 월급에 반영된 시간을 초과하는 근로 발생 시 추가 임금지급의 문제까지 함께 해결할 방법이 있다.

③ 월급에 고정시간외수당이 반영되어 있더라도 1일 8시간을 넘는 초과근로가 발생하면 시간당 일정액의 정액 야특보조비(야근 및 특근에 대한 보조비)를 지급하는 방법인데,

- 야특보조비를 지급하면 초과근무를 더 한 근로자가 조금이라도 더 많은 임금을 지급받게 되고,
- 이렇게 지급받은 야특보조비는 법정시간외근로수당의 부족분을 보전하는 기능을 하게 되어 월급에 반영된 고정시간외근로시간을 초과하는 근로가 발생하더라도 추가로 지급해야 할 임금은 없거나 매우 적을 수 있다.

④ 물론, 이러한 두 가지 기능을 하도록 하려면 다음과 같이 야특보조비의 지급목적을 취업규칙 또는 근로(임금)계약서에 명확하게 명시하여야 한다.

〈 부진정 포괄임금제 해결을 위한 취업규칙(근로계약서) 명시사항 〉

구성항목	지급목적	계산방법
기본급	1월간 기본근로에 대한 대가로 지급하는 임금으로서 직원의 직급, 직무, 자격, 경험 등을 고려하여 결정(주휴수당 포함)	○ 기본급 = 기본(통상)시급×209h/월
고정시간외 근로수당	업무 상황에 따라 불규칙하게 발생할 수 있는 시간외근로(연장/야간/휴일)를 예상하여 미리 일정 시간분을 연봉에 포함하여 지급하는 법정수당	○ 고정시간외근로수당 = 통상시급×40시간×1.5
야특보조비	시간외근로(연장/야간/휴일)에 대한 사기 진작과 법정시간외수당 부족분 보전을 위한 목적으로 지급하는 수당	○ 야특보조비 = 5,000원×시간외근로시간

PART 05

휴일과 연차휴가의 관리방법

CHAPTER 1

휴일의 종류와 관리방법

1 휴일의 종류

① 민간기업의 휴일은 근로기준법 등 법률에 따라 정해진 휴일(법정휴일)과 노사 당사자 간의 약정으로 정해진 휴일(약정휴일)로 구분된다. 참고로 관공서(공무원)의 경우에는 법령에 따라 정해진 법정공휴일만 있고 약정휴일은 인정되지 않는다.

민간기업		관공서(공무원)	
법 정 휴 일	○ 개념 - 법률로 정해진 휴일 ○ 근거법령 - 근로기준법, 근로자의 날 제정에 관한 법률 ○ 종류 - 주휴일(요일은 정하기 나름) - 근로자의 날(5월 1일) - 법정공휴일(단계적 시행)	법 정 공 휴 일	○ 개념 - 법령으로 정해진 관공서(공무원)의 휴일 ○ 근거법령 - 관공서의 공휴일에 관한 규정 ○ 종류 - 달력에 빨간색으로 표시되는 날 - 임시공휴일, 대체공휴일
약 정 휴 일	○ 개념 - 노사 간의 약정으로 정해진 휴일 ○ 종류 - 법정공휴일(단계적 폐지) - 토요일 - 창립기념일 등	약 정 휴 일	없음

② 법정휴일은 부여 여부, 일수, 유·무급 여부 등이 법령에 의해 정해지므로 이에 따라야 하지만, 약정휴일은 노사 간의 약정에 의해 정해지므로 이러한 사항들은 정하기 나름이다.

② 법정공휴일의 유급휴일 의무화

① 법정공휴일은 '법령으로 정한 공무원(관공서) 쉬는 날'이므로 민간기업의 법정휴일이 아니고 노사 간의 약정으로 약정휴일이 될 수 있을 뿐이었다. 그러나 2018년 개정 근로기준법은 법정공휴일을 민간기업의 유급휴일로 적용하도록 의무화하였다(근기법 제55조제2항, 근기법시행령 제30조 제2항).

② 다만, 법정공휴일 중 일요일은 이미 대부분의 기업이 주휴일로 정하고 있거나 그렇지 않은 경우에는 사업의 특수성(예: 백화점 등 일요일 영업이 필수적인 사업)으로 인해 일요일을 휴일로 정하기 어렵다는 점을 고려하여 제외하였으며, 일요일 이외의 법정공휴일도 사업의 특성에 따라 근로자대표와의 서면 합의로 다른 날로 대체할 수 있도록 하였다.

③ 법정공휴일의 민간기업 유급휴일 의무화는 상시 근로자 수에 따라 다음과 같이 단계적으로 시행되고, 2022년부터는 5인 이상의 모든 기업에 적용된다.

- 300인 이상 : 2020.01.01.
- 30인 이상 299인 이하 : 2021.01.01.
- 5인 이상 29인 이하 : 2022.01.01.

● 관련 법규

〈 관공서의 공휴일에 관한 규정 〉

제2조(공휴일) 관공서의 공휴일은 다음 각호와 같다. 다만, 재외공관의 공휴일은 우리나라의 국경일 중 공휴일과 주재국의 공휴일로 한다.

1. 일요일
2. 국경일 중 3·1절, 광복절, 개천절 및 한글날
3. 1월 1일
4. 설날 전날, 설날, 설날 다음날 (음력 12월 말일, 1월 1일, 2일)
5. 삭제 〈2005.6.30.〉
6. 부처님오신날 (음력 4월 8일)
7. 5월 5일 (어린이날)
8. 6월 6일 (현충일)
9. 추석 전날, 추석, 추석 다음 날 (음력 8월 14일, 15일, 16일)
10. 12 월 25일 (기독탄신일)
10의2. 공직선거법 제34조에 따른 임기만료에 의한 선거의 선거일
11. 기타 정부에서 수시 지정하는 날

제3조(대체공휴일) ① 제2조제4호 또는 제9호에 따른 공휴일이 다른 공휴일과 겹칠 경우 제2조제4호 또는 제9호에 따른 공휴일 다음의 첫 번째 비공휴일을 공휴일로 한다.

② 제2조제7호에 따른 공휴일이 토요일이나 다른 공휴일과 겹칠 경우 제2조제7호에 따른 공휴일 다음의 첫 번째 비공휴일을 공휴일로 한다.

❸ 주휴일 관리방법

① 우리 근로기준법은 1주일간 소정근로일을 개근한 근로자에게 1일의 유급휴일을 주도록 규정하고 있다. 즉, 1주간 개근한 근로자에게 하루의 휴식시간을 부여하되 근로를 제공하지 않음에도 불구하고 임금(이를 주휴수당이라 한다)을 지급하도록 규정하고 있다.

② 이처럼 유급주휴일을 부여하도록 정하고 있는 나라는 전 세계에 우리나라와 대만, 터키 세 나라뿐이다. 그 외 나라들은 무노동 무임금의 원칙에 따라 무급휴일로 정하고 있다.

③ 이렇게 독특한 유급주휴일 제도로 인해 노무관리의 어려움은 물론 노무 분쟁도 많이 발생하고 있으며, 주휴수당과 최저임금의 관계는 큰 쟁점이 되기도 하였다.

❀ 주휴일 부여 원칙과 주휴수당 지급방법

① 유급주휴일 제도는 1주간 성실히 근로한 근로자에게 피로 해소와 그다음 주의 근로를 위한 노동력 재생산의 휴식시간을 부여하는데 기본적인 취지가 있으며, 그 시간을 유급으로 부여하는 것이다.

② 유급주휴일은 4주 동안을 평균하여 1주간 소정근로시간(법정 기준 근로시간인 1일 8시간, 1주 40시간 이내에서 당사자 사이에 근로하기로 정한 시간)이 15시간 이상인 근로자가 1주간 소정근로일(근무하기로 정한 날)을 개근하였을 때 적용된다.

③ 여기서 주의할 점은 '1주간 소정근로일'은 반드시 주 5일을 의미하는 것이 아니라는 것이다. 1주간 1일 8시간씩 2일을 근무하기로 하였거나, 1주간 1일 5시간씩 3일을 근무하기로 한 경우 각각 해당 2일 또는 3일을 모두 개근하였다면 유급주휴일을 부여해야 한다.

④ 주휴일은 반드시 일요일일 필요는 없고, 격일제 근로자나 교대제 근로자의 경우 비번일 중 하루를 주휴일로 할 수 있다.

⑤ 다만, 유급처리되는 시간(주휴수당을 지급해야 하는 시간)은 소정 근로시간에 비례한다.

- 1일 8시간씩 5일(주40시간)을 근무하는 근로자의 유급주휴일은 8시간을 유급처리(8시간분의 주휴수당 지급)해야 하며,
- 1일 8시간씩 2일(주 16시간)을 근무하는 근로자의 유급주휴일은 3.2 시간을 유급처리(3.2시간분의 주휴수당 지급),
- 1일 5시간씩 3일(주 15시간)을 근무하는 근로자의 유급주휴일은 3.0 시간을 유급처리(3.0시간분의 주휴수당 지급)한다.
- 다만, 월급제의 경우 월 급여에 유급주휴일수당이 포함된 것으로 본다.

⑥ 한편, 여기서 '개근'이란, 근로제공의 의무가 있는 날(소정근로일)에 결근하지 않는 것을 말하며(근로기준과-5560), 지각이나 조퇴가 있더라도 당일 출근하였다면 결근으로 볼 수 없다(근기 1451-21279).

🌑 주중 결근자의 처리

주중 결근이 있는 경우에도 휴일을 부여하되 무급으로 부여할 수 있다(대법원 2004.6.25.선고 2002두2857판결, 2004-06-25, 근기1451-8700). 따라서, 결근 당일의 임금공제와 주휴일 무급 처리로 2일분의 임금공제가 가능하다.

🌑 휴일 중복 시의 처리

취업규칙 등에 특별한 정함이 없다면 근로자에게 유리한 하루의 휴일만 인정하면 된다.

1. 유급휴일과 무급휴일 중복 : 유급휴일 인정
2. 주휴일과 근로자의 날 중복 : 근로자의 날 인정(근로자의 날은 주 중 결근 여부를 불문하고 유급휴일이므로 근로자에게 유리)
3. 주휴일과 약정휴일(유급) 중복 : 약정휴일 인정(위와 같은 이유.

단, 취업규칙에서 주휴일과 약정휴일 중복 시 주휴일만 인정하는 것으로 정한 경우에는 주휴일로 인정 가능)

✿ 주휴일 전후 연차휴가를 사용하였을 경우

① 연차휴가를 사용한 날은 근로제공의무가 면제된다. 따라서 연차휴가를 사용한 날을 제외한 나머지 소정근로일에 개근하였다면 1주간 소정근로일을 개근한 것으로 보아 유급주휴일을 부여해야 한다.

② 다만, 해당 주의 전부를 연차휴가를 사용하여 쉬었을 때는 피로해소와 노동력 재생산을 위한 휴식의 부여라는 주휴일 제도의 취지상 유급주휴일을 부여할 필요가 없다(근로조건지도과-3102).

✿ 퇴사자의 주휴수당은?

① 주휴일은 연속된 근로에서의 피로 해소와 다음 주 근로를 위한 노동력 재생산 등을 위한 것이므로 평상적인 근로관계, 즉 근로자가 근로를 제공했고 또한 계속적인 근로제공이 예정된 상태가 전제되어 있어야 한다(대법원 2013.11.28.선고 2011다39946판결).

② 따라서, 근로자가 1주간 소정근로일을 개근하고 퇴사한다면 평상적 근로관계(계속적인 근로제공이 예정된 상태)에 있지 않으므로 주휴일이 발생하지 않고 주휴수당을 지급할 필요가 없다(근기 68207-1257, 2000.4.25.).

③ 그런데, 최근 고용노동부는 주휴일까지 근로관계가 유지되고 퇴사한다면 다음 주 근로가 예정되어 있지 않더라도 주휴수당을 지급해야 한다고 입장을 변경하였다(임금근로시간과-1736, 2021.08.04.). 그러나 이는 주휴수당 제도의 취지와도 맞지 않고 앞에서 본 대법원 판례의 입장과도 상반되는 해석이므로 타당하지 않다.

④ 근로자의 날 관리방법

⬗ 부여 원칙

근로자의 날(5월 1일)은 '근로자의 날 제정에 관한 법률'에 의해 유급휴일로 부여해야 한다. 따라서 근무하지 않아도 1일 소정근로시간 분의 통상임금을 지급해야 한다. 다만, 월급제의 경우 월급에 유급휴일수당이 포함된 것으로 본다.

⬗ 주중 결근자의 처리

근로자의 날은 주휴일과 달리 주중 결근이 있어도 유급휴일로 부여해야 한다.

⬗ 근로자의 날 근무 시의 처리

근로자의 날 근무하는 경우에는 무조건 휴일근로수당으로 통상임금의 50%를 가산하여 지급해야 한다. 교대제의 경우 근무조는 휴일근로로 처리하고 비번 조는 유급휴일로 처리해야 한다. 근로자의 날은 주휴일이나 기타 휴일과는 달리 휴일 사전대체가 불가능하기 때문이다.

⑤ 휴일대체와 대휴의 차이점

1) 개념 비교

⬗ 휴일대체

지정된 휴일에 근로하고 다른 날에 휴일을 부여하기로 단체협약 및 취업규칙 등으로 정하거나 기타 노사 합의로 정하여, 당초의 휴일은 평일이 되고, 대체된 날이 휴일이 되도록 하는 제도(대체할 휴일을 미리 특정하여 고지해야 함)이다.

● 대휴

적법한 휴일의 사전대체 없이 휴일에 근무하게 한 후 이에 대신하여 소정근로일에 쉬게 하는 제도이다.

2) 효과 비교

● 휴일대체

① 원래의 휴일은 통상근로일이 되므로(근무하지 않는 경우 결근이 됨) 그 날 근로는 휴일근로가 아니다.
② 따라서 휴일근로 가산수당을 지급할 의무가 없다(대법원 2000. 9. 22. 선고 99다7367 판결).
③ 대체된 휴일(대체 전 통상근로일)에 근로하는 경우 휴일근로가 되어 휴일근로 가산수당을 지급해야 한다.

● 대휴

① 적법한 휴일대체가 없었으므로 당일 근로는 휴일근로가 되어 휴일근로 가산수당이 발생한다.
② 따라서 휴일 근무에 대신하여 평일에 대휴를 주었어도 휴일근로 가산수당(50%)은 별도로 지급해야 한다.

　※ 휴일 근무 8시간 → 12시간 근무와 동일(50% 가산)

　　대휴(평일 8시간 근무 면제) → 4시간분 차액 발생

CHAPTER 2

연차휴가의 개념과 관련 규정의 구조 이해

① 연차휴가의 개념

연차휴가는 전년도에 일정한 비율 이상의 출근을 함으로써 장기간 성실히 근로한 근로자에게 일정기간 근로의무를 면제함으로써 정신적·육체적 피로 해소와 휴양의 기회를 제공하고 노동의 재생산 유지와 문화적 생활의 향상을 기하기 위한 제도이며, 휴가로 사용한 날은 유급으로 보상해 주는 공로 보상적 성격의 제도이다(대법원 2008.10.9. 선고 2008다41666 판결).

법적 성질

연차휴가는 일정한 비율 이상의 출근이라는 근로의 대가로 주어지는 '보상적 휴가'로서 출산전후휴가 등의 '보장적 휴가'와는 법적 성질이 다르다.

❖ 보상적 휴가

출근율에 따라 휴가 부여 여부 및 그 수준 결정, 성실한 근로에 대한 공로보상적 성격의 휴가 ⇒ 연차휴가

❖ 보장적 휴가

출산, 육아 등 근로의 제공과는 무관한 일정한 요건이 충족되면 부여하는 휴가 ⇒ 생리휴가, 출산전후휴가, 난임치료휴가 등

❷ 연차휴가 관련 규정의 구조 이해

복잡한 연차휴가제도에 대해 조금 더 쉽게 이해하려면 연차휴가에 대한 근로기준법 제60조의 구조를 이해해야 한다. 특히, 원칙 규정인 제1항에 대하여 다른 조항들이 어떤 부분에 대해 어떻게 예외를 규정하고 있는 것인지를 파악한다면 연차휴가제도를 쉽게 이해할 수 있을 것이다.

근기법 제60조(연차유급휴가)	비 고
① 사용자는 1년간 80퍼센트 이상 출근한 근로자에게 15일의 유급휴가를 주어야 한다.	○ 원칙 규정 - 근로(재직)기간 : 1년 - 출근율 : 80% 이상 - 발생일수 : 15일
② 사용자는 계속하여 근로한 기간이 1년 미만인 근로자 또는 1년간 80퍼센트 미만 출근한 근로자에게 1개월 개근 시 1일의 유급휴가를 주어야 한다.	○ 예외 규정 - 전단 : 근로(재직)기간 1년의 예외 - 후단 : 출근율 80% 이상의 예외
③ 삭제 - 2018.5.29.부터 아래 규정 삭제됨. (사용자는 근로자의 최초 1년간의 근로에 대하여 유급휴가를 주는 경우에는 제2항에 따른 휴가를 포함하여 15일로 하고, 근로자가 제2항에 따른 휴가를 이미 사용한 경우에는 그 사용한 휴가일수를 15일에서 뺀다.)	○ ①항과 ②항 전단의 관계 설정 규정 - 삭제 전 : ②항 전단의 휴가일수는 ①항의 휴가일수에 흡수 - 삭제 후 : ①항과 ②항 전단의 휴가는 각각 별도의 휴가일수로 산정
④ 사용자는 3년 이상 계속하여 근로한 근로자에게는 제1항에 따른 휴가에 최초 1년을 초과하는 계속 근로 연수 매 2년에 대하여 1일을 가산한 유급휴가를 주어야 한다. 이 경우 가산휴가를 포함한 총 휴가일수는 25일을	○ 예외 규정 - 발생일수 15일의 예외(가산휴가)

한도로 한다.	
⑤ 사용자는 제1항부터 제4항까지의 규정에 따른 휴가를 근로자가 청구한 시기에 주어야 하고, 그 기간에 대하여는 취업규칙 등에서 정하는 통상임금 또는 평균임금을 지급하여야 한다. 다만, 근로자가 청구한 시기에 휴가를 주는 것이 사업 운영에 막대한 지장이 있는 경우에는 그 시기를 변경할 수 있다.	○ 사용 규정 - 근로자의 연차휴가 시기지 정권 - 유급처리기준 - 사용자의 시기변경권
⑥ 제1항 및 제2항을 적용하는 경우 다음 각 호의 어느 하나에 해당하는 기간은 출근한 것으로 본다. 1. 근로자가 업무상의 부상 또는 질병으로 휴업한 기간 2. 임신 중의 여성이 제74조제1항부터 제3항까지의 규정에 따른 휴가로 휴업한 기간 3. 남녀고용평등과 일·가정 양립 지원에 관한 법률 제19조제1항에 따른 육아휴직으로 휴업한 기간	○ 예외 규정 - 출근율 산정의 예외 : 출근 하지 않은 기간 출근 간주
⑦ 제1항·제2항 및 제4항에 따른 휴가는 1년간(계속하여 근로한 기간이 1년 미만인 근로자의 제2항에 따른 유급휴가는 최초 1년의 근로가 끝날 때까지의 기간을 말한다) 행사하지 아니하면 소멸된다. 다만, 사용자의 귀책사유로 사용하지 못한 경우에는 그러하지 아니하다.	○ 휴가청구권 소멸시효 규정 - 원칙 : 발생일로부터 1년간 - 예외 : 1년 미만 기간 발생 휴가는 입사 후 1년간 (2020.3.31. 개정 시행)

CHAPTER 3

연차휴가 적용대상자

❶ 적용대상

연차휴가의 적용대상은 정규직, 계약직, 일용직, 아르바이트 등을 포함한 근로기준법상의 모든 근로자이다.

❷ 적용제외 대상

⬤ 상시근로자 5인 미만 사업장 근로자

상시근로자 수 5인 미만 사업장에는 연차휴가에 관한 규정이 적용되지 않는다(근기법 제11조제2항, 근기령 제7조 별표1).

⬤ 15시간 미만 근로자

4주 평균 1주 소정근로시간이 15시간 미만인 근로자는 연차휴가에 관한 규정이 적용되지 않아 연차휴가가 발생하지 않는다(근기법 제18조제3항).

참고로 이러한 근로자는 퇴직금과 주휴수당도 적용이 제외된다.

근로기준법 제18조(단시간근로자의 근로조건)
③ 4주 동안(4주 미만으로 근로하는 경우에는 그 기간)을 평균하여 1주 동안의 소정근로시간이 15시간 미만인 근로자에 대하여는 제55조와 제60조를 적용하지 아니한다.

🏵 노조 전임자

노조 전임자는 사용자의 지휘명령하에 있지 않으며 실제로 근로를 제공하지 않으므로 일종의 휴직상태의 근로자와 부진정한 지위에 있는 것으로 보아 특별한 정함이 없는 한 연차휴가를 부여할 법적 의무가 없다(대법원 1995.11.10. 선고 94다5466 판결).

🏵 근로시간면제자

근로시간면제자는 근무시간 내에서 근로계약 소정의 업무를 면제받고 노동조합법에 규정된 근로시간면제 대상업무를 수행할 수 있도록 지정된 근로자이므로 일반 근로자에 준하여 휴일 및 휴가를 부여해야 한다(2010.9.17. 노사관계법제과-842).

CHAPTER 4

연차휴가일수의 산정방법

❶ 기본원칙과 예외(1년 미만자, 80% 미만 출근자, 가산휴가)의 이해

1) 연차유급휴가의 원칙 (제60조제1항)

근로기준법 제60조(연차유급휴가) ① 사용자는 1년간 80퍼센트 이상 출근한 근로자에게 15일의 유급휴가를 주어야 한다.

① 1년간 80% 이상을 출근한 근로자는 15일의 연차휴가가 발생하는 것이 원칙이다. 여기서 '1년간 80% 이상 출근'의 의미는 연차휴가 산정 대상기간인 매 1년간의 근로(재직)를 마치고, 그해의 출근율이 80% 이상이어야 함을 의미한다.

> ⓐ매 1년간의 근로(재직)를 마칠 것 + ⓑ그해 출근율 80% 이상일 것 = 연차휴가 15일 발생

② 실무상 가장 많은 오해 중 하나가 바로 1년의 기간 중 80% 이상만 근로(재직)하더라도 연차휴가가 발생한다고 생각하는 것이다. 매 1년간의 근로를 마치지 않고도 연차휴가가 발생하는 경우는 뒤에서 볼 '입사 1년 미만자'만 예외적으로 연차휴가가 발생할 뿐 나머지 경우에는 항상 매 1년간의 근로를 마쳐야 한다.

다음의 예시를 보면 쉽게 이해할 수 있다.

💮 〈예시〉 2020.1.1.~2021.11.30. 재직한 경우(결근은 없음)

① 2020.1.1.~2020.12.31. : 연차휴가 발생 (산정대상기간 1년간 근로했기 때문)

② 2021.1.1.~2021.11.30. : 연차휴가 발생 × (1년의 80%가 넘는 11개월을 근무했어도 1년간 근로 요건에 미달했기 때문)

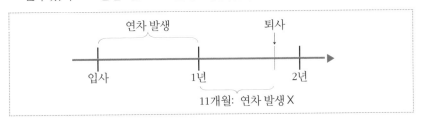

2) 「1년간」에 대한 예외 : 입사 1년 미만자 (제60조제2항 전단)

근로기준법 제60조(연차 유급휴가) ② 사용자는 계속하여 근로한 기간이 1년 미만인 근로자 또는 1년간 80퍼센트 미만 출근한 근로자에게 1개월 개근 시 1일의 유급휴가를 주어야 한다.

① 1년간의 근로를 마치지 않았음에도 불구하고 입사 첫해의 1년 미만 기간에는 매월 개근 시 1일의 연차휴가가 발생하며, 입사 만 1년 이후에는 1년간의 근로를 마치지 않으면 매월 개근하더라도 연차휴가는 발생하지 않는다.

② 이처럼 입사 1년 미만자에게 연차휴가 발생의 예외를 인정한 이유는 주40시간제를 도입하면서 '월차휴가'가 폐지되었기 때문이다. 주40시간제 도입 이전에는 매월 개근 시 발생하는 월차휴가와 매 1년 근무를 마치고 발생하는 연차휴가가 있었으나, 주40시간제 도입과 함께 월차휴가를 폐지하면서 입사 1년 미만자의 경우 1년 근무를 마칠 때까지 사용할 수 있는 휴가가 전혀 없게 된다는 점을 고려하여 입사 1년 미만 기

간만 예외적으로 연차휴가를 월차휴가처럼 발생시켜 사용할 수 있도록 하였다.

③ 한편, 이와 관련하여 2018년 근로기준법 개정으로 입사 1년 차 근로자의 연차휴가일수가 기존 15일에서 26일까지 증가하는 것으로 변경되었다.

● 개정 전

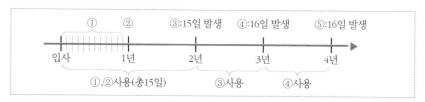

① 입사일로부터 1년 미만 기간에 1개월 개근 시 1일의 연차휴가 발생(최대 11일)

② 입사일로부터 만 1년 시점에 소정근로일의 80% 이상 출근 시 ①의 휴가(최대 11일) 포함하여 15일(11일+4일) 연차휴가 발생

  ⇒ 입사일~만2년까지 사용 가능 연차휴가일수 : 15일

● 개정 후(2018.5.29. 이후)

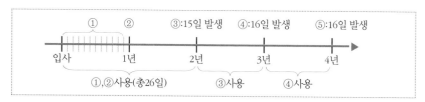

① 입사일로부터 1년 미만 기간에 1개월 개근 시 1일의 연차휴가 발생(최대 11일)

② 입사일로부터 만 1년 시점에 소정근로일의 80% 이상 출근 시 ①의 휴가(최대 11일) 제외하고 15일의 연차휴가 추가 발생 → 만 1년 근무 시 총 26일(11일+15일)의 연차휴가 발생

  ⇒ 입사일~만2년까지 사용 가능 연차휴가일수 : 26일

※ 2020.3.31. 근로기준법 개정 : ①의 휴가(최대11일) 사용기간을 입사 후 만 1년까지로 변경

● **개정법 시행일 및 적용대상자**

① 개정법은 2018.5.29.부터 시행되었으며, 개정 내용은 앞서 보았듯이 제60조제3항을 삭제하는 것이었다. 이로 인해 입사 후 만 1년이 되는 시점에 15일의 연차휴가를 부여할 때 1년 미만 기간에 매월 개근 시 발생한 연차휴가일수(최대 11일)를 포함하도록 하였던 제3항이 삭제되어 제1항의 휴가(15일)와 제2항 전단의 휴가(최대 11일)가 각각 별도로 발생하게 된 것이다.

② 개정법은 2017.5.30. 입사자부터 적용대상이 된다(2018.5.29. 입사자부터가 아님에 유의). 2017.5.30. 입사자가 만 1년이 되는 2018.5.29.에 제3항의 삭제 효력 발생에 따라 제1항의 휴가와 제2항 전단의 휴가가 별도로 발생하기 때문이다.

3) 「80% 이상 출근」의 예외 (제60조제2항 후단)

근로기준법 제60조(연차 유급휴가) ② 사용자는 계속하여 근로한 기간이 1년 미만인 근로자 또는 1년간 80퍼센트 미만 출근한 근로자에게 1개월 개근 시 1일의 유급휴가를 주어야 한다.

① 원칙적으로 1년간 80% 미만 출근한 근로자는 연차휴가가 전혀 발생하지 않는다. 그러나 2012.8.2. 개정법은 연차휴가 산정대상기간 1년 동안 80% 미만 출근한 경우에도 1개월 개근 시 1일의 연차휴가가 발생하는 것으로 개정하였다.

② 이에 따라 매 1년 근로를 마친 후 제1항에 의한 연차휴가를 부여하고자 할 때 출근율이 80% 미만이라면 제2항 후단이 적용되어 개근한 개월 수만큼 연차휴가가 발생한다.

〈예시 1〉

- 2019.1.1.~2020.12.31.(만2년) 재직

- 2020년 1년간 출근율 50%, 6개월 개근

⇒ 2020년 1년간 출근율이 80% 미만이므로 제1항에 따른 연차휴가는 발생하지 않음. 그러나 제2항 후단에 따라 개근한 개월 수(6개월)만큼 6일의 연차휴가 발생

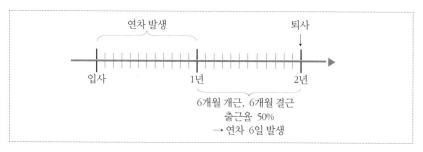

〈예시 2〉

- 2019.1.1. 입사

- 1월~5월 개근. 6월~12월 매달 10일씩 결근하여 출근율 80% 미만

- 2020.1.1. 부여할 연차휴가일수는? : 총 10일(①+②)

⇒ ① 1년 미만 기간 발생 연차휴가 5일(제2항 전단 휴가)

　② 1년 근무에 대해 발생하는 연차휴가 5일(제2항 후단 휴가)

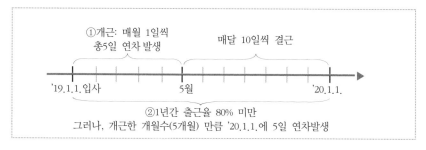

4) 휴가일수 「15일」의 예외 : 가산휴가 (제60조제4항)

근로기준법 제60조(연차 유급휴가) ④ 사용자는 3년 이상 계속하여 근로한 근로자에게는 제1항에 따른 휴가에 최초 1년을 초과하는 계속근로 연수 매 2년에 대하여 1일을 가산한 유급휴가를 주어야 한다. 이 경우 가산휴가를 포함한 총 휴가일수는 25일을 한도로 한다.

⚙ 가산휴가 발생요건 및 휴가일수

① 근로기준법 제60조제4항은 연차휴가 발생일수 15일에 대한 예외로 서 근속기간에 따른 가산휴가를 규정하고 있다.

② 가산휴가는 만 3년 이상 계속하여 근로하고 기본연차 발생요건(1년간 80% 이상 출근)을 충족하면 입사 후 1년을 초과하는 계속근로 연수 매 2년에 대하여 1일을 가산하도록 하고 있다.

③ 이와 같이 가산휴가가 발생하더라도 가산휴가를 포함한 총 휴가일 수는 25일을 한도로 한다.

1. '3년 이상 계속하여 근로한 근로자에게는' → 만 3년 이상 계속근 로하였을 것
2. '제1항에 따른 휴가에' → 제1항의 기본연차휴가 발생요건(1년간 80% 이상 출근)을 충족할 것
3. '최초 1년을 초과하는 계속근로 연수 매 2년에 대하여 1일을 가산 → 입사 1년을 초과하는 매 2년마다 1일의 휴가를 가산

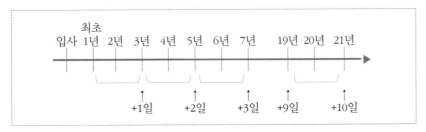

근로년수	1년	2년	3년	4년	5년	6년	···	21년	22년
휴가일수	최대* 26일	15일	16일	16일	17일	17일	···	25일	25일

*(개정 전 : 15일. 개정 후 : 최대 26일)
  ※ 가산휴가 발생일수 간편 계산방법 : 15 + (n-1)/2
     n=입사일 기준 근로(재직)년수, 소수점 이하 버림

😊 80% 미만 출근자의 가산휴가

입사 후 만 3년이 되기 전에는 가산휴가가 발생하지 않으며, 만 3년 이상이라고 하더라도 해당 연도에 80% 미만 출근 시 개근한 개월 수만큼만 연차휴가가 발생하고, 가산휴가는 발생하지 않는다. 다만, 80% 미만 출근한 연도도 가산휴가일수 산정을 위한 근속연수에는 포함된다.

❖ 〈예시〉

▷ 만3년 근무 후 4년 차에 출근율이 80% 미만이고, 개근한 개월 수가 6개월이며, 5년 차에 80% 이상 출근한 경우

→ 4년 차 근무 후 발생하는 연차일수 : 6일(개근한 개월 수)

→ 5년 차 근무 후 발생하는 연차일수 : 17일(15일 + 만5년 근무에 대한 가산 2일)

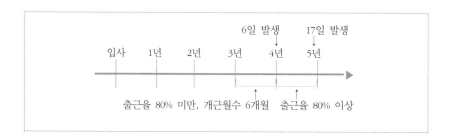

② 단시간근로자의 연차휴가 산정방법

① 단시간근로자는 1주 동안의 소정근로시간이 그 사업장에서 같은 종류의 업무에 종사하는 통상 근로자의 1주 동안의 소정근로시간에 비하여 짧은 근로자를 말한다(근기법 제2조제1항제9호).

② 단시간근로자의 근로조건은 통상 근로자의 근로시간에 비례하여 결정하도록 하고 있고(근기법 제18조제1항), 그 결정기준에 대해서는 근로기준법시행령 별표2에서 규정하고 있다.

③ 근로기준법시행령 별표2에서 규정하고 있는 단시간근로자의 연차휴가 산정방법을 보면, 통상 근로자의 소정근로시간에 비례하여 시간 단위로 산정하도록 하고 있으므로, 연차휴가 사용 시 이처럼 산정된 시간에서 사용일의 소정근로시간만큼 차감하여 관리해야 한다.

④ 아래 예시를 보면 근로시간 유형별로 연차휴가 사용 가능 일수에 차이가 있음을 알 수 있다.

근로기준법시행령 [별표2]

4. 휴일·휴가의 적용

가. 사용자는 단시간근로자에게 법 제55조에 따른 유급휴일을 주어야 한다.

나. 사용자는 단시간근로자에게 법 제60조에 따른 연차유급휴가를 주어야 한다. 이 경우 유급휴가는 다음의 방식으로 계산한 시간 단위로 하며, 1시간 미만은 1시간으로 본다.

$$\text{통상 근로자의 연차휴가일수} \times \frac{\text{단시간근로자의 소정근로시간}}{\text{통상 근로자의 소정근로시간}} \times 8\text{시간}$$

〈예시 1〉

- 1일 6시간, 1주 5일 근무자(주30시간 근무)
- 15일×30시간÷40시간×8시간 = 90시간

→ 휴가 1일 사용 시 6시간 차감(총 15일 사용 가능)

● 〈예시 2〉

- 1일 8시간, 1주 3일 근무자(주 24시간 근무)
- 15일×24시간÷40시간×8시간 = 72시간

→ 휴가 1일 사용 시 8시간 차감(총 9일 사용 가능)

● 〈예시 3〉

- 월 6시간, 화 8시간, 수 6시간, 목 8시간, 금 6시간 근무자(주 34시간 근무)
- ▷ 15일×34시간÷40시간×8시간 = 102시간

→ 월요일 휴가 사용 시 6시간 차감, 화요일 휴가 사용 시 8시간 차감
  (총 사용 가능 일수는 사용 요일에 따라 변동)

❸ 임신·육아기 근로시간 단축(또는 시간선택제 전환) 전후 연차휴가 산정 및 사용방법

① 임신·육아기 근로시간 단축(또는 시간선택제 전환) 근로자도 단시간근로자에 해당하므로 연차휴가 산정방법과 사용방법이 앞서 보았던 내용과 기본적으로는 동일하다.

② 그런데 문제는 임신·육아기 근로시간 단축(또는 시간선택제 전환) 근로자의 경우에는 통상근로자였다가 단시간근로자로 전환되고 다시 통상근로자로 전환될 수 있으므로 연차휴가의 산정방법이나 사용방법이 일반 단시간근로자와는 차이가 있다는 점을 유의해야 한다.

③ 이와 관련하여 기본적인 내용은 아래 행정해석을 참고할 수 있을 것이며, 실무상 발생할 수 있는 다양한 유형별 구체적인 내용은 아래 예시를 보면 이해할 수 있을 것이다.

〈 육아기 근로시간 단축 근로자의 연차유급휴가 부여 〉
(2013-07-18, 근로개선정책과-4216)

〈질 의〉

○ 연차유급휴가 산정기간 동안 통상의 근무와 육아기 근로시간 단축 근무가 혼재되어 있는 경우 연차유급휴가 산정 및 사용한 연차휴가의 차감 방법

〈회 시〉

○ 근로기준법 시행령 [별표2]에 의거 단시간근로자의 연차유급휴가는 다음의 방식에 의하여 시간단위로 산정(1시간 미만은 1시간으로 간주)

• 통상근로자의 연차유급휴가일수×(단시간근로자의 소정근로시간/통상근로자의 소정근로시간)×8시간

• 이때 단시간근로자 또는 통상근로자의 소정근로시간은 1주간의 소정근로시간으로 함.

○ 아울러, 연차유급휴가 부여를 위한 출근율 산정기간 중에 통상근로와 육아기 근로시간 단축 근무가 혼재되어 있는 경우 연차유급휴가는 다음의 방식에 의하여 시간단위로 산정하면 될 것으로 사료됨.

• [통상근로기간 동안 연차유급휴가(15일×통상근로월/12월)×8시간]+[육아기 단축기간 동안 연차유급휴가〈15일×(단시간근로자의 소정근로시간/통상근로자의 소정근로시간)×(단축기간 근로월/12월)×8시간〉]

• 단축기간 동안 연차유급휴가는 '1일' 단위로 소정근로일에 부여하되, 단축기간 동안의 소정근로시간만큼 사용한 것으로 하여야 하고, 단시간근로자에게 부여된 연차유급휴가일수(시간)가 통상근로자의 법정 연차유급휴가일수를 초과하는 경우 초과된 일수(시간)에 대해서는 휴가로 부여하지 않을 수 있으나, 이 경우에도 미사용한 연차유급휴가시간('1일'단위로 사용할 수 없게 된 잔여 휴가시간 포함)에 대하여는 시간급 임금을 기초로 미사용수당을 지급하여야 할 것임.

🔷 〈예시 1〉 1년간 근로시간 단축

- 2018.1.1. 입사
- 2020.1.1.~12.31. 1년간 근로시간 단축(8→6시간)
- 2021.1.1. 통상근로시간으로 복귀(6→8시간)

① 2020.1.1.~12.31. 근로시간 단축 기간 중 연차사용방법은?

→ 2020.1.1. 발생 연차 15일(15×8시간=120시간분) : 2020년에 연차 1일 사용 시 6시간 차감

→ 15일(90시간) 사용, 나머지 30시간 수당 지급

② 2021.1.1. 발생 연차는?

→ 16일×30시간÷40시간×8시간 = 96시간

※ '16일' : 만3년 근무에 대한 가산연차 1일 반영

③ 2021.1.1~12.31. 통상근무 복귀 후 연차사용방법은?

→ 96시간÷8시간 = 12일 사용 가능

④ 최근 대법원 판례 및 행정해석 변경에 따른 연차 휴가일수

최근 대법원판결(대법원 2021.10.14. 선고 2021다227100 판결)은 "연차휴가청구권은 전년도 1년간의 근로를 마친 다음 날 발생한다고 보아야 하므로 그 전에 퇴직 등으로 근로관계가 종료한 경우에는 연차휴가청구권에 대한 보상으로서의 연차휴가수당도 청구할 수 없다."고 하면서

1년 계약직 퇴직자의 연차휴가일수는 최대 26일(11일+15일)이 아니라 최대 11일이라고 판시하였다.

이에 따라 고용노동부도 연차휴가에 대한 기존 행정해석을 변경(임금근로시간과 2021.12.16.)하였다.

🔅 입사 1년 미만 퇴직 시 연차

- 만 7개월 근로(1.1.~7.31.) 후 퇴직한 경우 연차휴가는 6일

입사 1년 미만 기간 매월 개근 시 1일씩 발생하는 연차도 그 1개월 근로를 마친 다음 날 발생하므로 7개월째 개근한 경우라도 그다음 날 근로관계가 없으므로 연차휴가는 최대 6일만 발생한다.

🔅 1년(365일) 근무 후 퇴직 시 연차휴가일수

- 입사 1년 미만 기간 발생 연차 최대 11일만 발생

1년 근로를 마친 다음 날 근로관계가 없으므로 15일의 연차휴가는 미발생(수당 청구도 불가)한다.

계약직, 정규직 모두 동일하다.

🔅 1년 초과(365일+1일 이상) 근무 후 퇴직 시 연차

- 입사 1년 미만 기간 발생 연차 최대 11일 발생 + 15일 연차 발생(수당 청구 가능)

1년의 근로를 마친 다음 날(366일째) 근로관계가 있으므로 1년 미만 기간 발생 연차 최대 11일과 15일의 연차도 확정적으로 발생하여 최대 26일이 된다.

🔅 만 2년 이상 근무 후 퇴직 시 연차

- 만 2년 또는 만 3년 근무 후 퇴직하는 경우 연차 미발생

만 2년 또는 만 3년 근무 후 퇴직하는 경우 등 마지막 근무하는 해에 1년(365일)만 근무하고 퇴직하면 80% 출근율을 충족하더라도 마지막 근무한 해에 대한 기본연차 및 근속가산연차는 발생하지 않고 미사용 수당 청구 불가하다.

CHAPTER 5

출근율 산정방법의 이해

1 출근율의 개념과 소정근로일수 계산방법

① 연차휴가 산정을 위한 출근율은 1년간의 소정근로일수에 대한 출근일수의 비율(출근일수÷소정근로일수)을 말한다.

- 연차휴가 산정을 위한 출근율 : 출근일수÷소정근로일수

② 여기서 '소정근로일수'는 역일상 365일이 아니라 노사 당사자가 근로하기로 정한 날 즉, 휴일 등을 제외한 근로할 의무가 있는 날을 의미한다.

- 소정근로일수 : 근로할 의무가 있는 날

2 출근율 산정 시 소정근로일수에서 제외되는 기간

연차휴가 산정대상기간 1년 중 근로할 의무가 없는 아래 기간은 소정근로일수에서 제외된다.

법정휴일 또는 약정휴일

- 주휴일, 근로자의 날, 약정휴일(법정공휴일, 창립기념일 등)

특별한 사유로 근로제공의무가 정지되는 날 또는 기간

- 사용자 귀책사유로 휴업한 기간
- 적법쟁의행위기간
- 가족돌봄휴직기간, 해외연수기간, 예비군훈련 중 발생한 부상 치료 기간

- 업무외사유로 인한 병가, 개인사유로 인한 휴직기간 – 기존 행정 해석은 결근 처리하도록 하였으나 변경된 행정해석(임금근로시간 과-1736, 2021.08.04.)은 근로제공의무가 정지된 날로 보아 소정근 로일수에서 제외함.

※ 특별한 사유로 근로제공의무가 정지되는 날 또는 기간이 있을 때 연 차휴가일수 산정은 그 기간을 제외한 나머지 소정근로일수와 연간 총 소정근로일수의 비율에 따라 산정함.

예) 연간 총 소정근로일수 298일, 근로제공의무 정지기간 90일, 나머 지 소정근로일수 208일 → 15일×208일÷298일 = 10.5일

❸ 소정근로일수에 포함하고 출근한 것으로 간주되는 기간

● 연차휴가 산정대상

연차휴가 산정대상기간 1년 중 아래의 기간은 소정근로일수에서 제외 되지 않으며 출근한 것으로 간주되어 연차휴가가 정상적으로 발생한다. 이러한 점에서 앞에서 본 특별한 사유로 근로제공의무가 정지되어 소정 근로일수에서 제외되는 기간과 차이가 있다.

● 법령상 또는 그 성질상 출근한 것으로 보아야 하는 기간

1. 업무상 재해로 인한 휴업기간 (근기법 제60조제6항제1호)

2. 출산전후휴가기간, 유사산휴가기간 (근기법 제60조제6항제2호)

3. 남녀고평법에 따른 육아휴직기간 (근기법 제60조제6항제3호) : 신설

4. 예비군훈련기간, 민방위 훈련 또는 동원기간

5. 공민권 행사를 위한 휴무일

6. 연차휴가, 생리휴가, 경조휴가 등 약정휴가

7. 부당해고기간(대법원 2014.3.13. 선고 2011다95519 판결) 그러나, 고용

노동부는 소정근로일수에서 제외(2001.6.19. 근기68207-1976) → 부당해고는 사용자의 귀책사유라는 점과 무효의 법리상 대법원 입장이 타당.

💠 관련 법규

제60조(연차 유급휴가)
⑥ 제1항 및 제2항을 적용하는 경우 다음 각 호의 어느 하나에 해당하는 기간은 출근한 것으로 본다.
1. 근로자가 업무상의 부상 또는 질병으로 휴업한 기간
2. 임신 중의 여성이 제74조제1항부터 제3항까지의 규정에 따른 휴가로 휴업한 기간
3. 남녀고용평등과 일·가정 양립 지원에 관한 법률 제19조제1항에 따른 육아휴직으로 휴업한 기간

④ 소정근로일수에 포함하고 결근한 것으로 간주되는 기간

① 연차휴가 산정대상기간 1년 중 아래의 기간은 소정근로일수에 포함하되 결근 처리를 할 수 있다.

② 따라서 아래의 기간이 1년간 소정근로일수의 20%를 초과하면 출근율이 80% 미만이 될 것이므로 제60조제1항에 따른 기본연차휴가가 발생하지 아니하고, 제60조제2항후단에 따라 아래의 기간을 제외한 나머지 소정근로일 중 개근한 개월 수만큼만 연차휴가가 발생한다.

- 구속수감기간
- 정직, 직위해제 등 정당한 징계기간
- 불법쟁의행위기간

⑤ 지각, 조퇴 등에 대한 결근 및 연차휴가사용 처리 가능 여부

❂ 지각, 조퇴 등에 대한 결근 처리

① 연차휴가 산정을 위한 출근율을 계산할 때 지각, 조퇴 등이 있는 날이라고 하더라도 이를 결근으로 처리할 수는 없고 출근한 것으로 처리해야 한다.

② 간혹, 지각, 조퇴 3회를 결근 1일로 처리하는 것으로 취업규칙에 정하는 경우가 있는데 이는 무효이다.

❂ 지각, 조퇴 등에 대한 연차휴가사용 처리

① 한편, 지각, 조퇴 등에 대해 누계 8시간을 연차 1일 사용으로 처리하는 경우도 있는데, 이렇게 처리해야 할 법적 의무는 없으나 사용자가 근로자의 신청을 받아들여 연차사용으로 처리해주는 것은 가능하다.

② 다만, 사용자가 일방적으로 연차사용으로 처리하는 것은 근로자의 연차휴가 시기지정권을 침해하는 것이므로 불가능하고 반드시 근로자의 신청 또는 동의가 있어야 한다.

CHAPTER 6

연차휴가의 회계연도기준 관리방법

❶ 입사일자기준과 회계연도기준의 이해

① 근로기준법에 따른 연차휴가의 산정기준은 개인별 입사일로부터 1년 단위로 산정하는 입사일자기준이 원칙이다.

그러나 이처럼 개인별 입사일자기준으로 연차휴가를 관리하는 경우 많은 인원을 사용하는 기업의 경우 개인별 입사일자가 다르므로 관리하기 매우 어렵다.

② 특히, 연차사용촉진조치를 하는 경우 개별적으로 서면 통지를 하는 것은 매우 어려운 일이다. 이런 관리상의 어려움을 해결하기 위하여 연차휴가 산정기준을 회계연도기준 등으로 통일하는 것도 가능하다(근로개선정책과-5352, 2011-12-19 등).

③ 여기서 유의할 점은 회계연도기준으로 통일하는 것은 기업의 관리상의 편의를 위한 것이므로 근로기준법에 정한 것보다 근로자에게 불리하게 적용되어서는 안 된다는 것이다.

이하에서는 근로기준법에 위반되지 않도록 연차휴가 산정기준을 회계연도로 통일하는 방법을 설명한다.

② 중도 입사자 회계연도기준 통일방법

연차휴가 산정기준을 회계연도로 통일하는 것은 매 1년간의 근로를 마치고 발생하는 연차휴가(제60조제1항, 제2항후난, 세4항)의 산정기간을 입사일자기준에서 회계연도기준으로 변경하는 것이며, 1년 미만 근로기간 매월 개근 시 발생하는 연차휴가(제60조제2항전단)는 그 대상이 아니라는 점을 유의해야 아래 내용을 이해하기 쉽다.

● 고용노동부의 방법

○ 〈예시〉 2019.7.1. 입사자의 경우

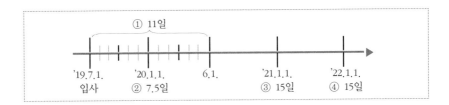

① 2019.7.1.~2020.5.31.(11개월간) 매월 개근 시 1일씩 11일 연차 부여(제60조제2항전단의 휴가)

② 2020.1.1. ①의 휴가 이외에 `19.7.1.~12.31.(6개월)에 대한 기간 비례 연차 7.5일(15일×6개월÷12개월) 부여(제60조제1항의 휴가)

※ 2020.1.1.까지 발생 연차일수 누계 : 13.5일(①중 6개월분 6일+②7.5일)
※ 2020.7.1.까지 발생 연차일수 누계 : 18.5일(①11일+②7.5일)

③ 2021.1.1. `20.1.1.~12.31.(1년)에 대한 연차휴가 15일 부여(제60조제1항의 휴가)

④ 2022.1.1. 연차휴가 15일 부여

고용노동부는 위와 같이 입사일이 속한 해의 다음 해부터 회계연도기준으로 통일하는 방법을 취하고 있는데, 이 방법은 입사 1년 미만 기간에 발생하는 연차(제60조제2항전단)와 회계연도기준으로 통일하는 기본

연차(제60조제1항)가 중복되는 기간이 있어 관리가 복잡하다는 단점이 있다.

🌑 다른 방법

다음의 방법은 입사일로부터 1년까지는 입사일자기준으로 연차휴가를 산정하고, 입사일이 속한 해의 다음다음 해부터 회계연도기준으로 통일하는 방법이며, 입사 1년 미만 기간에 발생하는 연차와 회계연도로 통일하는 기본연차가 중복되지 않아 관리가 조금 더 편할 수 있다.

고용노동부의 방법과 아래 방법 중 어떤 방법을 취하더라도 큰 차이는 없으니 더 이해하기 쉽고 관리하기 편한 쪽을 선택해도 된다.

♻ 〈예시〉 2019.7.1. 입사자의 경우

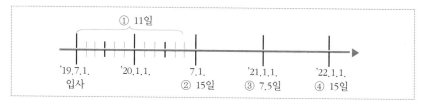

① 2019.7.1.~2020.5.31.(11개월간) 매월 개근 시 1일씩 11일 연차 부여(제60조제2항전단의 휴가)

② 2020.7.1. ①의 휴가 이외에 `19.7.1.~`20.6.30.(1년)에 대한 연차 15일 부여(제60조제1항의 휴가)

　※ 2020.7.1.까지 발생 연차일수 누계 : 26일(①11일 + ②15일)

③ 2021.1.1. `20.7.1.~12.31.(6개월)에 대한 기간 비례 연차 7.5일(15일×6개월÷12개월) 부여(제60조제1항의 휴가)

④ 2022.1.1. 연차휴가 15일 부여 …

❸ 회계연도기준 통일 시 유의사항 및 취업규칙 반영사항

☁ 유의사항

① 연차휴가 산정기간을 회계연도기준으로 통일하는 경우 퇴사하는 근로자에게 대해서는 반드시 해당 근로자의 입사일자기준으로 재산정한 재직기간 중의 총 연차휴가일수와 회계연도기준으로 부여한 총 연차휴가일수를 비교하여 부족한 휴가일수가 있다면 이를 수당으로 정산하여야 한다.

② 회계연도기준으로 통일하는 것은 관리의 편의를 위한 것이므로 근로기준법에 정한 것보다 불리하게 적용될 수는 없기 때문이다(근로개선정책과-5352, 2011-12-19).

③ 한편, 퇴직 시 입사일자기준으로 재산정한 휴가일수보다 회계연도기준으로 부여한 휴가일수가 많은 경우에는 초과 부여된 휴가일수는 무효로 하고, 이미 초과 사용한 경우라면 그 일수만큼 퇴직 시 지급받을 임금 등에서 공제하여 정산하는 것이 형평의 원칙상 바람직할 것이다.

④ 다만, 유의할 사항은 초과 일수에 대해 퇴직 시 입사일자기준으로 재산정하여 정산한다는 내용을 취업규칙 등에 명확히 규정하지 않으면 근로기준법보다 유리하게 약정된 제도로 해석(임금근로시간정책팀-489, 2008-02-28)되어 정산이 불가능할 수 있다는 점이다.

☁ 취업규칙 개정 절차

① 연차휴가 산정기간을 회계연도기준으로 통일할 때 근로기준법에 따른 입사일자기준보다 불리하지 않은 방법으로 변경해야 하므로 회계연도기준으로의 통일이 취업규칙의 불이익변경에는 해당하지 않을 것이다. 따라서 근로자 과반수의 동의는 필요하지 않고 의견을 듣는 것만으로 변경이 가능하다(근기법 제94조제1항).

② 그런데, 회계연도기준으로 변경할 경우 연도 중간에 미사용연차수

당을 지급받아왔던 근로자의 경우 지급시기가 1월로 미루어지는 결과가 되므로 불이익한 것은 아닌지 의문이 들 수 있으나, 연차휴가의 사용기간을 연말까지 연장하여 주고 1월에 미사용연차휴가에 대한 수당을 지급한다면 문제가 되지 않는다.

③ 이는 뒤에서 설명하는 '휴가청구권 이월사용'에서와 같이 소멸한 휴가청구권의 사용시기를 연장해주는 것이고 연장된 기간에 사용하지 못하면 결국 미사용연차휴가는 수당으로 지급받게 되어 불이익하지 않으며, 연차휴가를 이월 사용하도록 하는 것(소멸시효 이익의 포기)은 채무자인 사용자의 일방적인 의사표시로 가능하기 때문이다.

● 취업규칙 반영사항

회계연도기준으로 통일할 때 유의해야 할 사항들을 고려하여 취업규칙에 다음과 같은 내용을 반드시 반영하여야 한다.

〈 취업규칙 〉

○ 입사일 다음 연도부터 회계연도기준으로 통일하는 경우

제○○조 (연차유급휴가) ① ~ ④ 생략
⑤ 연차휴가의 산정기간 및 사용기간은 입사 일자를 불문하고 매년 1월 1일부터 12월 31일까지로 하되, 중도 입사자의 경우 입사일로부터 입사 연도 말일까지는 해당 기간에 비례하여 연차휴가를 부여한 후 다음 연도부터 위 기간 단위로 부여한다.
⑥ 퇴직 시점에서 입사 일자를 기준으로 재산정한 총 연차휴가일수에 비하여 전항에 따라 재직 중 부여받은 연차휴가일수가 부족한 경우에는 그 일수만큼 수당으로 정산하여 지급하고, 전항에 따른 연차휴가일수가 입사일자 기준으로 재산정한 연차휴가일수보다 많은 경우에는 그 초과한 일수의 휴가는 무효로 하며, 이미 초과 사용한 경우에는 그 일수만큼 퇴직 시 지급받을 임금·퇴직금 등에서 공제하여 정산한다.

〈 취업규칙 〉

○ 입사일 다음다음 연도부터 회계연도기준으로 통일하는 경우

제○조 (연차유급휴가) ① ~ ④ 생략

⑤ 연차휴가의 산정기간 및 사용기간은 입사 일자를 불문하고 매년 1월 1일부터 12월 31일까지로 하되, 중도 입사자의 경우 입사일로부터 1년까지는 입사일자기준으로 연차휴가를 부여하고, 입사일로부터 1년이 되는 날부터 해당 연도 말일까지는 해당 기간에 비례한 연차휴가를 부여한 후 다음 연도부터 위 기간 단위로 부여한다.

⑥ 위와 동일

CHAPTER 7

연차휴가의 사용

① 근로자의 시기지정권과 사용자의 시기변경권

근로기준법 제60조(연차유급휴가) ⑤ 사용자는 제1항부터 제4항까지의 규정에 따른 휴가를 근로자가 청구한 시기에 주어야 하고, 그 기간에 대하여는 취업규칙 등에서 정하는 통상임금 또는 평균임금을 지급하여야 한다. 다만, 근로자가 청구한 시기에 휴가를 주는 것이 사업 운영에 막대한 지장이 있는 경우에는 그 시기를 변경할 수 있다.

🌼 근로자의 시기지정권(휴가청구권)

① 연차휴가는 근로자가 청구하는 시기에 주어야 하나, 휴가 신청절차(예: 휴가사용일 3일 전 신청서 제출 및 승인 등)를 취업규칙 등에 정하고 있다면 근로자는 이를 준수하여야 한다.

② 권리가 있다고 하여 이를 남용할 수는 없으며, 휴가 신청절차를 위반하는 것은 사용자의 시기변경권을 침해하는 행위가 될 수 있기 때문이다. 따라서 신청절차를 위반하고 일방적으로 연차휴가사용 통지를 한 후 결근하면 무단결근으로 처리할 수 있다(대법원 1992.6.23. 92다7542).

🌼 사용자의 시기변경권

① 연차휴가는 원칙적으로 근로자가 청구한 시기에 부여해야 한다. 다만, 사업 운영에 막대한 지장이 있을 때는 회사가 그 시기를 변경할 수 있다(근기법제60조제5항).

② 따라서, 근로자가 청구한 시기에 휴가를 사용하면 사업 운영에 막

대한 지장이 있다면 사용자는 근로자에게 다른 시기로 변경 신청하도록 해야 한다. 단순히 휴가 신청을 승인하지 않는 것은 연차사용을 불허하는 것이어서 인정되지 않는다는 점을 유의해야 한다.

③ 한편, 어떤 경우가 '사업 운영에 막대한 지장이 있는 경우'인지는 기업 규모, 업무의 성질, 작업의 바쁜 정도, 대체인력 투입 난이도, 같은 시기 휴가청구자 수 등을 고려하여 판단해야 하는데, 근로자가 청구한 시기에 휴가를 사용하면 업무에 현저한 지장이 초래될 가능성이 존재하고, 다른 근로자가 대신 업무를 수행하기도 곤란하다면 사업 운영에 막대한 지장이 있다고 할 수 있을 것이다.

④ 위와 같이 회사가 적법한 시기변경권을 행사했음에도 불구하고 일방적으로 연차휴가를 사용한 경우 무단결근으로 처리할 수 있다(대법원 1997.3.28. 96누4220).

❷ 휴가청구권의 소멸시효 및 이월사용방법

✤ 휴가청구권의 소멸시효

근로기준법 제60조(연차유급휴가) ⑦ 제1항·제2항 및 제4항에 따른 휴가는 1년간(계속하여 근로한 기간이 1년 미만인 근로자의 제2항에 따른 유급휴가는 최초 1년의 근로가 끝날 때까지의 기간을 말한다)행사하지 아니하면 소멸된다. 다만, 사용자의 귀책사유로 사용하지 못한 경우에는 그러하지 아니하다.

---

① 연차휴가는 원칙적으로 휴가발생일로부터 1년간 사용할 수 있으며, 근로자가 휴가를 사용하지 않고 1년을 경과한 경우 휴가청구권은 소멸된다. 다만, 사용자 귀책사유(시기변경권 행사)로 사용하지 못한 경우에는 소멸되지 않는다.

② 한편, 입사 1년 미만 기간 매월 개근 시 발생한 휴가의 소멸시효

가 2020.3.31. 근기법 개정으로 변경되었다. 개정 전에는 입사 1년 미만 기간 매월 개근 시 발생한 휴가는 매월 발생한 시점부터 각각 1년간 소멸시효가 적용되었다.

③ 그러나 2020년 개정 근기법은 입사 1년 미만 기간에 발생한 휴가를 입사 1년이 될 때까지 모두 사용해야 하는 것으로 이를 변경하였다 (2020.3.31.이후 발생 휴가부터 적용, 이전 발생 휴가는 개정 전 규정 적용). 입사 1년 미만 기간에 연차휴가가 발생하도록 한 것은 입사 1년 차에 사용할 수 있는 휴가를 보장하려는 취지였고, 보장의 강화를 위해 2018년 개정 근기법은 입사 1년이 되는 시점에 2년 차에 사용할 수 있는 15일의 휴가가 별도로 발생하도록 하였다. 그럼에도 불구하고 1년 차에 휴가를 사용하지 않고 미사용연차수당으로 지급받는 일이 많아 제도의 본래 취지가 상실됨은 물론 사업주의 부담이 가중되는 상황이 되고 있어 이러한 점을 개선하고자 개정한 것이다.

휴가청구권의 이월사용

① 고용노동부는 사용기간 1년을 경과하여 휴가청구권이 소멸한 경우 수당청구권으로 전환되므로 연차휴가를 이월 사용하도록 하려면 근로자와의 합의가 필요하다는 입장이다(근로조건지도과-1047, 2009-2-20, 근로개선정책과-4449, 2013-7-30). 그러나 이는 시효이익의 포기에 관한 법리를 오해한 것이므로 적절하지 않다고 생각된다.

② 시효이익의 포기는 시효의 완성으로 인하여 생기는 법률상의 이익을 받지 않겠다는 적극적이고 일방적인 의사표시로서 채무자의 시효이익 포기 의사가 상대방에게 도달하는 때에 효력이 발생한다는 점(대법원 2011.7.14.선고 2011다23200판결),

③ 연차휴가제도는 휴식을 위한 휴가권 보장에 본래 취지가 있는 것이며 수당청구권은 종국적으로 휴가를 사용할 수 없게 되었을 때 휴가권에 대신하여 보상되는 부차적인 것에 불과하다는 점,

④ 제60조제7항 단서에서 사용자의 귀책사유로 사용하지 못한 경우 휴가청구권이 소멸하지 않음을 규정한 것도 같은 취지라고 해석된다는 점에서 근로자에게 연차휴가를 주어야 할 채무자인 사용자가 휴가청구권 소멸시효 이익을 포기하고 일방적으로 미사용연차휴가를 이월 사용하도록 하는 것도 가능하다고 해석해야 할 것이다.

⑤ 이렇게 해석하더라도 근로자에게 불리한 점은 전혀 없다. 왜냐하면, 미사용연차휴가를 이월하여 계속 사용할 수 있는 기간이 주어질 뿐만 아니라 연장된 기간 중에 결국 사용하지 못한 미사용연차휴가는 수당으로 지급받게 되기 때문이다.

❸ 반차제도, 결근 후 연차대체 요구, 연차 선사용 등 특이사항

⚙ 반차휴가

연차휴가는 소정근로일의 근로제공의 의무를 면제하는 것이므로 '일' 단위로 부여하는 것이 원칙이지만, 당사자 간 합의로 '일'의 일부를 분할하여 반차 등으로 부여할 수도 있다(근기 68207-934, 2003-7-23).

⚙ 결근 후 연차대체 요구

결근 후 이를 연차휴가 사용으로 처리해 달라고 요구하는 경우가 많은데, 이러한 요구를 들어주어야 할 의무는 없다. 연차휴가 신청절차를 위반했다면 연차휴가 사용으로 처리하지 않고 결근 처리하여도 된다(1992-09-16, 중노위 92부노76).

⚙ 연차휴가의 선사용

① 연차휴가제도는 일정 기간 성실한 근로를 제공한 근로자의 피로를 해소해 노동력의 유지 및 재생산을 도모하는 데 그 목적이 있으므로 일

정 기간의 성실한 근로(1개월 개근 또는 1년간 계속근로) 이후에 부여함이 원칙이나, 근로자의 요구와 편의를 위하여 연차휴가가 발생하기 전에 미리 부여하여 선사용 하게 하는 것도 가능하다(법무 811-27576, 1980-10-23).

② 다만, 발생일수를 초과한 연차휴가 선사용에 대해서는 퇴직 시 임금에서 공제할 수 있지만 휴가일수가 과도하게 초과한 경우에는 퇴직 시 임금 공제로 정산이 해결되지 않을 수 있으니 적절한 관리가 필요할 것이다.

CHAPTER 8

적법한 연차휴가 사용촉진방법

1 연차휴가의 사용촉진

관련 법규

근로기준법 제61조(연차 유급휴가의 사용 촉진)

① 사용자가 제60조제1항·제2항 및 제4항에 따른 유급휴가(계속하여 근로한 기간이 1년 미만인 근로자의 제60조제2항에 따른 유급휴가는 제외한다)의 사용을 촉진하기 위하여 다음 각 호의 조치를 하였음에도 불구하고 근로자가 휴가를 사용하지 아니하여 제60조제7항 본문에 따라 소멸된 경우에는 사용자는 그 사용하지 아니한 휴가에 대하여 보상할 의무가 없고, 제60조제7항 단서에 따른 사용자의 귀책사유에 해당하지 아니하는 것으로 본다.

1. 제60조제7항 본문에 따른 기간이 끝나기 6개월 전을 기준으로 10일 이내에 사용자가 근로자별로 사용하지 아니한 휴가 일수를 알려주고, 근로자가 그 사용 시기를 정하여 사용자에게 통보하도록 서면으로 촉구할 것

2. 제1호에 따른 촉구에도 불구하고 근로자가 촉구를 받은 때부터 10일 이내에 사용하지 아니한 휴가의 전부 또는 일부의 사용 시기를 정하여 사용자에게 통보하지 아니하면 제60조제7항 본문에 따른 기간이 끝나기 2개월 전까지 사용자가 사용하지 아니한 휴가의 사용 시기를 정하여 근로자에게 서면으로 통보할 것

② 사용자가 계속하여 근로한 기간이 1년 미만인 근로자의 제60조제2항에 따른 유급휴가의 사용을 촉진하기 위하여 다음 각 호의 조치를 하였음에도 불구하고 근로자가 휴가를 사용하지 아니하여 제60조제7항 본문에 따라 소멸된 경우에는 사용자는 그 사용하지 아니한 휴가에 대하여 보상할 의무가 없고, 제60조제7항 단서에 따른 사용자의 귀책사유에 해당하지 아니하는 것으로 본다.

1. 최초 1년간 근로가 끝나기 3개월 전을 기준으로 10일 이내에 사용자가 근로자별로 사용하지 아니한 휴가 일수를 알려주고, 근로자가 그 사용 시기를 정하여 사용자에게 통보하도록 서면으로 촉구할 것. 다만, 사용자가 서면 촉구

한 후 발생한 휴가에 대해서는 최초 1년의 근로기간이 끝나기 1개월 전을 기준으로 5일 이내에 촉구하여야 한다.

2. 제1호에 따른 촉구에도 불구하고 근로자가 촉구를 받은 때부터 10일 이내에 사용하지 아니한 휴가의 전부 또는 일부의 사용 시기를 정하여 사용자에게 통보하지 아니하면 최초 1년간 근로가 끝나기 1개월 전까지 사용자가 사용하지 아니한 휴가의 사용 시기를 정하여 근로자에게 서면으로 통보할 것. 다만, 제1호 단서에 따라 촉구한 휴가에 대해서는 최초 1년간 근로가 끝나기 10일 전까지 서면으로 통보하여야 한다.

🔵 사용촉진 대상 연차휴가

① 개정 전 근기법에 따르면 기본연차와 근속기간에 따른 가산연차만 사용촉진조치의 대상이 되고, 입사 1년 미만 기간에 발생한 연차휴가와 1년간 80% 미만 출근으로 인해 개근한 개월 수만큼만 발생한 연차휴가는 사용촉진조치의 대상이 될 수 없었으나, 2020.3.31. 근기법 개정에 따라 모두 사용촉진조치의 대상이 되었다.

② 다만, 개정 근기법 시행일인 2020.3.31. 이후에 발생하는 연차휴가부터 사용촉진조치 대상이 되며, 개정법 시행일 전에 발생한 연차휴가는 사용촉진조치 대상이 되지 않는다.

🔵 사용촉진절차

① 연차휴가 사용촉진절차에 관해 단체협약이나 취업규칙에 정하지 않은 경우에도 사용자는 근기법에 따라 사용촉진조치를 취할 수 있다 (창원지법 2011.05.17. 선고 2010가단22081 판결).

② 다만, 2020.3.31. 근기법 개정으로 입사 1년 이후 발생한 연차휴가와 입사 1년 미만 기간 발생한 연차휴가의 사용촉진조치를 달리 하여야 한다는 점과 적법한 사용촉진조치가 되려면 반드시 1차 촉진조치와 2차 촉진조치를 모두 준수해야 한다는 점을 유의해야 한다.

② 입사 1년 이후 발생 연차휴가의 사용촉진절차

(1) 1차 촉진조치 : 사용계획서 제출 촉구

⚙ 시기

연차휴가 사용기간 만료 6개월 전을 기준으로 10일 이내(사용기간이 회계연도기준인 경우 7.1.~7.10. 사이)에 사용계획서 제출을 촉구한다.

〈유의사항〉

연차휴가 사용기간 만료 6개월 전보다 더 먼저 촉진조치를 시행하는 경우(예 : 연초부터 사용계획서 제출 촉구)에도 반드시 법에 규정된 위 시기에 사용계획서 제출 촉구를 다시 해야 한다.

연차휴가 사용촉진조치는 근로자의 휴가청구권 및 수당청구권을 소멸 시키는 조치이기 때문에 법에서 정한 요건을 엄격하게 준수해야 하기 때문이다.

⚙ 방법

서면으로 통지한다. 단, 회사 내부 전산시스템을 통해 업무 연락 및 기안, 결재 등을 하고 있어 상시적인 연락 수단으로 사용되며 근로자에게 도달 여부가 명확히 확인된다면 회사 전산시스템을 통한 전자문서도 가능하다(근로기준정책과-3801, 2017-06-20).

⚙ 내용

미사용휴가일수를 알려 주고(휴가 발생일수 및 사용일수도 포함하는 것이 바람직함), 사용계획 시기를 정하여 회사에 제출하도록 안내한다 (촉구 서면을 받은 날로부터 10일 이내에 제출해야 함).

(2) 2차 촉진조치 : 사용 시기 지정 통보

✪ 사유

서면 촉구에도 불구하고 전혀 사용계획서를 제출하지 않거나, 미사용 연차일수 중 일부에 대해서만 사용계획서를 제출하는 경우에 통보한다.

✪ 시기

근로자가 촉구 서면을 수령한 날로부터 10일 경과 후부터 연차휴가 사용기간 만료 2개월 전까지(사용기간이 회계연도기준인 경우 10.31.까지) 통보해야 한다.

✪ 방법

서면으로 통보한다. 단, 앞에서와 같은 요건을 충족하는 경우 회사 전산시스템을 통한 전자문서로도 가능하다.

✪ 내용

회사가 휴가의 사용 시기를 임의로 지정하여 통보한다.

③ 입사 1년 미만 기간 발생 연차휴가의 사용촉진절차

(1) 1차 촉진조치 : 사용계획서 제출 촉구

✪ 시기

입사 만 1년이 되기 3개월 전을 기준으로 10일 이내(입사일이 1.1.인 경우 10.1.~10.10. 사이)에 사용계획서 제출을 촉구한다.

다만, 사용계획서 제출 촉구 후 발생하는 연차휴가(10.1. 촉구한 경우 11.1.과 12.1.에 발생하는 연차)에 대해서는 입사 만 1년이 되기 1개월 전을 기준으로 5일 이내(입사일이 1.1.인 경우 12.1.~12.5 사이)에 사용계획서 제출을 촉구한다.

⚙ 방법

입사 1년 이후 발생 연차휴가의 사용촉진절차와 같다.

⚙ 내용

입사 1년 이후 발생 연차휴가의 사용촉진절차와 같다.

(2) 2차 촉진조치 : 사용 시기 지정 통보

⚙ 사유

입사 1년 이후 발생 연차휴가의 사용촉진절차와 같다.

⚙ 시기

근로자가 촉구 서면을 수령한 날로부터 10일 경과 후부터 입사 만 1년이 되기 1개월 전까지(입사일이 1.1.인 경우 11.30.까지) 통보해야 한다.

다만, 사용계획서 제출 촉구 후 발생하는 연차휴가(10.1. 촉구한 경우 11.1.과 12.1.에 발생하는 연차)에 대해서는 입사 만 1년이 되기 10일 전까지(입사일이 1.1.인 경우 12.21.까지) 통보해야 한다.

⚙ 방법

입사 1년 이후 발생 연차휴가의 사용촉진절차와 같다.

⚙ 내용

입사 1년 이후 발생 연차휴가의 사용촉진절차와 같다.

개정 근기법에 따른 연차휴가 사용촉진절차 요약

촉진절차 / 촉진대상휴가		1차 촉진조치 (사용자→근로자)	(근로자→사용자)	2차 촉진조치 (사용자→근로자)
		미사용휴가일수 고지, 사용계획서 제출 촉구	사용계획서 제출	사용계획서 미제출시 사용자가 사용시기 지정 통보
입사 1년 이후 발생 연차 (출근율 80% 미만 발생 연차 포함)		7.1.~7.10. (6개월 전, 10일간)	촉구받은 날로부터 10일 이내	10.31.까지 (2개월 전)
입사 1년 미만 기간 발생 연차	9일 (입사~9 개월)	10.1.~10.10. (3개월 전, 10일간)	촉구받은 날로부터 10일 이내	11.30.까지 (1개월 전)
	2일 (10~11 개월)	12.1.~12.5. (1개월 전, 5일간)	촉구받은 날로부터 10일 이내	12.21.까지 (10일 전)

사용계획서 제출과 휴가사용시기의 조정

근로자가 사용계획서를 제출한 경우 휴사사용계획일에 연차휴가 사용시기가 집중되거나 기타 회사의 사업 운영에 막대한 지장이 있는 시기라면 사용자의 시기변경권(제60조제5항단서) 행사로 시기를 변경할 수 있으며, 근로자와 상호 협의로 시기를 조정해야 할 것이다.

❹ 사용촉진의 효과

1차 사용촉진조치와 2차 사용촉진조치를 모두 적법하게 하였음에도 불구하고 사용기간의 끝날 때까지 근로자가 휴가를 사용하지 아니하면 휴가청구권과 수당청구권이 모두 소멸되어 사용자는 미사용연차휴가에 대해 보상할 의무가 없다.

⑤ 연차휴가 사용지정일에 출근 시 조치방법

① 사용촉진조치에 따라 근로자가 휴가를 사용하기로 사용계획서에 기재한 날 또는 회사가 휴가사용일로 지정한 날에 근로자가 출근하였을 경우 회사는 해당 근로자에게 명시적인 근로 수령 거부 의사를 표시해야 한다.

② 그렇지 않으면 해당일에 휴가를 사용하지 않고 근로를 제공하는 것(휴가사용시기의 변경)에 동의한 것으로 인정되어 휴가권 및 수당청구권이 소멸하지 않을 수 있기 때문이다.

③ 명시적인 근로 수령 거부 의사표시를 하였음을 입증하기 위해서는 해당 근로자로부터 확인서 등을 받아두는 것이 필요할 것이다.

CHAPTER 9

미사용연차수당

1 미사용연차수당 지급시기 및 지급기준

미사용연차수당의 발생

① 휴가발생일부터 1년간의 사용기간 경과로 휴가청구권이 소멸하면 수당청구권이 발생한다. 그러나 1년의 사용기간이 경과하기 전이라도 연차휴가를 사용하지 못하고 퇴직하는 경우에는 수당청구권이 발생한다.

② 다만, 유의할 점은 연차휴가청구권은 전년도 1년간의 근로를 마친 다음날 발생하므로 연차휴가 산정기간인 1년간(365일)의 근로를 마치고 바로 퇴직하는 경우에는 퇴직 전 1년간 근로에 대한 연차휴가가 발생하지 않아 미사용연차수당도 발생하지 않고, 적어도 1년간의 근로를 마친 다음날까지 근로 후 퇴직해야 연차휴가가 발생하여 미사용연차수당도 발생한다는 것이다(대법원 2021.10.14. 선고 2021다227100 판결, 임금근로시간과, 2021.12.16.).

③ 또한, 입사 1년 미만자가 퇴직하는 경우에도 미사용연차수당이 발생할 수 있는데, 위와 동일하게 퇴직 전 마지막 달의 연차휴가 및 미사용연차수당은 발생하지 않을 수 있다. 예를 들어, 만 6개월 근로 후 퇴직 시 매월 개근하였어도 6개월째 개근한 그 다음날 근로관계가 없으므로 6개월째 근로에 대한 연차휴가 및 미사용연차수당은 발생하지 않고 최대 5일분만 발생한다.

수당 산정기준 시점 및 기준임금

미사용연차휴가수당은 휴가사용기간 종료 시점의 통상임금 또는 평균임금으로 산정한다.

즉, 취업규칙 등에서 정한 바에 따라 통상임금 또는 평균임금으로 지급하고, 별도의 규정이 없으면 통상임금으로 지급하되 휴가청구권이 있는 마지막 달의 통상임금을 기준으로 지급하면 된다(2013.7.19., 근로개선정책과-4218).

❷ 미사용연차수당의 평균임금 반영 방법

① 평균임금 산정 시 연차수당을 산입하는 방법에 대해 고용노동부와 대법원의 판단이 차이가 있으나, 다음과 같은 점에서 법리적으로는 대법원의 입장이 타당하다.

1. 평균임금은 평균임금 산정기간의 근로의 대가(임금)를 반영하는 것이라는 점
2. 연차휴가는 1년간의 근로에 대한 대가로 유급휴가권(임금+휴가)이 발생하는 것이므로 그 1년간의 기간 중에 평균임금 산정기간에 포함되는 기간이 있다면 그 기간의 근로의 대가를 평균임금에 반영해야 한다는 점
3. 연차수당 지급청구권의 발생 시기와 그것이 어느 기간의 근로에 대한 대가인지는 다른 문제라는 점

② 다만, 실무적으로는 고용노동부의 입장이 근로자에게 유리한 경우가 많고 비교적 산정이 간편하다.

⦿ 고용노동부의 행정해석

고용노동부는 '퇴직 전 이미 발생한 연차수당'은 그 금액의 3/12을 평균임금 산정 기준임금에 포함하고, '퇴직으로 인해 비로소 지급사유가 발생한 연차수당'은 평균임금의 정의상 '산정사유 발생일 이전에 그 근로자에 대하여 지급된 임금'이 아니므로 포함되지 않는다고 해석한다.

(임금근로시간정책팀-3295, 2007.11.5.)

⚙️ 대법원의 판단

① 대법원은 연차수당은 퇴직하는 해의 전 해 1년간의 근로에 대한 대가이지 퇴직하는 그 해의 근로에 대한 대가가 아니므로, 연차휴가권 발생의 기초가 된 1년간의 근로 일부가 퇴직한 날 이전 3개월간 내에 포함되는 경우에 그 포함된 부분에 해당하는 연차수당만이 평균임금 산정의 기준이 되는 임금총액에 산입된다고 한다. (대법원 2011.10.13, 2009다86246 등)

② 대법원 판결에 따르면 연차산정기간이 1월~12월이라고 할 때

1. 1월 1일자로 퇴사하는 경우 평균임금 산정기간(10월~12월)에 연차산정기간 중 10월~12월이 포함되므로 3개월분에 해당하는 연차수당이 평균임금에 산입되고,

2. 2월 1일자로 퇴사하는 경우에는 평균임금 산정기간(11월~1월)에 연차산정기간 중 11월~12월이 포함되므로 2개월분에 해당하는 연차수당이 평균임금에 산입되며,

3. 4월 1일자로 퇴사하는 경우라면 평균임금 산정기간(1월~3월)에 연차산정기간이 전혀 포함되지 않으므로 평균임금에 산입되는 연차수당은 전혀 없게 된다(1월~3월은 퇴직연도의 연차산정기간에 포함되는 기간인데 1년간 재직하지 않고 퇴사하였으므로 퇴직연도의 근로에 대한 연차휴가가 발생하지 않아 평균임금에 연차수당이 반영될 여지가 없음).

③ 퇴직연금(DC형) 부담금계산 시 미사용연차수당 반영 방법

① 확정기여형(DC형) 퇴직연금의 경우 연간 임금총액의 12분의 1 이상에 해당하는 부담금을 내도록 규정하고 있으며(퇴직급여보장법 제20조 제1항), 매년 발생하는 미사용연차수당은 '연간 임금총액'에 포함되므로 전액을 부담금 산정 시 반영해야 한다.

② 문제는 퇴직으로 인해 발생하는 미사용연차수당인데, 고용노동부는 근로자가 퇴직으로 인해 비로소 지급 사유가 발생한 마사용연차수당도 근로의 대가로 발생한 임금에 해당하므로 확정기여형 퇴직연금제도의 부담금 산정 시 산입하여야 한다고 해석하고 있으며(퇴직연금복지과-756, 2016.2.23.), 이는 타당한 해석이라고 판단된다.

③ 다만, 이러한 해석은 퇴직으로 인해 비로소 발생하는 미사용연차수당은 평균임금 산정 시 포함되지 않는다는 앞의 행정해석(임금근로시간정책팀-3295, 2007.11.5.)과는 상이하다.

CHAPTER 10

연차휴가대체

① 연차휴가대체제도 도입방법

● 유급휴가의 대체

근로기준법 제62조(유급휴가의 대체) 사용자는 근로자대표와의 서면 합의에 따라 제60조에 따른 연차 유급휴가일을 갈음하여 특정한 근로일에 근로자를 휴무시킬 수 있다.

① 사용자는 근로자대표와의 서면 합의에 따라 근로기준법 제60조에 따른 연차유급휴가일을 갈음하여 특정한 근로일에 근로자를 휴무시킬 수 있다.

② 이는 개별 근로자의 신청이나 동의가 없더라도 근로자대표와의 서면 합의를 통해 사용자가 일방적으로 특정한 근로일을 휴무하도록 하고, 그 일수만큼 연차휴가를 사용한 것으로 처리할 수 있는 제도라는 점에서 개별 근로자들의 휴가 신청을 받아 전체적으로 휴무하는 것과는 차이가 있다.

● 근로자대표와의 서면 합의

근로자대표의 요건 및 선출방법 등에 관해서는 앞의 탄력적 근로시간제 도입 시 근로자대표 선출방법과 동일하므로 해당 부분을 참조하고, 근로자대표 선임서와 연차휴가대체 합의서는 아래 양식을 참조하여 작성하면 된다.

근로자대표 선임서

〈사용자〉
- 명　　칭 : ㈜○○○○
- 대표이사 :
- 소 재 지 :

〈근로자대표〉
- 성　　명 :
- 생년월일 :
- 소속/직급 :

상기인을 ㈜○○○○ 연차휴가대체 노사 합의를 위한 근로자대표로 선임합니다.

20　년　월　일

NO	성 명	서 명	NO	성 명	서 명
1			6		
2			7		
3			8		
4			9		
5			10		

⦿ 〈예시〉

연차휴가대체 합의서

㈜○○○○ 대표이사 ○○○과 근로자대표 ○○○은 근로기준법 제62
조(유급휴가의 대체)에 의거하여 다음 근무일에 연차휴가를 사용하여
휴무하기로 합의한다.

1. 대   상 : 전체 직원
2. 해당일(매년 적용) :
   - 석가탄신일
   - 어린이날
   - 성탄절
   - 기타 휴일과 휴일 사이의 근무일

※ 위 해당일이 주휴일이나 무급휴무일(토요일 또는 제6근무일)과 중복
되는 경우에는 연차휴가를 대체사용하지 아니한 것으로 한다.

3. 기   타

회사 운영상 불가피한 경우 근로자대표와의 합의로 위 연차휴가대체일
을 변경할 수 있다.

20   년   월   일

㈜○○○○ 대표이사 ○○○(인)

근로자대표 ○○○(인)

---

② 연차휴가대체제도 도입 시 유의사항

① 연차휴가를 사용한 것으로 대체할 수 있는 날은 소정근로일에 한정되기 때문에 소정근로일이 아닌 휴일은 언차휴가로 대체할 수 없다.

② 중소기업은 법정공휴일(관공서의 공휴일에 관한 규정에서 정한 날)을 휴일로 정하지 않고 이를 연차휴가대체로 휴무하는 것으로 정하고 있는 경우가 많은데, 법정공휴일이 유급휴일로 의무화되므로 해당 시기부터는 이를 연차휴가로 대체할 수 없다는 점을 유의해야 할 것이다.

③ 법정공휴일의 유급휴일 의무화 시행일은 다음과 같다.

- 상시근로자 수 300인 이상 기업은 2020.1.1.부터
- 상시근로자 수 30인 이상 300인 미만 기업은 2021.1.1.부터
- 상시근로자 수 5인 이상 30인 미만 기업은 2022.1.1.부터

PART
06

적법한
징계와 퇴직관리

CHAPTER 1

징계의 의의와 법적 성격

❶ 징계란

징계란 사용자가 기업질서를 유지하고 근로계약 목적에 부합하는 근로를 제공받기 위해 근로자의 기업질서 문란행위에 대하여 근로자에게 불이익을 주는 인사조치이다.

❷ 인사권

인사권은 사용자의 고유권한이며, 징계권 역시 사용자의 인사권의 범위에 속하는 권한으로서 기업운영 또는 근로계약의 본질상 사용자에게 인정되는 권한이다(대법원 2000.9.29.선고 99두10902 판결).

❸ 징계권

징계권의 행사는 원칙적으로 사용자의 재량이라고 할 수 있는데, 재량권을 가진다고 하더라도 이를 남용해서는 안 되므로 근로기준법 제23조 제1항은 징계 등 사용자의 인사조치에 대하여 "정당한 이유"가 있을 것을 요구하고 있다.

근로기준법 제23조(해고 등의 제한) ① 사용자는 근로자에게 정당한 이유 없이 해고, 휴직, 정직, 전직, 감봉, 그 밖의 징벌(懲罰)(이하 "부당해고등"이라 한다)을 하지 못한다.

CHAPTER 2

징계의 종류

징계의 종류는 기업의 규모나 업종에 따라 다양하지만, 일반적으로 정하고 있는 징계의 종류를 가벼운 징계에서 무거운 징계 순서로 살펴보면 다음과 같이 구분할 수 있다.

1 경고(警告)

경고는 근로자의 기업질서 위반행위를 지적하며 금지 및 재발 방지를 촉구하는 것을 말한다.

경고는 경위서(시말서) 징구가 수반되지 않는다는 점에서 견책과 다르다. 만약, 경고가 취업규칙상 징계의 종류로 규정되어 있지 않고 아무런 인사상 불이익이 따르지 않는다면 징계로 볼 수 없다.

2 견책(譴責)

① 견책은 근로자의 기업질서 위반행위에 대하여 경위서 또는 시말서(시말서는 '시작과 끝'이라는 의미로 사건의 경위를 기술하는 것일 뿐 반성문이 아님에 유의)를 징구하고 엄중히 훈계하는 것을 말한다.

② 다만, 실무적으로 '사실확인서', '경위서', '시말서' 등의 용어가 혼용되고 있어 징계혐의사실을 조사하는 과정에서 사실확인서나 경위서 등을 받은 행위 자체가 이미 견책의 징계처분이 이루어진 것으로 오해되어 이중징계의 문제가 제기될 수 있으니 공식적인 징계처분은 반드시 징계처분 통보서를 교부해야 한다는 점(위 경고 처분의 경우에도 마찬가지임)을 유의해야 할 것이다.

❸ 감급(減給)

① 감급이란 근로자의 질서위반 행위에 대한 불이익치분으로 임금에서 일정액을 공제하는 것을 말한다. 근로기준법 제95조에서는 감급 제재 시 그 감액은 1회의 금액이 평균임금의 1일분의 2분의 1을, 총액이 1임금지급기의 임금총액의 10분의 1을 초과하지 못하도록 규정하고 있다.

② 이 규정의 의미를 잘 이해하지 못하여 위법한 감급처분을 하는 사례가 있으므로 주의해야 한다.

예를 들어, 월급 300만원의 근로자에게 3개월의 감급 처분을 하면,

- 1회의 금액이 평균임금 1일분의 1/2 이내이어야 하므로 1일 평균임금을 10만원 이라면
- 매월 5만원 씩, 총 3개월간 15만원 까지만 공제할 수 있다(근기 68207-3381, 2002-12-23).

만약, 1임금지급기 임금총액의 10분의 1(300만원의 1/10인 30만원)까지 공제하려면 감급 6개월의 처분이 필요하다.

❹ 정직(停職, = 출근정지)

① 정직이란 출근정지라고도 하며 일정 기간에 사업장에 출근과 근로제공을 하지 못하도록 하고 그 기간 임금지급을 중지하는 것을 말한다.

② 일반적으로 정직은 징계해고 다음으로 무거운 징계에 속하며, 그

기간은 보통 3개월 이내로 정하는 경우가 가장 많고 최대 6개월까지로 정하는 경우도 간혹 있다.

❺ 징계해고

징계해고는 근로자의 비위행위가 매우 중대하여 더는 근로관계를 지속할 수 없는 경우에 근로관계를 종료시키는 것을 말한다.

CHAPTER 3

징계의 정당성 요건

징계처분이 정당하다고 인정되기 위해서는 ①징계사유의 정당성 ②징계절차의 정당성 ③징계양정의 적정성이 모두 인정되어야 한다.

1 징계사유의 정당성

⊛ 징계사유 : 기업질서를 문란케 하는 행위일 것

① 징계는 사업 활동을 원활하게 수행하는데 필요한 범위 내에서 규율과 질서를 유지하기 위한 데에 근거가 있으므로 근로자의 비위행위는 원칙적으로 기업질서를 문란케 하는 행위이어야 한다.

② 따라서, 기업시설 밖에서 근로시간 외에 업무와 무관하게 발생한 비위행위는 사적 생활의 영역이므로 원칙적으로 징계의 대상이 아니다.

③ 다만, 근로자의 사적 생활에서의 비위행위가 사업 활동에 직접 관련이 있거나 기업의 사회적 평가를 훼손할 염려가 있는 경우에는 징계사유가 될 수 있다.

④ 여기서 기업의 사회적 평가를 훼손할 염려가 있다고 하기 위해서는 반드시 구체적인 업무저해의 결과나 거래상의 불이익이 발생하여야 하는 것은 아니고 그 행위의 성질과 정상, 기업의 목적과 경영방침, 사업의 종류와 규모 및 그 근로자의 기업에서의 지위와 담당업무 등 제반 사정을 종합적으로 고려하여 그 비위행위가 기업의 사회적 평가에 미친 악영향이 상당히 중대하다고 객관적으로 평가될 수 있어야 한다(대법원 2001. 12. 14. 선고 2000두3689 판결).

⚙ 징계사유로 삼은 사유

근로자에게 여러 비위행위가 있었다고 하더라도 사용자가 이를 징계사유로 삼지 아니한 경우 징계양정에 있어서 참작자료로 삼을 수는 있지만, 그것을 징계사유로 할 수는 없다(대법원 2002.5.28. 선고 2001두10455 판결).

따라서 근로자에게 징계위원회 출석을 통지할 때 징계사유를 통지서에 명시하고, 징계위원회 회의 내용 녹음이나 회의록 작성, 징계의결서 및 징계처분 통보서에 징계사유를 명시하여 징계사유로 삼은 사유가 무엇인지를 명확히 할 필요가 있다.

⚙ 징계사유의 입증책임

근로기준법 제23조제1항은 "사용자는 근로자에게 정당한 이유 없이 해고, 휴직, 정직, 전직, 감봉, 그 밖의 징벌(懲罰)(이하 "부당해고등"이라 한다)을 하지 못한다."고 규정하고 있으므로 징계의 정당성을 인정받으려면 사용자가 징계사유를 입증해야 한다.

❷ 징계절차의 정당성

❖ 취업규칙 등에 징계절차에 관한 규정이 없는 경우

징계절차에 관해서는 법률의 제한이 없으므로 징계위원회 설치 여부, 징계위원회 구성, 징계위원회 소집 및 의결 등 징계절차의 내용을 어떻게 할 것인지는 사용자의 재량에 맡겨져 있다(대법원 1994.9.30.선고 94다21337 판결).

따라서, 취업규칙 등에 징계절차에 관한 규정이 없다면 징계절차의 하자를 이유로 징계의 정당성이 부정되지는 않는다.

❖ 취업규칙 등에 징계절차에 관한 규정이 있는 경우

① 징계절차에 관한 규정을 두어야 할 법률상 의무는 없으나 징계처분의 객관성과 공정성을 담보하기 위한 장치로 징계위원회 등 징계절차를 규정하는 경우가 많다.

② 이처럼 징계절차에 관한 규정을 두었다면 그 절차를 반드시 준수하여야 하며, 절차를 준수하지 않으면 징계사유가 아무리 중대하더라도 징계의 정당성은 부인된다(대법원 1997. 3. 25. 선고 96다43416 판결).

③ 징계절차는 피징계자에 대한 소명 기회 부여 등 적절한 방어권을 보장하고, 징계위원회의 소집에서 의결에 이르는 전 과정에 객관성과 공정성이 유지되도록 하려는 것이기 때문에 절차의 엄격한 준수가 필요한 것이다.

④ 그러나, 징계위원회 출석 통지기일을 준수하지 못하였더라도 피징계자가 징계위원회에 출석하여 통지절차에 대한 이의를 제기하지 않고 충분한 소명을 한 경우에는 절차상의 하자는 치유된 것으로 본다(대법원 1997.7.22.선고 97다18165, 18172 판결).

③ 징계양정의 적정성

① 징계양정이란 근로자의 비위행위에 대하여 처분할 징계의 종류와 내용을 선택하는 것을 말하는데, 징계사유와 절차가 정당하더라도 징계의 양정이 적정하지 못하면 그 징계처분의 정당성은 부인된다.

② 그런데, 문제는 어느 정도의 징계양정이 적정한 것인지를 판단하는 것이 매우 어렵다는 점이다. 노동위원회나 법원은 사용자의 사업 목적과 성격, 사업장의 여건, 근로자의 지위 및 담당 직무의 내용, 비위행위의 동기와 경위, 이로 인하여 기업의 위계질서가 문란하게 될 위험성 등 기업질서에 미칠 영향, 과거의 근무 태도 등 여러 가지 사정을 종합적으로 고려하여 징계양정의 적정성을 판단(대법원 1998.11.10.선고 97누18189판결, 대법원 2002.5.28.선고 2001두10455 판결)하고 있다고 하지만 매우 추상적인 내용일 뿐이다.

③ 결국, 실무적으로는 많은 사례에 대한 분석과 전문가의 조언 등을 참고하되, 제3자의 입장에서 판단을 해보는 것이 가장 좋은 방법일 것으로 보인다.

CHAPTER 4

징계처분의 과정과 단계별 조치요령

① 비위사실에 대한 조사

비위사실에 대한 조사는 비위행위의 내용과 성격에 따라 효과적인 방법을 선택해야 하는데, 조사방법으로는 공개조사와 비공개조사, 직접조사와 간접조사가 있다.

⚙ 공개조사와 비공개조사

구분	공개조사	비공개조사
필요성	근로자의 비위행위 또는 비위사실이 이미 외부로 드러난 경우	비위혐의를 다른 근로자들이 모르고 있고 은밀한 조사를 통해 증거를 확보할 필요가 있는 경우
비위유형	폭행, 업무지시 거부, 무단결근 등	업무상 배임·횡령, 성희롱 혐의 등
조사요령	목격자 진술 확보 및 증거 수집 후 관련자들 문답서 작성	제보자의 진술을 토대로 입증자료 수집 후 관련자들 문답서를 작성하고 최후적으로 해당 근로자 문답서 작성

⚙ 직접조사와 간접조사

직접조사는 비위혐의 근로자를 상대로 조사하는 것을 말하며, 간접조사는 입증자료 수집, 제보자·비위혐의 근로자와 업무상 관련이 있거나 피해를 본 자, 목격자 등을 상대로 조사하는 것을 말하는데, 직접조사를 먼저 실시하는 경우 혐의를 부인하고 증거를 인멸할 우려가 있으므로 간접조사를 마친 후에 직접조사를 하는 것이 효과적일 것이다.

② 징계위원회 개최 준비

비위사실에 대한 조사를 마치고 징계위원회에 회부하기로 결정한 경우에는 징계위원회 개최 예정일을 정하여 해당 근로자에게 통지하고, 취업규칙의 규정에 따라 징계위원회를 구성하여 위원들에게 징계심의안 및 사실 조사 관련 자료를 송부해야 한다.

● 징계위원회 참석통지 및 소명기회 부여

① 비위사실, 취업규칙 등의 해당 규정, 징계위원회 개최 장소 및 일시를 기재한 징계위원회 출석통지서를 해당 근로자에게 송부함으로써 비위사실에 대하여 근로자가 소명할 기회를 부여해야 한다.

② 출석통지서에 비위사실을 기재할 때는 추상적이고 압축적인 문구(예: '정당한 지시에 불응' 등)로 기재해서는 안 되고 간략하지만, 최대한 육하원칙에 맞게 내용을 기재해야 실질적으로 소명 기회를 부여했다고 인정받을 수 있다.

③ 징계위원회 출석통지서는 해당 근로자에게 직접 교부하고 수령증을 받아 놓거나, 근로자를 만날 수 없는 경우에는 내용증명 우편으로 해당 근로자에게 송부하고, 사내 이메일과 휴대전화 문자메시지를 보내고 그 내용을 출력하여 보관하면 나중에 징계의 절차적 정당성에 관한 논란의 소지를 사전에 방지할 수 있다.

취업규칙 등에 징계위원회 개최 사실 통지 기한을 명시하고 있다면 반드시 그 기한을 준수해야 한다.

⬡ 직위해제 및 대기발령

비위혐의 근로자가 업무를 계속하는 경우 증거 인멸 또는 조작의 위험성이 있거나 기타 업무상 장애를 초래할 우려가 있다면 해당 근로자의 직위를 해제하고 사업장 내 특정 장소 또는 자택에 대기할 것을 명령하는 것이 바람직하다.

직위해제 또는 대기발령은 비위사실 조사단계에서부터 필요할 수도 있으며, 그때 하는 깃도 가능하다.

⬡ 징계위원회 구성 및 안건송부

취업규칙 또는 단체협약에서 징계위원회의 구성에 대하여 명시적으로 규정하고 있다면 반드시 그 규정에 따라 징계위원회를 구성해야 한다.

예를 들어, 피징계자로부터 피해를 본 자 등 이해관계가 있는 자를 징계위원으로 구성할 수 없도록 규정하고 있는 경우에는 반드시 이에 따라야 한다(대법원1994.10.7.선고 93누20214판결).

징계처분의 공정성과 정확성을 위해 징계위원들에게 심의안건과 관련 자료들을 미리 송부하여 충분한 검토를 할 수 있도록 해야 한다.

🄼 징계위원회 개최

징계위원회 회의는 인사부서에서 작성한 심의안건과 관련 자료를 토대로 피징계자에게 사실을 확인하고 소명의 기회를 부여하여 비위행위 배경과 목적, 비위행위 이후에 근로자의 태도 변화 등을 종합적으로 파악하여 적정한 징계처분을 하기 위한 절차이다.

🌐 사실심문

징계위원회에서는 비위사실 조사과정에서 확인된 사실에 대한 재확인과 확인되지 못하였거나 피징계자가 부인하는 사항에 대해 심문하고 확인해야 한다.

비위사실(징계사유)에 대한 입증책임은 사용자에게 있으므로 비위사실에 대하여 입증할 만한 수단이 없고 근로자가 부인하는 경우에는 추가로 증거를 수집하여 2차 징계위원회를 개최할 필요가 있다(대법원 1996.9.10.선고 95누16738판결).

🌐 소명기회 부여

징계위원회에서는 피징계자에게 충분한 소명의 기회를 부여하여야 하고, 피징계자가 제출하는 자료를 받아주어야 한다. 피징계자의 소명을 통해 비위행위의 동기, 반성의 정도 등을 파악함으로써 양정의 적정성을 기할 수 있다.

🌐 징계의 양정

사실심문과 피징계자의 소명이 끝나면 피징계자의 최종 진술을 들은 후 피징계자를 퇴장시키고 징계위원들만 모여서 어떤 징계의 종류를 선택할 것인가에 대하여 심의한다.

🌐 징계의 의결

피징계자의 비위사실에 대하여 어떠한 징계처분을 선택할 것인가에 충분한 토론을 한 후 표결로써 징계의 종류와 내용을 결정한다. 징계의 결은 재적위원 과반수 출석에 출석위원 과반수의 찬성 등 취업규칙에 정해진 의결정족수 요건을 준수해야 한다.

징계위원회는 징계가 결정되면 징계권자(대표이사 등)에게 의결결과를 보고해야 한다. 징계위원회는 징계권자의 의사결정을 보조하는 기구일 뿐 징계권자가 아니므로 대표이사가 징계위원회 위원장으로 참석한 경우에도 이때의 대표이사는 징계권자가 아닌 징계위원회의 구성원이므로 의결결과를 징계권자로서의 대표이사에게 보고해야 한다.

④ 징계처분

● 징계처분의 결정

징계위원회의 의결결과를 보고받은 징계권자는 징계위원회의 의결을 참고하여 징계처분을 결정한다. 다만, 징계위원회의 의결내용보다 중한 징계처분을 결정할 수 없고, 징계처분을 유보하거나 징계위원회의 의결내용보다 가벼운 징계처분을 결정할 수는 있다.

● 징계처분의 통지

징계권자가 징계처분을 결정한 때에는 해당 근로자에게 그 내용을 통지하여야 하며, 징계처분 통지서에는 징계사유가 된 구체적 비위사실, 취업규칙 등 근거 규정, 징계처분의 내용 및 처분일을 명시해야 한다.

특히, 해고의 경우에는 근로기준법 제27조에서 해고사유와 시기를 서면으로 통지하여야 효력이 있다고 규정하고 있으므로 이를 준수하지 않으면 부당해고가 되는 점을 특히 유의해야 한다.

한편, 징계처분 통지서는 징계권자인 대표이사 명의로 발행이 되어야 한다. 간혹 징계위원회 위원장 명의로 발행하거나 징계의결서를 근로자에게 교부하는 경우가 있는데 위에서 본 바와 같이 징계위원회는 징계권자가 아니므로 징계처분의 효력에 논란이 생길 수 있다.

CHAPTER 5

퇴직관리

❶ 근로관계 종료 사유와 유의사항

근로관계의 종료 사유는 다음과 같이 당사자의 의사표시, 기한의 도래, 당사자 소멸로 구별할 수 있다.

〈 근로관계의 종료 사유 〉

구 분	유 형
당사자의 의사표시	• 임의사직 • 해고 : 징계해고, 통상해고, 경영상 해고 • 합의해지 : 의원사직, 권고사직, 명예퇴직, 희망퇴직
기한의 도래	• 계약기간 만료 • 정년 도래
당사자 소멸	• 근로자 사망 • 사업주 소멸 : 폐업, 파산

❷ 당사자의 의사표시에 의한 근로관계의 종료

1) 임의사직

① 임의사직은 근로자가 일방적으로 사직의 의사표시로 근로계약을 해지하는 것을 말한다. 이는 근로자의 일방적인 의사표시로 근로계약을 종료시키는 해약의 고지로서 사용자의 승낙 여부와 관계없이 일정 기간이 지나면 원칙적으로 근로계약 해지의 효력이 발생한다(대법원

2000.9.5. 선고99두8657판결, 2001.1.19.선고 2000다51919 판결).

② 이러한 임의사직에 대해서는 근로기준법에 아무런 규정이 없어 민법 규정이 적용되는데, 민법은 제660조에서 근로계약기간의 정함이 없는 근로계약의 해지에 관하여 규정하고 있고, 민법 제661조에서는 계약기간의 정함이 있는 근로계약의 해지에 관하여 규정하고 있다.

🌐 기간의 정함이 없는 근로계약의 해지

① 근로계약기간을 정하지 않은 근로자는 언제든지 사직을 통고할 수 있고, 사용자가 통지를 받은 날로부터 1개월이 경과하면 해지의 효력이 생긴다(민법 제660조제1항).

② 다만, 기간으로 임금을 정한 때에는 당기(當期) 후 1기(期)가 경과되어야 해지의 효력이 생긴다(민법 제660조제2항). 예를 들어, 임금산정기간이 매월 1일부터 말일까지로 정해진 경우 3월 15일에 사직서를 제출하였다면 당기(3월) 후 1기(4월)가 경과된 5월 1일에 근로계약이 해지되는 것이다.

③ 그런데, 대부분 기업에서는 취업규칙이나 근로계약서에 사직하려면 사직하고자 하는 날로부터 30일 전에 사직서를 제출해야 한다고 규정하고 있는 경우가 많은데, 이런 경우에는 민법보다 취업규칙이나 근로계약이 우선하여 적용되어 위 사례의 경우 3월 15일로부터 30일이 경과한 4월 15일에 사직의 효력이 발생한다.

④ 물론, 근로자가 사직서 제출기일을 준수하지 않거나 구두로만 사직 의사를 표시한 때도 사용자가 이를 승인하여 근로자가 희망하는 퇴직일에 퇴직 처리를 하는 것은 무방하다.

🌐 기간의 정함이 있는 근로계약의 해지

① 기간의 약정이 있는 근로계약의 경우에는 근로자는 부득이한 사정이 있는 때가 아니라면 계약기간 중에 근로계약을 해지할 수 없다(민법

제661조).

② 만약, 근로자가 계약기간 중에 사직한다면 채무불이행으로 인한 손해배상책임이 발생한다(민법 제390조).

③ '부득이한 사정'은 근로관계의 지속이 사회통념상 불가능한 경우를 의미하며, 2개월 이상의 임금체불 또는 연장·휴일근로의 강요 등 사용자의 중대한 의무위반이 있는 경우가 이에 포함된다고 할 수 있다(대법원 2004. 2. 27. 선고 2003다51675판결).

2) 합의해지

합의해지는 당사자 일방(근로자 또는 사용자)의 청약에 대하여 상대방이 승낙함으로써 근로관계를 종료시키는 것이므로 청약과 승낙이라는 쌍방의 의사 합치에 의하여 이루어지는 민사상 계약에 해당한다. 따라서, 합의해지는 민사상 계약의 일종이므로 근로기준법의 해고에 관한 규정은 적용되지 않는다.

● 의원사직(면직)

근로자가 스스로 의사에 따라 사용자에게 사직을 승낙하여 줄 것을 청약하고 사용자가 이를 승낙함으로써 근로관계가 해지되는 것을 의미한다. 보통 사직서에 "~한 사정으로 ××일 자로 사직하고자 하오니 허락하여 주시기 바랍니다."라고 기재하는 형태이다.

● 권고사직

① 사용자가 근로자에게 사직할 것을 권고하고, 근로자가 이를 받아들임으로써 근로관계가 해지되는 경우를 말한다.

② 이러한 권고사직은 사용자가 먼저 사직을 권고하는 형태이기 때문에 실무상 부당해고의 분쟁으로 이어지는 경우가 많으므로 각별히 유의해야 한다.

③ 사용자의 사직 권고를 근로자로서는 해고의 통지로 받아들일 가능성이 크고, 사직을 권고하는 면담 시에는 이를 수용하여 서로 근로관계를 해지하기로 합의하였음에도 불구하고 이후 마음이 바뀌어 합의 사실을 부인하며 해고를 주장하는 경우가 많다.

④ 따라서, 권고사직에 대한 합의가 이루어졌을 때 반드시 사직서를 받아두거나 입증자료(문자메시지, 면담 녹음 등)를 남겨두어야 한다. 사직서를 받아두면, 사직의 이유가 '사용자의 사직 권고'로 기재되어 있더라도 해고의 문제는 발생하지 않으며, 유효한 합의해지의 증거가 된다.

⑤ 사직서 제출이 무효임을 주장하며 부당해고를 다투는 경우 근로자가 해당 사직서가 사기·강박, 기타 하자 있는 의사표시로 작성되었다는 사실을 입증해야 한다. 또한, 근로자가 사직서 제출 당시 내심으로는 사직을 원하지 않았다고 하더라도 사직서의 효력은 유효하다(대법원 2003. 4. 22. 선고 2002다65066 판결).

⑥ 사직서를 받아두지 않는 경우, 근로관계 종료의 원인에 대해 근로자는 해고라고 주장하고 사용자는 합의해지라고 주장하는 상황이 될 때, 그 종료 원인이 합의해지라는 사실에 대한 입증책임은 사용자에게 있으므로(서울행법 2008. 1. 31. 선고 2007구합19195 판결) 이를 입증하지 못한다면 부당해고로 판단될 수 있다.

🌑 명예퇴직 또는 희망퇴직

① 사용자가 경영상 어려움을 극복하기 위한 고용조정 또는 승진적체 해소 등의 일환으로 미리 요건을 정해놓고 희망자를 모집한 후 이를 심사하여 승인함으로써 근로관계를 종료시키는 것을 말한다(대법원 2003.4.22. 선고 2002다11458판결).

② 사용자의 명예퇴직 또는 희망퇴직 희망자 모집은 청약의 유인에 해당하고, 근로자의 퇴직신청서 제출은 명예퇴직 또는 희망퇴직이라는 근로계약 해지의 청약에 해당하며, 사용자의 승인은 청약에 대한 승낙에

해당한다.

③ 여기서 주의해야 할 것은, 명예퇴직 또는 희망퇴직 모집에 퇴직신 청서를 제출한 이후 사용자의 승인이 있기 전까지는 신청을 철회할 수 있다는 점이다(아래 '사직의 의사표시 철회 요건과 효과' 참조).

④ 대부분 기업이 명예퇴직 또는 희망퇴직 신청기간이 경과한 후에 일괄적으로 승인 통지를 하고 있는데, 신청기간 중이라도 신청서를 받는 즉시 승인 통지를 할 수 있다는 점을 참고하면 좋을 것이다.

4) 사직의 의사표시 철회 요건과 효과

● 임의사직에 있어서 의사표시의 철회

① 원칙적으로 의사표시는 그 통지가 상대방에게 도달한 때로부터 효력이 발생한다(민법 제111조).

② 따라서, 임의사직의 경우 사직의 의사표시가 사용자에게 도달하면 의사표시의 효력이 생기므로 도달 이후에는 민법 제660조의 기간이 경과하기 전이라도 사용자의 동의가 없이는 철회할 수 없다(대법원 2000.9.5.선고 99두8657판결).

● 합의해지에 있어서 의사표시의 철회

① 합의해지는 청약과 승낙이라는 민법상 계약의 법리가 적용되어 사용자에게 퇴직신청(청약)이 도달하면 철회할 수 없는 것이 원칙이나(민법 제527조), 대법원은 근로관계의 특수성을 고려하여 철회의 가능 시기를 확대하여 사용자로부터 승낙의 의사표시를 받기 전까지는 퇴직신청(청약)의 의사표시를 철회할 수 있도록 하고 있다(대법원 2003.4.22.선고 2002다11458 판결).

② 따라서, 근로자가 유효하게 사직 의사를 철회하였음에도 불구하고 퇴직 처리를 한다면 이는 부당해고가 된다는 점에 유의해야 할 것이다.

5) 통상해고

통상해고란 징계해고, 경영상 해고 이외에 근로자나 사용자, 그 밖의 사정으로 근로계약의 목적 달성이 불가능하거나 근로관계를 지속시키기 어려운 상태가 되어 사용자가 일방적으로 근로계약을 해지하는 것을 말한다.

근로자 측의 원인에 의한 통상해고

취업규칙의 징계해고 사유에는 해당하지 않으나 근로자의 일신상 또는 행태상 사유로 인하여 더는 근로관계를 지속시킬 수 없는 상태(예: 운전기사의 실명 등)에 이르러 근로계약을 해지하는 것을 말한다.

사용자 측의 원인에 의한 통상해고

폐업, 해산결의에 의한 청산절차, 파산 선고에 따른 파산절차, 회사정리절차에서 근로계약을 해지하는 것을 말한다. 기업의 소멸을 전제로 한다는 점에서 기업을 유지·존속시키기 위한 경영상 해고와 구별된다.

그 밖의 원인에 의한 통상해고

① 근로계약의 본질이나 사회적 상당성에 비추어 근로계약을 해지하는 것이 합리적이라고 인정되는 해고도 통상해고로 볼 수 있다.

② 예를 들어, 근로계약 체결 시 특정 장소에서 근무할 것을 조건으로 근로계약을 체결하였는데 그 장소에 대한 국유재산 사용허가의 취소로 국유재산을 반환하게 되어 근로계약을 해지한 것은 통상해고로서 정당하다는 판결이 있다(서울행정법원 2005.7.19.선고 2004구합39723판결).

정당성 요건

① 통상해고는 징계위원회를 거치거나 근로자에게 소명의 기회를 주는 등 징계해고와 같은 절차를 거칠 필요는 없으나 사회통념상 근로관계를 지속시킬 수 없다고 볼만한 타당한 이유가 존재해야 정당성을 인

정받을 수 있다(대법원 1991.9.24. 선고 91다13533 판결).

② 또한, 근로자의 일신상 또는 행태상 사유로 인한 통상해고의 경우 그 사유가 근로관계를 지속시킬 수 없는 정도에 이르지 아니함에도 신의성실에 따르는 기본적인 배려 없이 근로계약을 해지한다면 권리남용에 해당하여 정당성을 인정받지 못할 수 있음을 유의해야 한다.

6) 경영상 해고

경영상 해고는 사용자의 경영상 사정, 즉 경제적, 산업 구조적 또는 기술적 원인으로 인한 경영합리화 계획에 따라 인원을 줄이거나 조직을 개편할 필요가 있는 경우에 근로자를 해고하는 것이라고 할 수 있으며, 기업을 유지·존속시키기 위하여 일부 근로자를 해고한다는 점에서 사업을 폐지하기 위하여 청산절차 중에 하는 해고(통상해고)와 구별된다(대법원 2003.4.25.선고 2003다7005 판결).

● 경영상 해고의 정당성 요건

근로기준법 제24조는 사용자가 경영 사정을 이유로 근로자를 해고하려면 다음의 정당성 요건 등을 요구하고 있다.

1. 긴박한 경영상 필요성이 있을 것
2. 해고회피노력을 다할 것
3. 합리적이고 공정한 해고대상자 선정기준을 정하고 이에 따라 대상자를 선정할 것
4. 해고회피노력의 방법과 해고의 기준에 대해 근로자대표에게 50일 전까지 통보하고 성실하게 협의할 것

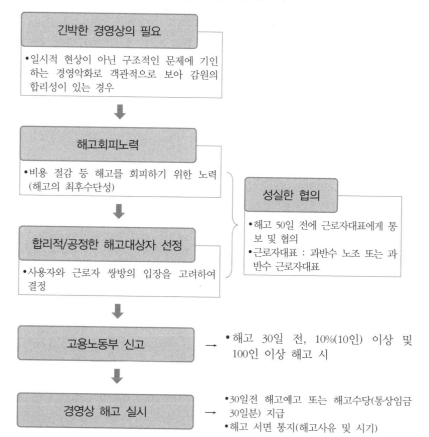

〈 경영상 해고의 절차 〉

긴박한 경영상의 필요

- 일시적 현상이 아닌 구조적인 문제에 기인하는 경영악화로 객관적으로 보아 감원의 합리성이 있는 경우

해고회피노력

- 비용 절감 등 해고를 회피하기 위한 노력 (해고의 최후수단성)

합리적/공정한 해고대상자 선정

- 사용자와 근로자 쌍방의 입장을 고려하여 결정

성실한 협의

- 해고 50일 전에 근로자대표에게 통보 및 협의
- 근로자대표 : 과반수 노조 또는 과반수 근로자대표

고용노동부 신고

→
- 해고 30일 전, 10%(10인) 이상 및 100인 이상 해고 시

경영상 해고 실시

→
- 30일전 해고예고 또는 해고수당(통상임금 30일분) 지급
- 해고 서면 통지(해고사유 및 시기)

(1) 긴박한 경영상의 필요

① 긴박한 경영상의 필요성 요건은 기업의 경영위기를 회피하기 위해 해고를 해야 할 필요성으로서 다른 요건들에 앞서는 전제 요건이다.

② 일반적으로 총자본수익률, 고정자본 구성비율, 결산재무제표, 과거와 현재의 영업실적, 채무금 상황 등을 통해 판단하며, 인건비 변동상태, 시간외근무 증대 여부, 적자 부분의 계속 영업 여부, 주식배당 등의 간접자료도 이용한다.

③ 그러나, 경영위기는 일시적인 경영악화에 불과하여서는 안 되고, 상당 기간 신규 설비 및 기술 개발에 투자하지 못한 데서 비롯되는 등 계속적·구조적인 것이어야 한다(대법원 2014.11.13.선고 2012다14517 판결).

(2) 해고회피노력

① 긴박한 경영상의 필요성이 인정되더라도 경영상 해고에 앞서서 상당한 기간 해고회피노력을 다하여야 한다.

② 해고회피노력이란 구체적으로는 사용자가 해고되는 근로자의 수를 최소화하기 위하여 경영방침이나 작업방식의 합리화, 근로시간(임금) 감축이나 임원 보수 동결·삭감 등 인건비 절감, 신규채용의 중지, 일시휴직 및 희망퇴직의 활용, 유·무급휴직의 실시, 직업훈련, 교대제 근로로의 전환, 전근 등 가능한 모든 조처를 하는 것을 말한다(대법원 1992. 12. 22. 선고 92다14779 판결).

③ 사용자의 해고회피노력의 방법과 정도는 그 사용자의 경영위기의 정도, 정리해고를 실시하여야 하는 경영상의 이유, 사업의 내용과 규모, 직급별 인원 상황 등에 따라 달라지는 것이므로 해고회피노력의 요건을 충족하였는지를 판단함에서는 이러한 사정들이 고려되어야 한다(대법원 2011.1.27.선고 2008두13972판결).

④ 사용자가 해고를 회피하려는 방법에 관하여 노동조합 또는 근로자 대표와 성실하게 협의하여 정리해고 실시에 관한 합의에 도달하였다면, 이러한 사정도 해고회피노력의 판단에 참작될 수 있다(대법원 2002.7.9.선고 2001다29452판결, 대법원 2003.9.26.선고 2001두10776,10783판결).

(3) 합리적이고 공정한 대상자 선정기준

① 해고대상자는 합리적이고 공정한 기준에 의해 선정되어야 하며, 합리성과 공정성을 결여한다면 긴박한 경영상의 필요성과 해고회피노력

이 인정되더라도 해고 자체가 무효(위법)가 될 수 있다.

② 해고대상자의 선정을 위한 합리적이고 공정한 기준은 일률적으로 정할 수 없으므로 그 사용자가 직면한 경영위기의 강도와 정리해고를 실시하여야 하는 경영상의 이유, 정리해고를 실시한 사업부문의 내용과 근로자의 구성, 정리해고 실시 당시의 사회경제 상황 등에 따라 달라지며, 해고대상자 선정기준은 기업 경영상의 이해관계와 근로자들의 개인적 사정을 적절히 고려하여야 한다(대법원 2011.1.27.선고 2008두13972 판결).

③ 사용자가 해고대상자 선정기준에 대하여 노동조합 또는 근로자대표와 성실하게 협의하여 해고의 기준에 관한 합의에 도달하였다면 이러한 사정도 해고의 기준이 합리적이고 공정한 기준인지의 판단에 참작될 수 있다(대법원 2003. 9. 26. 선고 2001두10776, 10783 판결).

(4) 근로자대표와의 협의

① 경영상 해고가 정당성을 확보하려면 근로자대표와의 성실한 협의라는 절차적 요건도 충족하여야 한다.

② 협의는 해고하고자 하는 날의 50일 전까지 과반수 노동조합 또는 근로자대표(근로자 과반수 동의로 선출)에게 해고회피방법 및 해고대상자 선정기준 등을 통보하고 시작해야 한다.

③ 다만, 50일 전 통보의 취지는 근로자들이 이에 대처하고 근로자대표가 협의할 수 있는 기간을 최대한으로 부여하려는데 있는 것이므로 통보에서 해고 시까지 근로자들과 근로자대표가 그러한 행위를 하는데 시간이 부족하지 아니하였고 그 밖의 요건이 충족되었다면 정리해고가 유효하다고 인정한 사례도 있다(대법원 2003.11.13.선고 2003두4119판결).

❸ 기한(期限)의 도래에 따른 근로관계의 종료

◉ 근로계약기간의 만료

① 근로계약기간의 만료는 근로자와 사용자가 근로계약 체결 시에 정한 근로계약이 끝나는 날이 도래한 것을 말하며, 근로계약기간이 만료되면 사용자의 근로계약 종료 통지 등 별도의 조치를 기다릴 필요 없이 근로계약관계가 종료되는 것이 원칙이다.

② 그러나 근로계약기간의 정함이 단순한 형식에 불과하여 기간의 정함이 없는 근로계약으로 볼만한 특별한 사정이 있다면 그 근로계약은 근로계약기간의 만료에도 불구하고 종료되지 않으며 사용자가 근로계약을 해지하는 것은 해고에 해당할 수 있고(대법원 1998.5.29.선고 98두625판결),

③ 계약기간의 정함이 형식에 불과한 것이 아니라고 하더라도 근로계약이 갱신될 수 있으리라는 갱신기대권이 인정되는 경우에는 갱신거절의 합리적인 이유가 있어야 근로계약관계가 종료될 수 있다(대법원 2011.4.14.선고 2007두1729판결).

◉ 정년(停年)의 도래

① 정년제는 취업규칙 또는 근로계약에서 정한 일정한 연령에 도달하면 근로자의 계속근로의 의사나 능력을 불문하고 근로계약을 종료시키는 제도이며, 정년은 만 60세 이상으로 정하도록 법률로 제한하고 있다(고령자고용촉진법 제19조).

② 일반적으로 취업규칙에 정년 도래의 시점에 관해 규정을 두고 있는데, '만 60세가 되는 날이 속하는 연도의 말일'로 정하는 경우 출생일에 따라 개인별로 만 60세가 되는 날로부터 정년퇴직하는 시점까지의 격차가 너무 커지는 불합리함이 있으므로 '만 60세가 되는 날이 속하는 달의 말일'로 정하는 것이 실무상 관리가 편할 것이다.

③ 한편, 이처럼 취업규칙에 정년퇴직 시점을 정하지 않았으면 '만 60세에 도달하는 날' 정년이 도래한 것으로 보게 된다(서울행정법원 2001. 7. 12. 선고 2001구14432 판결).

④ 정년이 도래하면 사용자가 근로관계의 종료를 통보하지 않더라도 자동 종료되며, 사용자의 정년 도래 통지는 해고에 해당하지 않는다.

❹ 당사자 소멸에 따른 근로관계의 종료

❖ 근로자의 사망

근로계약은 일신전속적인 계약이므로 근로자가 사망함으로써 자동 종료되고, 근로자의 상속인에게 고용이 승계되지 않는다(민법 제657조). 다만, 근로관계로 인한 임금채권 또는 손해배상채권은 상속인에게 승계된다.

❖ 사업주의 소멸

① 사업주가 자연인이면 사업주의 사망으로 근로관계는 원칙적으로 종료된다. 그러나 기업이 상속인에게 상속되어 계속 운영되며 사업주와 근로자 사이에 인적관계가 문제가 되지 않을 때는 근로관계는 종료되지 않는 것으로 보아야 할 것이다.

② 사업주가 법인이면 임의해산, 파산선고 또는 회사정리절차에 따라 청산절차가 종료되는 시점에서 법인이 소멸하므로 근로관계는 종료된다. 한편, 청산절차 개시 후 회사청산작업의 목적으로 근로자를 해고하거나 폐업 절차에서 근로자를 해고하는 것은 앞서 본 바와 같이 통상해고에 해당한다.

❺ 근로관계 종료에 따른 금품청산의무

① 근로관계가 종료되는 경우 종료일(퇴직, 해고, 사망 등)로부터 14일 이내에 임금, 퇴직금, 재해보상금, 기타 일체의 금품을 지급해야 한다(근기법 제36조본문).

② 근로자의 퇴직일과 관계없이 회사의 임금지급일에 임금 및 퇴직금 등을 지급하면 되는 것으로 잘못 알고 있는 경우가 많은데, 회사의 임금지급일과 관계없이 퇴직일로부터 14일 이내에 지급해야 하며, 금품청산의무 위반 시 3년 이하의 징역 또는 3천만원 이하의 벌금에 처하게 된다(근기법 제109조제1항).

③ 다만, 당사자 사이에 합의로 시급기일을 연장할 수 있는데(근기법 제36조단서), 가능하다면 14일 이내에 지급하는 것을 원칙으로 하되, 회사의 업무 처리상 14일 이내 지급이 곤란한 경우에는 미리 사직서 양식에 지급기일 연장에 대한 문구를 기재하여 동의를 받는 방법을 취할 수 있을 것이고, 사직서를 받을 수 없는 경우에는 문자메시지 등으로 지급기일 연장에 대한 동의를 구하고 관련 증거를 남겨두는 것이 좋을 것이다.

PART
07

노동법 쉽게 이해하기

CHAPTER 1

예외법으로서의 노동법

① 노동관계법의 개요

① 일반적으로 근로기준법, 최저임금법, 근로자퇴직급여보장법, 노동조합 및 노동관계조정법 등 노동관계에 관련된 법률을 총칭하여 '노동법'이라 한다. 이러한 노동법은 원칙법일까? 예외법일까?

이 질문은 노동법의 법 체계상의 지위에 대한 근본적인 특성을 묻는 것이고, 이 질문에 대한 해답을 이해하면 노동법의 해석을 어떻게 해야 하는지, 노동법에 규정이 없고 판례나 행정해석도 찾을 수 없는 경우에는 어떻게 문제를 해결해야 하는지 이해할 수 있으므로 매우 중요한 질문이다.

② 근로계약관계는 사용자와 근로자라는 개인과 개인 사이의 법률관계이며, 이러한 개인 간의 법률관계는 개인의 자유로운 의사에 따라 결정되어 자기 책임으로 규율되는 것이 이상적이므로 사적 생활 영역에는 원칙적으로 국가가 개입하거나 간섭하지 않는다는 사적 자치(私的 自治)와 계약자유의 원칙이 적용된다.

③ 그러나 계약자유의 원칙하에서 상호 대등하지 못한 개인 간에 불공정한 계약이 발생하는 등 폐단이 커지자 이에 대한 제한이 필요하게 되었고, 이에 국가가 개인 간의 법률관계에 개입하여 간섭하고자 만들어진 법이 사회법(또는 중간법)이라고 부르는 법 영역이며, 이러한 사회법 중의 하나가 바로 노동법이다.

④ 따라서 노동법은 근로계약관계에서 계약자유의 원칙을 전면 부정하는 것이 아니라 일정한 최저기준을 정하고 그 기준에 미달하는 경우

계약자유의 원칙을 제한하고, 최저기준 준수를 강제하기 위해 형사처벌이라는 공권력(公權力)을 행사하는 '계약자유의 원칙에 대한 수정(예외)법'인 것이다.

참고

※ 국가기관 사이, 국가기관과 개인 사이의 법률관계(공권력의 행사)를 규율하는 법률을 공법(公法)이라 하는데, 헌법, 형법, 소송법 등이 대표적인 공법이다. 이와 달리 개인과 개인 사이의 법률관계를 규율하는 법률을 사법(私法)이라 하며, 민법, 상법 등이 대표적인 사법이다. 이러한 공법과 사법의 분리 규율 원칙(공사법 이분론)에서 벗어나 개인과 개인 사이의 법률관계에 공권력이 개입할 수 있도록 만들어진 법률을 공법과 사법의 중간 형태라는 의미에서 중간법 또는 사회법이라 부른다.

❷ 계약자유의 원칙과 제한

⬢ 계약자유의 원칙

계약자유의 원칙의 주요 내용은 아래와 같다.

1. 계약상대방 선택의 자유
2. 계약내용 결정의 자유
3. 계약방식의 자유
4. 계약체결의 자유

⬢ 계약자유 원칙의 제한

노동법은 다음과 같이 근로계약관계에 대한 최저기준을 정함으로써 계약자유의 원칙을 제한하고 있다.

① 상대방 선택의 제한
  * 근로계약의 상대 : 만 18세 이상자
② 내용 결정의 제한
  * 임금(최저임금),
  * 근로시간(1일 8시간, 1주 40시간, 연장근로 1주 12시간),
  * 휴식(휴게, 휴일, 휴가) 등 대부분의 노동법 규정
③ 방식의 제한
  * 근로계약 체결 시 근로조건의 서면명시 및 교부의무
④ 체결 여부의 제한
  * 파견근로자 2년 초과 사용 시 직접고용의무
  * 기간제 근로자 2년 초과 사용 시 무기계약근로자로 간주

⬢ 노동법과 근로계약의 기본원칙 정리

① 근로계약관계는 개인 간의 법률관계이므로 계약자유가 원칙이고, 예외적으로 노동법이 정한 최저기준에 미달하는 경우에만 계약자유의

원칙이 제한되며, 제한 위반에 대한 형사처벌에 적용된다.

② 노동법에 정함이 없는 부분은 계약자유에 대한 제한이 없다는 의미이므로 계약자유의 원칙에 따라 당사자 간에 자유로이 정할 수 있고, 제한이 없으니 제한 위반도 없어 형사처벌이 적용되지 않는다.

③ 이러한 기본원칙을 염두에 둔다면 노동법의 각 규정을 해석하거나 노동법에 규정이 없고 판례나 행정해석도 없는 사항을 해결할 때 보다 쉽게 접근할 수 있을 것이다.

CHAPTER 2

민사특별법으로서의 노동법

1 개요

① 근로계약은 개인 간의 법률관계로서 민법의 고용계약에 관한 규정(민법 제655조~제663조)이 적용됨이 원칙이다.

② 하지만, 근로기준법 등 노동법은 이러한 민법 규정을 일부 수정(제한)하여 노동법에 정해진 최저기준에 미달하는 근로계약을 무효로 하고 그 무효로 된 부분을 노동법이 정한 기준으로 대체하는 효력이 있다는 점에서 민법에 대한 특별법의 지위를 가진다.

2 민법상의 고용법규

── 민 법 ──

[(시행 2018.2.1.) 법률 제14965호, 2017.10.31, 일부 개정)]

제8절 고용

제655조(고용의 의의) 고용은 당사자 일방이 상대방에 대하여 노무를 제공할 것을 약정하고 상대방이 이에 대하여 보수를 지급할 것을 약정함으로써 그 효력이 생긴다.

제656조(보수액과 그 지급시기) ①보수 또는 보수액의 약정이 없는 때에는 관습에 의하여 지급하여야 한다.
②보수는 약정한 시기에 지급하여야 하며 시기의 약정이 없으면 관습에 의하고 관습이 없으면 약정한 노무를 종료한 후 지체없이 지급하여야 한다.

제657조(권리의무의 전속성) ①사용자는 노무자의 동의없이 그 권리를 제삼자에게 양도하지 못한다.
②노무자는 사용자의 동의없이 제삼자로 하여금 자기에 갈음하여 노무를 제공하게 하지 못한다.

③당사자 일방이 전2항의 규정에 위반한 때에는 상대방은 계약을 해지할 수 있다.

제658조(노무의 내용과 해지권) ①사용자가 노무자에 대하여 약정하지 아니한 노무의 제공을 요구한 때에는 노무자는 계약을 해지할 수 있다.
②약정한 노무가 특수한 기능을 요하는 경우에 노무자가 그 기능이 없는 때에는 사용자는 계약을 해지할 수 있다.

제659조(3년 이상의 경과와 해지통고권) ①고용의 약정기간이 3년을 넘거나 당사자의 일방 또는 제삼자의 종신까지로 된 때에는 각 당사자는 3년을 경과한 후 언제든지 계약해지의 통고를 할 수 있다.
②전항의 경우에는 상대방이 해지의 통고를 받은 날로부터 3월이 경과하면 해지의 효력이 생긴다.

제660조(기간의 약정이 없는 고용의 해지통고) ①고용기간의 약정이 없는 때에는 당사자는 언제든지 계약해지의 통고를 할 수 있다.
②전항의 경우에는 상대방이 해지의 통고를 받은 날로부터 1월이 경과하면 해지의 효력이 생긴다.
③기간으로 보수를 정한 때에는 상대방이 해지의 통고를 받은 당기후의 일기를 경과함으로써 해지의 효력이 생긴다.

제661조(부득이한 사유와 해지권) 고용기간의 약정이 있는 경우에도 부득이한 사유있는 때에는 각 당사자는 계약을 해지할 수 있다. 그러나 그 사유가 당사자 일방의 과실로 인하여 생긴 때에는 상대방에 대하여 손해를 배상하여야 한다.

제662조(묵시의 갱신) ①고용기간이 만료한 후 노무자가 계속하여 그 노무를 제공하는 경우에 사용자가 상당한 기간내에 이의를 하지 아니한 때에는 전고용과 동일한 조건으로 다시 고용한 것으로 본다. 그러나 당사자는 제660조의 규정에 의하여 해지의 통고를 할 수 있다.
②전항의 경우에는 전고용에 대하여 제삼자가 제공한 담보는 기간의 만료로 인하여 소멸한다.

제663조(사용자파산과 해지통고) ①사용자가 파산선고를 받은 경우에는 고용기간의 약정이 있는 때에도 노무자 또는 파산관재인은 계약을 해지할 수 있다.
②전항의 경우에는 각 당사자는 계약해지로 인한 손해의 배상을 청구하지 못한다.

CHAPTER 3

형사특별법으로서의 노동법

1 개요

노동법에 정한 기준에 미달하는 근로계약을 무효로 하는 사법(*私法*)상의 효력만으로는 노동법이 정한 최저기준의 준수를 담보할 수 없으므로 이를 강제하기 위해 노동법은 최저기준을 위반하는 사용자의 행위를 형사처벌하고 있다는 점에서 노동법은 일반법으로서의 형법에 대한 특별법의 지위를 가진다.

2 기본원칙

① 이처럼 노동법은 특별형법에 해당하므로 형사법의 기본원칙이 적용되어야 함은 당연하다(형사특별법이라는 의미가 형사법의 기본원칙이 적용되지 않는다는 것이 아님), 따라서 형사법의 기본원칙 중 가장 중요하다고 할 수 있는 「죄형법정주의, 무죄 추정의 원칙, 증거재판주의」에 대한 아래 내용을 반드시 이해해야 한다.

- 죄형법정주의
- 무죄 추정의 원칙
- 증거재판주의

② 노동법이 형법에 해당한다는 점을 간과하면 죄형법정주의에 위반되는 유추해석을 하거나 무죄 추정의 원칙과 반대로 사용자가 무죄임을 증명해야 하는 것으로 오해하는 일이 발생한다.

1) 죄형법정주의

🔅 개념

범죄와 형벌은 미리 법률로 규정되어 있어야 한다는 형법상의 원칙

🔅 관련 규정

〈 헌 법 〉

제12조 ①모든 국민은 신체의 자유를 가진다. 누구든지 법률에 의하지 아니하고는 체포·구속·압수·수색 또는 심문을 받지 아니하며, 법률과 적법한 절차에 의하지 아니하고는 처벌·보안처분 또는 강제노역을 받지 아니한다.

제13조 ①모든 국민은 행위시의 법률에 의하여 범죄를 구성하지 아니하는 행위로 소추되지 아니하며, 동일한 범죄에 대하여 거듭 처벌받지 아니한다.

〈 형 법 〉

제1조(범죄의 성립과 처벌) ①범죄의 성립과 처벌은 행위 시의 법률에 의한다.

🔅 죄형법정주의 파생원칙

① 죄형법정주의는 다음의 파생원칙이 있다.

- 관습형법의 배척
- 형법불소급의 원칙
- 유추해석의 금지
- 절대적 부정기형의 금지

② 유추해석의 금지

유추해석이란 법률에 규정이 없는 사항에 관하여 그와 유사한 성질을 지닌 사항에 관한 법률을 해석·적용하는 것을 말한다.

유추해석을 허용하면 국가권력의 자의적 해석으로 국민의 자유를 부당하게 억압할 수 있다는 점, 형벌은 개인의 권리와 자유에 대한 예외

적인 규정이기 때문에 가능한 한 엄격하게 해석해야 한다는 점 등을 고려할 때 피고인에게 불이익한 방향으로의 유추해석은 죄형법정주의 원칙상 허용될 수 없다.

2) 무죄 추정의 원칙

● 개념

피고인 또는 피의자는 유죄판결이 확정될 때까지는 무죄로 추정한다는 원칙

● 관련 규정

헌법 제27조 ④형사피고인은 유죄의 판결이 확정될 때까지는 무죄로 추정된다.
형사소송법 제275조의2(피고인의 무죄추정) 피고인은 유죄의 판결이 확정될 때까지는 무죄로 추정된다.

3) 증거재판주의

● 개념

재판에서 사실의 인정은 반드시 증거에 의하여야 한다는 원칙

● 관련 규정

형사소송법 제307조(증거재판주의) ①사실의 인정은 증거에 의하여야 한다.
②범죄사실의 인정은 합리적인 의심이 없는 정도의 증명에 이르러야 한다.

① 위와 같이 헌법과 형사소송법에 규정된 무죄 추정의 원칙과 증거재판주의에 의하면, 범죄사실의 인정은 증거에 의해 합리적인 의심이 없는 정도(합리적인 다른 가능성을 생각하기 어려울 정도)로 증명되어야

하고, 이에 따라 유죄판결이 확정되기 전까지는 무죄로 추정된다. 이는 확실한 증거 없이 함부로 처벌할 수 없다는 뜻이며, 이러한 형사법의 기본원칙은 근로기준법 등 노동관계법률 위반 범죄에 대한 처벌에서도 당연히 적용되는 것이다.

② 무죄 추정의 원칙상 범죄사실에 대한 증명책임은 수사기관인 근로감독관이나 검사에게 있으므로 사용자가 법 위반 사실이 없음을 증명(무죄임을 증명)하기 위해 증거자료를 제출해야 하는 것은 아니다.

찾 아 보 기

[용어]

314

[표·서식]

저 자 소 개

한 정 봉

공인노무사
연세대학교 법과대학 법학과 졸업
HnB컨설팅노무법인 대표 노무사(현)
삼성전자(반도체) 자문노무사(전)
다수의 대기업, 중소기업 자문노무사(현)
한국재정경제연구소 인사노무 전문위원(현)

한국생산성본부 강사(전)
씨에프오아카데미 강사(전)
엠티아카데미 강사(현)
한국준법통제원 법정관리인 양성과정 강사
포스코 외주사 경영진, 실무자 인사노무교육 (2016~2019)

삼성전자㈜ 사내협력사 노무진단
삼성디스플레이㈜ 사내협력사 조직문화진단
삼성전자㈜ 사내협력사 조직문화진단
독립기념관 비정규직 정규직 전환 컨설팅
㈜유베이스 등 다수 기업 임금체계개선 컨설팅

(저서 등)
인사노무임금 체크포인트 (공저, 코페하우스)
경제야 다시 놀자 (공저, 한솜미디어)
충청일보, 머니투데이 등 인사노무 칼럼 (2016.1.~현재)

[저자 연락처]
전자우편 ph1516@naver.com
Tel 02)409-8802 Fax 02)409-8803

근로계약 근로시간 임금관리 휴일휴가

노무관리 4대 핵심실무

발행일	2020년 4월 20일 1판 발행
	2022년 3월 20일 1판 1쇄 발행
저자	한 정 봉
발행인	강 석 원
발행처	한국재정경제연구소《코페하우스》
출판등록	제2-584호 (1988.6.1)
주소	서울특별시 강남구 테헤란로 406, A-1303
전화	(02) 562 - 4355
팩스	(02) 552 - 2210
메일	kofe@kofe.kr
홈페이지	kofe.kr
ISBN	978-89-93835-65-6 (13320)
값	18,000원